モノが語る日本対外交易史

七—一六世紀

シャルロッテ・フォン・ヴェアシュア

解説＝鈴木靖民　訳＝河内春人

藤原書店

Across the Perilous Sea

Japanese Trade with China and Korea from the Seventh to the Sixteenth Centuries

Charlotte Von Verschuer

translated by Kristen Lee Hunter

published in 2006 by Cornell University East Asia Program

Translated with permission of Kristen Hunter and Cornell East Asia Series,
Cornell University, Ithaca, New York 14853, USA.
Original French edition published in 1988
by Institut des Hautes Études Japonaises du Collège de France, Paris,
as *Le Commerce extérieur du Japon des origines au XVIe siècle*, by Charlotte von Verschuer.

モノが語る東アジア交流史（7—16 世紀）

【凡例】

東アジアの諸関係は、具体的には日本・中国・朝鮮の間の外交上の贈与や経済的な貿易に端的に表れる。いうなれば、東アジア交流史はモノが語るのである。例えば、室町将軍足利義持は 1422 年に朝鮮国王に書状を送り「ただ希《ねが》わくは函輅閟休、式《もっ》て真祷に符《しる》さんことを（我々の贈物がそちらの心に叶い、こちらの意図が伝わることを望みます）」と述べている。

口絵では、日本と中国・朝鮮との間で 7 世紀から 16 世紀を通じてやりとりされた工芸品の写真を掲出する。口絵は二つにグルーピングされている。日本にもたらされた工芸品と日本から中国・朝鮮に輸出された工芸品である。ここでは特に日中朝三ヵ国の支配者層・知識人層の間で交わされた高級工芸品に注目する。その他の輸出品・輸入品については、本書巻末の表 A を参照されたい。時代を問わず、いわゆる「唐物」は支配者層（公家や武士）にとって羨望の的であったことはいうまでもない。しかしその一方で、日本の高級工芸品も逆に中国・朝鮮の支配者層に希求されたものもあったのであり、明の史料において「倭国物」として特筆されるまでになった。以下、まずは輸入品、次いで輸出品について特徴的なモノを奈良・平安時代から順を追って掲出する。

輸 入 品

7—9 世紀の日本への輸入品（図版①—⑬)〕

6 世紀に百済から仏教が伝来した後、7—9 世紀に日本列島と朝鮮半島を多数の外交使節が往来した。同時に日本から遣隋使や遣唐使も派遣された。幸いなことに、正倉院には新羅や唐からもたらされた宝物や、日本の工芸品が豊富に残されている。金を彫り込む金平文《きんへいもん》の技法を用いたものや象牙の品、螺鈿工芸品、密陀絵（油絵の一種)、毛氈の敷物、銀や佐波理（銅合金）の製品、ガラス製品、陶磁器といった品々を目にすることができる。こうした品々は文明国としての基本的なステータスシンボルであった。これらは古代における最高の技術で作製されたが、その源流は中国や朝鮮のみならず、中央アジアやペルシャにも及ぶものであった。以下、これらの先進技術を駆使した高級工芸品の写真を挙げる。

①金銀平文琴

七弦の琴。琴面には、酒を飲み楽を奏でる仙人やそれを取り囲む花鳥山水等が金平文で表されている。このようなモチーフは中国や中央アジアから伝わったものである。平文とは、黒漆の上に薄い金銀を貼り、さらに漆を塗って研ぎ出す技法のこと。

②新羅琴　付琴柱

十二弦の琴。桐で作られ、龍尾端に欅の緒留が取り付けられている。『雑物出入帳』に「一面表以金薄押輪草形鳳形　裏以金薄画大草形　罰面画草鳥形」と記されているのがこれであろう。

③瑇瑁螺鈿八角箱

瑇瑁・螺鈿で全面が飾られ、角は銀で縁取り、補強された箱。

④密陀彩絵箱　付金銅鏁子

黒漆を塗り、唐花文の彩色が施された木製の箱。唐花文には朱・白土・緑青及び金箔の上に油を塗って保護する油色の技法が用いられる。密陀絵は顔料を荏油などで練って描く油絵の一種であり、その技術は唐で発達した。

⑤紫檀木画箱

欅製と推定されている。その木画には、輸入された外来の紫檀や象牙のような材料が、欅、黒柿、カリン、柘植、錫といった日本でも入手できる素材とともに用いられている。

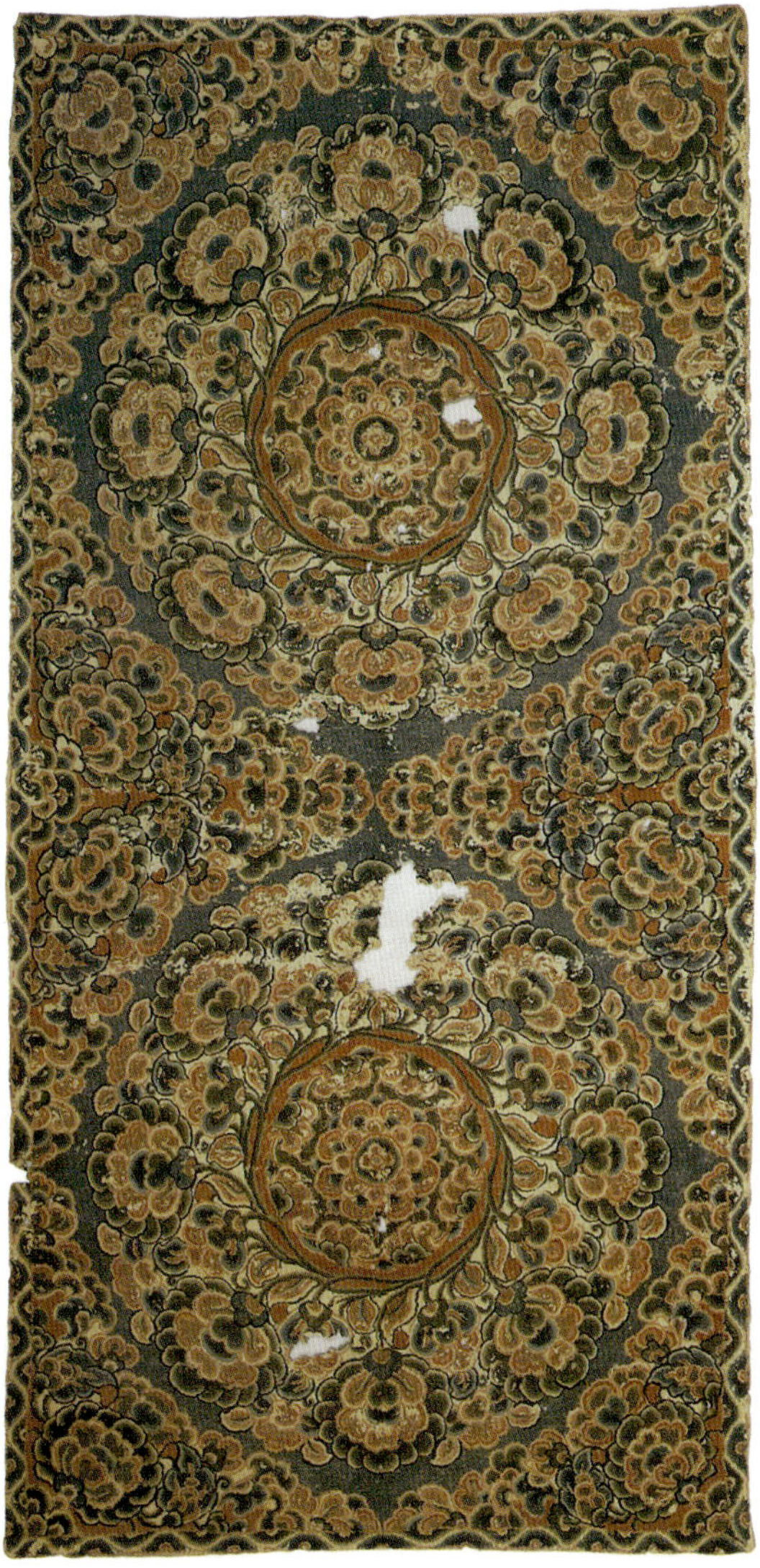

⑥花氈

羊や山羊の毛から作られたフェルトの毛氈に文様を描いたもの。纖維の中に大陸の植物種子が混じっていることからも大陸産であることがわかる。正倉院には31床が残されている。その中には新羅の文書が貼付されているものもあることから、新羅経由で伝わったと考えられる。

⑦天平宝物墨

正倉院には舟形の墨が 10 ほど残されており、その中には唐や新羅から伝来したものもある。大仏開眼会で使用された。

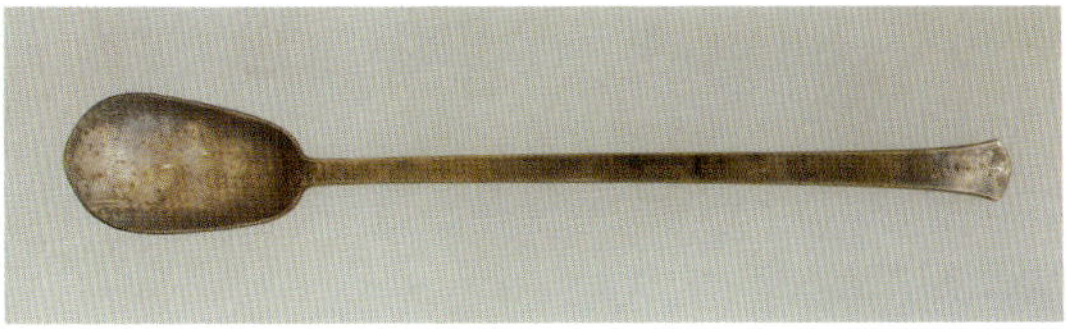

⑧金銀匙

銀に鍍金したスプーン。これとは別に新羅で作られた佐波理製の匙もある。

⑨佐波理水瓶

佐波理とは銅と錫と鉛の合金のことであり、それから作られた注ぎ口のある長頸の水差し。本品は西域の面影を窺わせるが、正倉院に伝わる佐波理製品の中には新羅から伝わったものが少なくない。

⑩銀鉢

仏供養具として使われた銀製の鉢。

⑪金銀花盤

銀製の盤。盤は六つの花弁の形をしており、その中央には鹿のレリーフがある。周囲にガラス玉と水晶玉を組み合わせた飾りを垂らしている。刻銘から唐で作られたものであることが判明している。

⑫白瑠璃瓶

ペルシャ風のガラス製水差し。ガラス種を吹き竿につけて息を吹きこんで成形する宙吹きの技法で作製された。イラン近辺で製作されたものが唐に伝わり、さらに日本へともたらされたものと推測される。まさにシルクロードから伝わった典型的なものである。

⑬三彩鉢

内外両面に緑・白・黄の色釉を掛けて低火度で焼成した三彩の鉢。唐三彩は、唐で7—8世紀中葉にかけて数多く製作された。日本にも早くから伝わっており、その影響で奈良三彩が作られた。そして、次の時代に最も素晴らしい唐宋のいわゆる青磁が大量に日本にもたらされることになる。

平安時代の唐物輸入（図版⑭—⑱）

全国の遺跡の中でも、博多の遺跡から百万を超える宋からの貿易陶磁の破片が見つかっていることは特筆に値する。そこには、9—10 世紀の白磁や越州青磁、11 世紀以後の景徳鎮・福建窯製の白磁、その他、透明釉薬の下に酸化鉄で模様をつけた吉州・磁州の陶磁、龍泉・同安の青磁、淡緑な景徳鎮産の青磁など多様な陶磁が含まれている。貿易陶磁は平安時代の史料には「茶垸」として現れ、『新猿楽記』には当時の「唐物」のひとつとして列挙されている。だが、海商の船が博多に到達した時に貴族等が最も求めたのは、錦・綾のような高級織物や香薬であった。『新猿楽記』にはそうした薬物や香料が列挙されている。いずれも 7 世紀以降に中国や朝鮮から輸入されており、今日、約 40 種の薬物が正倉院に残されている。香料はさらに高価だった。それらは仏教儀礼だけでなく、衣服や室内に焚き染めて宮廷生活でも用いられた。『源氏物語』に香合のシーンがあるように、香料は貴族の間でたいへんな人気を博したのである。しかし、天然の香木は日本では手に入らず、したがって完全に輸入に頼っていた。13 世紀の周密という中国人は「中国の綾絹は珍重されている。……その地には香木がないので、たいへん貴重である」と述べている。

⑭大宰府出土中国陶磁器

大宰府・博多から出土する陶磁器では、越州窯系青磁が最も多い。細かく見ると、観世音寺周辺地域及び大宰府政庁・官衙域が多く、こうした陶磁器の消費階層を窺うことができる。

⑮白磁香合

北宋代の合子。河北省定州市浄衆院塔基から出土した10世紀末の合子と類似しており、同時代・同時期の作製と推定される。（正木美術館蔵）

⑯青磁蓮花文瓜形瓶

10—12 世紀において高麗と日本の交流は低調化した。この時期に高麗は、主に北方の契丹の王朝・遼とその脅威にさらされながら外交を行ない、宋や日本との交易は制限されていた。そのため平安時代の遺跡から高麗陶磁が見つかることはほとんどない。

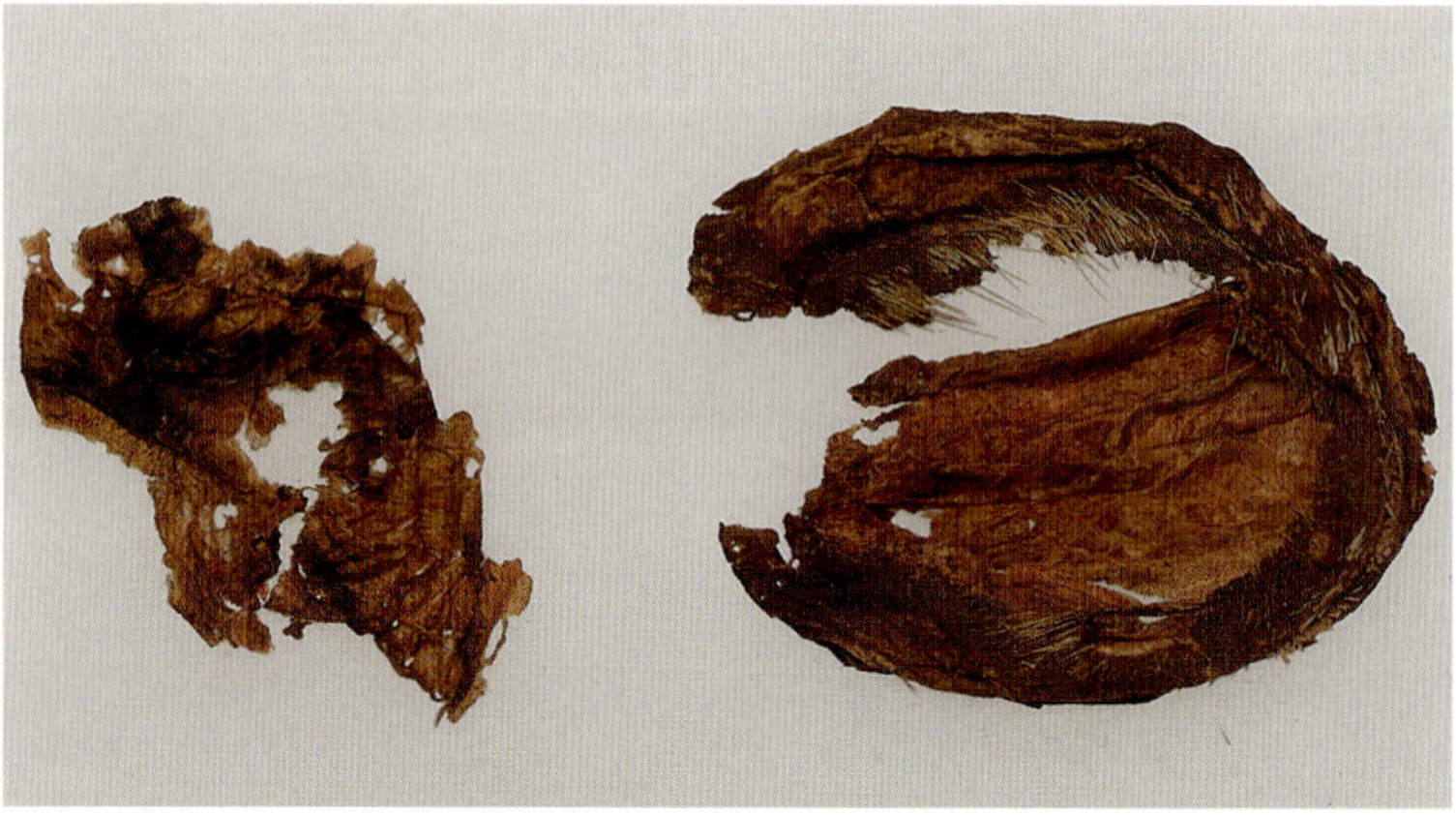

⑰麝香皮

麝香は中央アジア・雲南地方に生息するジャコウジカの雄から取れる生乾品であり、香りが強い香薬である。香料の中でも最も貴重なものであり、白檀・沈香・薫陸香等の香料とともに8世紀から大陸から輸入された。香薬は綾錦とともに最も人気が高い唐物であった。

⑱長斑錦御軾

聖武天皇の遺品を光明皇太后が東大寺に施入した際のリストである『国家珍宝帳』に記されている肘掛の一つ。側面と底面に長斑錦が貼られており、製作当時の面影を残している。平安時代を通じて、貴族はこのような錦等の高級絹織物を入手するのに熱心だった。

鎌倉・室町時代の唐物輸入（図版⑲―㉕）

史料からは鎌倉時代の輸入を幾らか読み取ることができるが、正倉院のような実物のコレクションはあまりない。すなわち、鎌倉時代に日本にもたらされた品自体がほとんど残っていないのである。しかし、当時の対外貿易に深く関わり、中国文化の愛好者でもあった北条貞顕の書簡を通して、茶会が鎌倉で流行っており、そうした茶会では中国・朝鮮の茶碗や中国絵画が愛好されたことが知られる。また、鎌倉幕府は漆器や書籍、香薬も輸入した。特に中国青磁は鎌倉だけではなく全国から見つかっており、各地の有力者が競って求めたに違いない。またもう一つ、12 世紀後半から 16 世紀にかけて最も需要の高い輸入品は中国の銭貨であった。

⑲出土宋銭

いわゆる皇朝十二銭以後、10 世紀から日本で銭貨は作られなくなる。中世の日本では銭貨を鋳造することはなく中国銭を用いており、経済はもっぱら輸入された中国銭に頼っていた。新安沈船において 28 トンもの中国銭が発見されたことはそれを裏付ける。

⑳屈輪輪花天目台

茶会の会所で天目茶碗（浅く口の開いたすり鉢状の形態で黒色が多い）を置くための台であり、漆が塗られ湾曲した形をしている。南宋時代のもの。

㉑菊花文螺鈿経箱

仏典を入れるための漆塗りの箱。小さな貝片を象嵌した、高麗時代特有の花文の螺鈿が施されている。

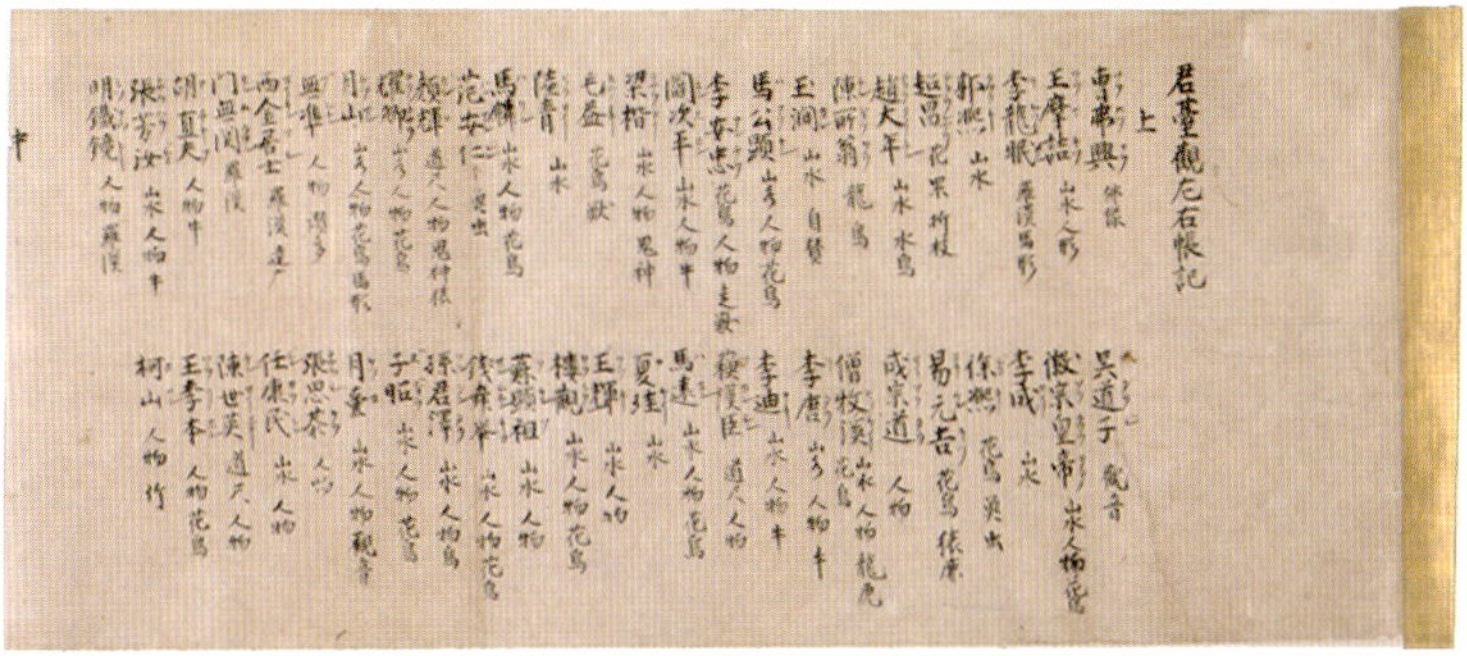

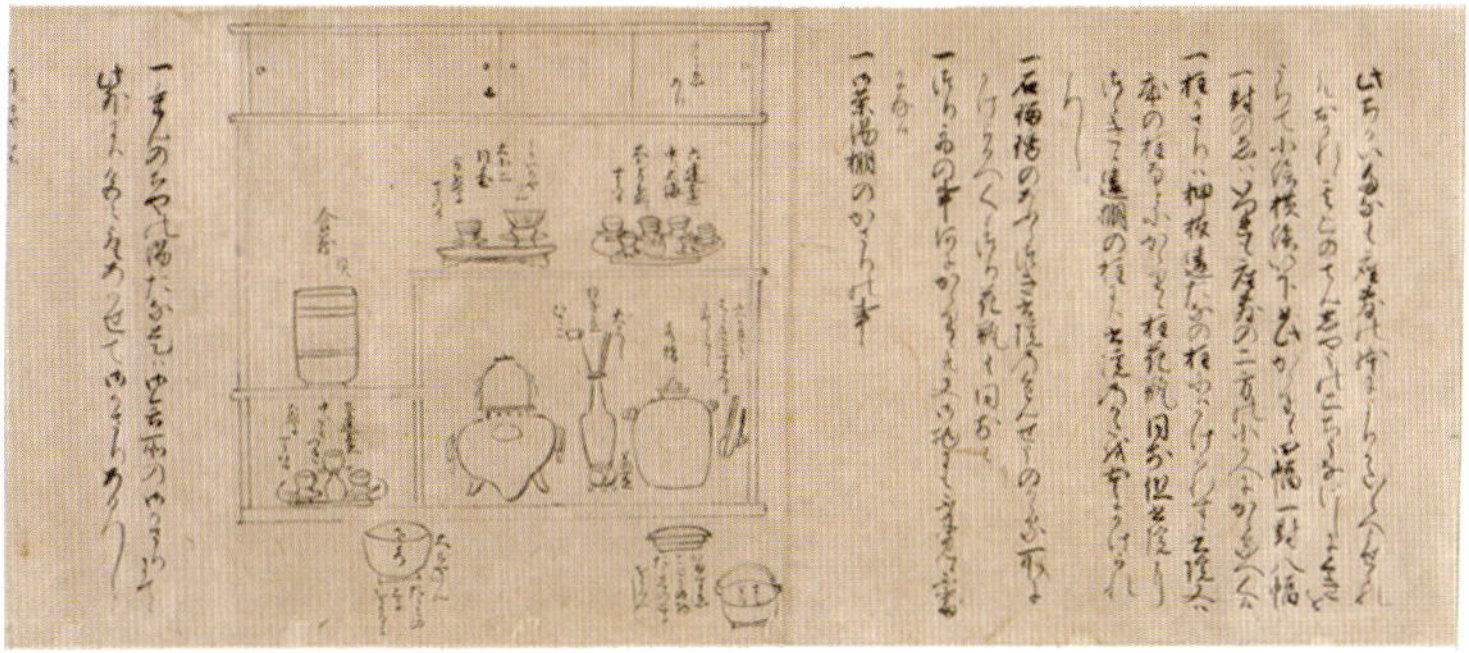

㉒君臺観左右帳記

室町将軍家の茶会所の室礼や茶室にかける中国絵画、茶席で用いる小道具類について記録した書。室町幕府の同朋衆であった相阿弥が編んだとされるが詳細は不明。写真の写本は永禄三年の奥書をもつ。

㉓青磁貼雲竜文香炉

中国の青磁香炉は、鎌倉〜室町時代の史料に「唐物」としてしばしばふれられている。

㉔山水図

宣徳年間（1426-1436）の頃に活躍した李在の筆になる。李在は雪舟の師となったことでも知られる。足利将軍は、邸宅における会所の装飾品として中国絵画の入手に熱意を注いだ。すなわち、将軍家は芸術品の蒐集家でもあり、その所蔵品の一端は『君臺観左右帳記』のリストに見ることができる。

㉕縹地牡丹鳳凰文様刺繍

繻子に刺繍を施して作られた、女官の襟飾。表面をたて糸か横糸だけを浮かせることで、光沢のある仕上がりとする。繻子は13—14世紀頃に中国から日本へもたらされたと考えられている。高級絹織物類は、楠葉西忍のような商人によって国際貿易において利益率が大きいものとして高く評価されていた。

輸出品

奈良・平安時代における日本からの輸出品（図版㉖―㉜）

日本人は外国の工芸技術を素早く受容して自らのものとした。すでに奈良時代には、陶磁器では唐の品を模倣した奈良三彩、高級織物では錦や綾が作られている。しかし奈良時代から平安初期にかけては、唐や新羅・渤海に対する外交上の贈答品としては、こうした高級織物ではなく、簡素な平織の絹や絁が贈られた。

陶磁器や錦の他に、正倉院には紙も保存されている。製紙技術は7世紀に曇徴という僧侶によって朝鮮半島からもたらされた。日本では独自の技術を発展させ、唐朝から注目されるまでに至った。唐では780年の遣唐使がもたらした紙について、「その紙は繭に似て光沢があり、それ以上のものは知られていない」と記している。その後、平安・鎌倉時代において紙は日本から中国への公的な贈答品や貿易品になった。さらに15世紀には、製紙技術を学ばせるために朝鮮国王が技術者を日本に派遣している。また、この時代を通じて、紙は日本製のもののみならず中国や朝鮮でも作られ、東アジア諸国を輸出入品として巡ったのである。

螺鈿装飾をもつ漆器は、8世紀には唐から日本へ輸入された。ところが平安時代になると、日本は螺鈿装飾や、蒔絵・高蒔絵・平脱という黒漆に砂金を用いた各種の技法を発達させた。そして、平安貴族は金銀の蒔絵箱を中国や朝鮮へ贈る贈答品としたのである。もとは日本が輸入していた高級工芸品は、今度はその元の国へと輸出されたのである。

㉖狩猟文錦

騎馬で狩猟するという西域風の意匠を具えている。模様はシルクロードに伝わっている中央アジア的なパターンであるが、日本で作られたと考えられている。正倉院の錦は長年にわたって朝廷が高度な技術的レベルに達していたことを示している。

㉗安君子半臂

錦の胴着で、隋代に成立した安君子という雅楽の装束。大仏の開眼会の儀式において用いられた特別なものの一つと推定される。この半臂は唐製に見えるが、そうではないらしい。日本では絹については古くからよく知られていたが、開眼会のおよそ30年前に当たる711・712年に朝廷が錦や綾の挑文師を派遣してその作製技法が全国に伝えられ、717年に調の品目に加えられた。この安君子半臂は、おそらくは日本と異国の織り方の様式の両方を習得した律令国家の官営工房で生産されたものであろう。

㉘緋　絁

赤い絁。付属している紐の墨書から、天平勝宝七歳（755年）に伊豆国田方郡依馬郷から納められた調物であったことが判明する。絁は太い糸で織った粗製の絹布とよくいわれるが、これを見るとその出来栄えは実際には色が鮮明で薄いものであった。生糸で作られたとすれば驚くべきことである。絁は唐や新羅への外交上の贈物としてしばしば贈答された。

㉙吹絵紙

紙に型紙を置き、その上から淡い緑の絵具を吹き付けて文様をつけたもの。用途は不明。正倉院に同じものが数十存在する。奈良時代に日本では、すでに独自の紙摺技法を開発していた。

㉚螺鈿箱

蓋付きの円形の合子。外面は漆地に螺鈿を施して花の文様をめぐらせている。螺鈿の技法は水晶と南方産の夜光貝を嵌め込んでいる。このようなものは正倉院でも2点のみであり、平安時代以降盛行する漆地螺鈿の最も古いものの一つといえる。平安時代には漆地螺鈿技法が盛んに用いられ、藤原道長も螺鈿蒔絵厨子・蒔絵筥・蒔絵衣箱などを贈答品として宋の天台山へ贈っている。

㉛金銀平脱皮箱

皮に漆を塗った蓋付きの箱。平脱とは平文と同じ。同種の箱が正倉院には四十あり、大仏開眼会に際して献納品を納めた献物箱と考えられる。

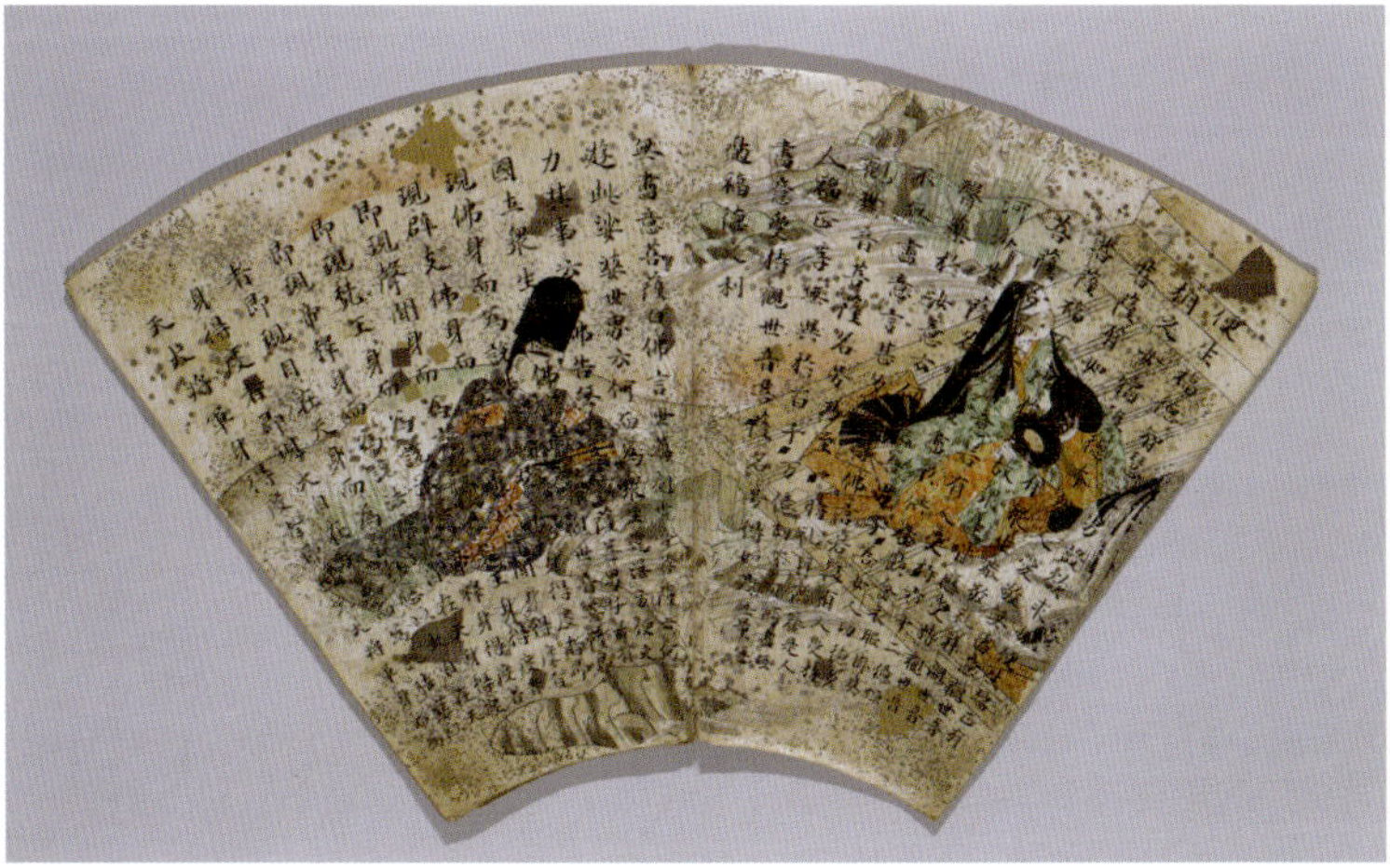

㉜扇面古写経

平安時代に発達した扇は、儀礼的な用途の檜扇と日用品的な蝙蝠（紙扇）に区分ができるが、金銀箔、砂子、野毛、墨流しなど装飾を施し、扇面に当時の風俗を描いた。こうした扇は宋代以降中国で好まれ、明代には数千もの扇が輸出された。

唐物から倭国物へ――鎌倉・室町時代の日本の輸出品（図版㉝―㊴）

明の史料には、日本特産の品として倭国製紙や倭扇が挙げられている。16 世紀の中国の辞書には日本産の品物が列挙されており、蒔絵や梨地といった漆器、折り畳み屏風・扇子が見える。鎌倉時代から蒔絵製品は中国や朝鮮に送られており、室町時代に将軍足利義満は明皇帝や朝鮮国王に公的な贈物として毎回 2、3 の金屏風、大和絵が描かれた折り畳み扇子、硯箱のような金漆器を贈っている。金漆の鞘をもつ太刀も中国への（おそらくは朝鮮へも）贈答品であった。こうした高級工芸品は、屏風のほかは、商業的な製品としても明に輸出された。ただし明に最も輸出された製品は日本刀であった。遣明船は毎回黒漆の鞘をもつ標準的な刀を数千も持って行ったのである。

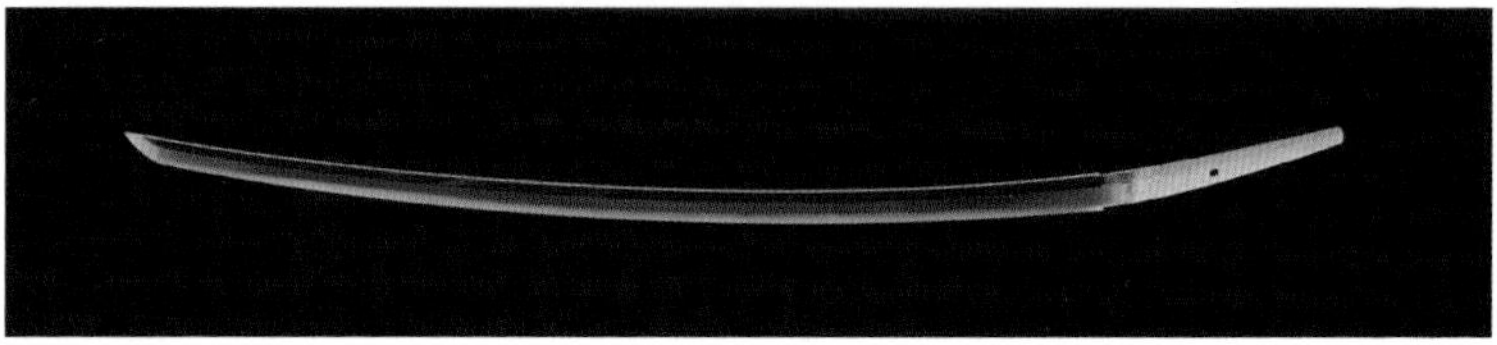

㉝太刀　銘安綱

安綱は 10 世紀末の刀鍛冶。この刀は名物童子切の名で知られる。日本刀は中国でもすぐによく知られるようになった。著名な知識人で漢詩でも有名な欧陽脩は 11 世紀に「日本刀歌」を詠んでいる。

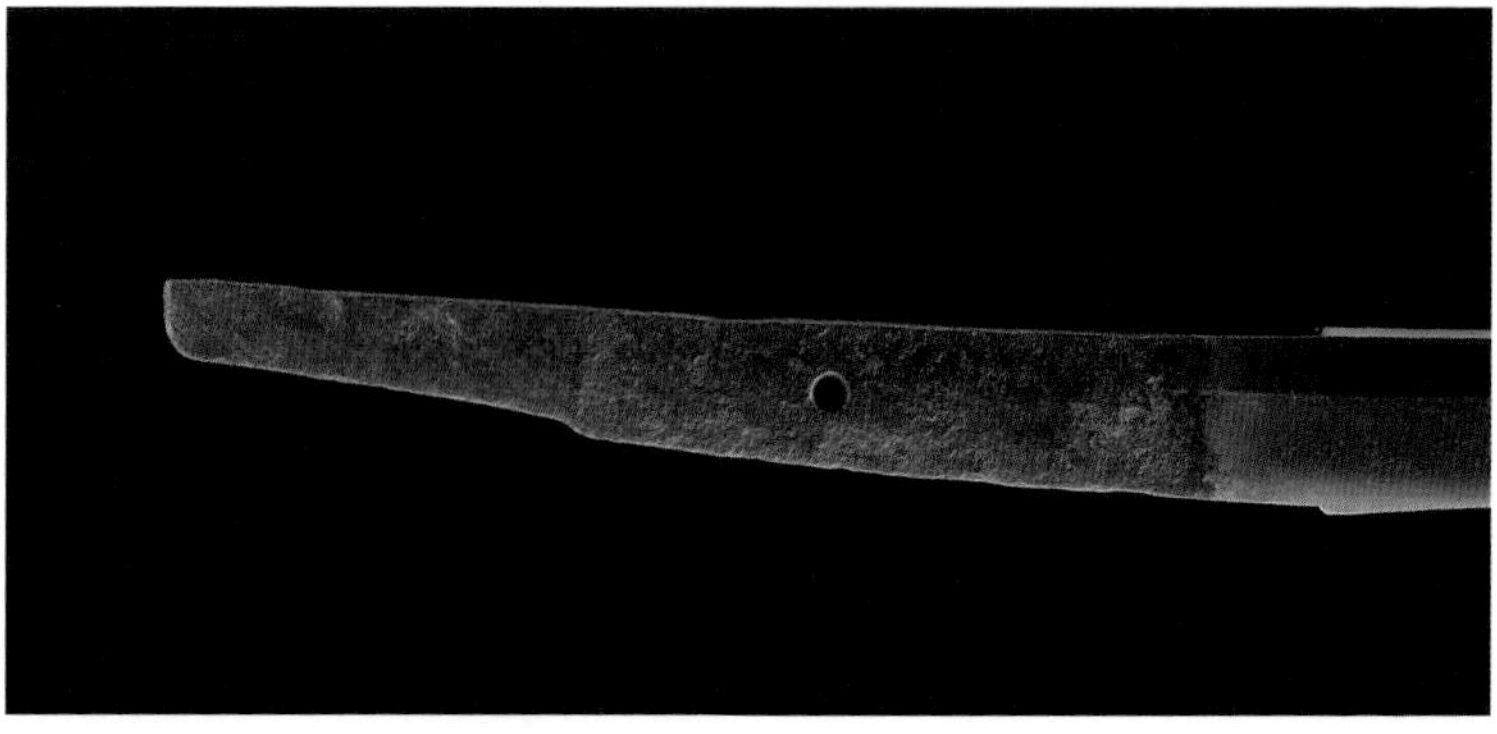

㉞太刀　銘菊紋

梨地菊紋蒔絵糸巻太刀拵を伴う、後鳥羽上皇御製の太刀。鎌倉時代前半のスタイルをよく表し、刃長は 77.8cm、反りは 2.2cm。室町時代になると足利将軍は、遣明船ごとに 2 本の最高級の撤金鞘太刀と 100 本の黒塗鞘太刀を贈った。それと同時に、商売目的の人々が膨大な量の刀剣を明に持ち込んで売りさばこうとした。

㉟銚　子

江戸時代（18 世紀）の金銅製の銚子。日本は 8 世紀以降に中国から、室町時代以降になると朝鮮からも銀器を輸入した。その一方で、15 世紀になると中国に最高級の工芸品の一つである、「抹金銅銚」と呼ばれるような品々を輸出した。本品は当時輸出された銚子に類似するものではないかと推定される。

㊱我宿蒔絵硯箱

角を取り、若干のふくらみを帯びた方形の硯箱。箱の内外面に薄肉高蒔絵や研出蒔絵の技法を用いている。足利将軍は遣明船を派遣するたびに、贈物として蒔絵硯箱一つを贈った。それと同時に商売品としても蒔絵硯箱を輸出している（表5—a、5—b参照）。面白いことにその製造価格は抹金銅銚の三分の一にすぎなかった。

㊲塩山蒔絵硯箱

金高蒔絵や銀金貝、銀鋲といった技法を用いており、箱の意匠に浜松文様が施されているが、これは室町時代に非常に好まれた。

㊳蘆雁図扇面

狩野正信筆の扇面。正信は宋元絵画の様式を好み、夏珪・馬遠の画風を好んで描いたが、本品では牧渓の筆致を意識している。それらの宋元画家の作品はいずれも足利将軍のコレクションに秘蔵されていた。狩野正信は狩野派の祖であり、その描いた絵は全て足利将軍家の所蔵に帰した。

㊴浜松図屏風

六曲一双の屏風、大和絵師による16世紀半ばの作品。浜松の四季の移ろいを主題とするが、遠景に人物も描かれ風俗図の一面も持つ。大和絵屏風と金屏風は日本から中国・朝鮮への公的な贈物としては最高級品であり、これらの屏風が商業的な輸出品となることは全くなかった。特に宋では「倭画屏風」と呼ばれ貴ばれた。狩野正信の子の元信は和漢融合の様式を確立したことで知られる。1539年に大内義隆は、当時最高の絵師である元信に明に贈るための屏風を描かせている。

モノが語る　日本対外交易史　七―一六世紀／目次

モノが語る

日本対外交易史

七―一六世紀

凡例

一 本書は Charlotte von Verschuer, *Le Commerce extérieur du Japon des origins au XVIe siècle*, Institut des Hautes Études Japonaises du Collège de France, Paris, 1988 の英訳である、*Across the Perilous Sea*, East Asia Program Cornell University, New York, 2006 の日本語版である。

一 日本史という内容に鑑み、著者と話し合いの上、内容を適宜日本人向けに改めている。

一 原書（英語版）では脚注が付されていたが、本書では注を外し、かわりに参考文献一覧を巻末に載せた。詳細は参考文献一覧の凡例参照。

一 原書（フランス語版）刊行以降において著者が特に付け加えるべきと考えた点については、＊（追記）として文中に組み込んだ。

一 章・節などの見出しは原文に準じたが、著者の意向に基づいて改めたところがある。

一 日本語版刊行に際して、各章に新たにコラムを加えた。

序章

ヨーロッパから見た東アジア世界

「海は道なり。」フランスの歴史家、フェルナン・ブローデルの言葉である。その著書『地中海　空間と歴史』（*La Méditerranée, l'Espace et l'Historie*, 1977）でブローデルは、海とは対岸に所在する地域の間の境界線ではなく、むしろ逆に異なる地域や文化圏を結びつける道であるという考えを提示した。そこで歴史の比較研究の一例として地中海に目を向けてみよう。すると、地中海と東シナ海の共通性に気付かされるのである。本書の導入として、まず西洋の海域史から一例を挙げてみたい。

西洋の海のルート　地中海

地中海の最も東に位置しており現在のレバノンにあったフェニキア文明を見てみよう。紀元前一一〇〇―六七〇年頃、ティール、シドン、ビブロスの港はフェニキアの都市国家群の同盟に属して繁栄を謳歌していた。ティールには二つの港があった。ひとつは隣の都市であるシドンに、もうひとつはエジプトにつながる連絡路として機能していた。そのティールの眼前の海には飲み水の涌水源があったのである。

フェニキアは航海技術と手工業においてきわめて優れていた。数多の考古学的発見物において貿易船や戦艦が描かれていることから確認できる。また、フェニキアはヒッタイトから鉄の鋳造技術を受け継いだ。鉄は古代文明において武器や農具を作るために用いられた金属であり、戦争や農業生産において重要な役割を果たすという点で支配者にとってきわめて有用なものであった。ただし、フェニキアの都市国家は海と山にはさまれていたため農地はなかった。そこでフェニキアは小麦、油、ワイン、そして鉱物資源を求めて地中海を渡った。紀元前九世紀末から紀元前七世紀にかけてフェニキアは初めて地中海北方のキプロス島、マルタ島に、果てはシチリア、サルデーニャ島に進出した。さらに銅、鉛、銀を求めて西に向かい、スペイン東岸や南岸にまで到った。地中海のアフリカ沿岸部ではカルタゴ（現在のチュニジアのチュニス郊外）に到達し、しかもそれにとどまらずモロッコや大西洋に出てアフリカ西岸にまで入っていった。その地で金の取引ができるとわかると、中央アフリカのガボンやカメルーンと交易をしたのである。

フェニキア人は地中海の島々や沿岸に次々と拠点を作っていった。それは河口部に位置し、物見櫓や埋葬地を伴うことが多かった。フェニキアの最も大きな植民地は北アフリカのカルタゴである。カルタゴはよく知られた繁栄した都市であった。フェニキアはカルタゴから鉱物資源や油、ワイン、穀類といった農産品を輸入し、そのかわりに羊毛の織物やムーレクス貝の赤い染料を用いた絨毯、木製の櫃や箱といった家具や調度品、陶器、銀などの彫金細工、宝石・金・銀・青銅等の象嵌細工、ガラス製の水差しやお守りのような色ガラスの工芸品といった手工業品を輸出した。

一方、カルタゴは農作物を輸出することで次第にこの地域における小麦の中心的な市場となった。また工芸品も輸出するようになり、同時に紅海やインド洋からもたらされる香薬の中継貿易の一大拠点にもなっていった。この頃の交易の手段は物々交換であった。これはフェニキアが用いた貨幣が広まらなかったためである。ただし、後に紀元前五世紀以降からギリシャの貨幣だけは普及した。その発掘成果を見ると興味深いことに、カルタゴは宗教の面ではフェニキアの多神教を受け入れていながら、物質文化の面ではギリシャにより大きな影響を受けるという二重の文化要素を持っていたことがわかる。

もうひとつ、地中海をわたったものがある。アルファベットである。それ以前にはエジプトでヒエログリフ、小アジアで楔形文字が用いられていたが、それらは紀元前一一〇〇年頃にヒッタイト帝国が衰退すると他の地域に広まっていった。フェニキアが紀元前一二〇〇―一一〇〇年頃にヒエログリフや楔形文字を受容し、それがもとになってシリアで線文字のアルファベットの子音二二字ができた。このアルファベットは大陸では東方に広まり、アッシリア・ヘブライ・アラブ文字となっていった。地中海では西の方に紀元前九世紀にフェニキアからギリシャの都市国家に伝わっていった。ギリシャではそれに母音を加えてギリシャ文字を作り上げた。次いでギリシャ文字はイタリアのエトルリアに伝わり、ここにラテンアルファベットが誕生したのである。この文字は紀元前後にローマの植民地を通してヨーロッパ中に広まっていった。このようにラテンアルファベットは東から西へ向かう貿易船で海を渡った文字から生み出されたといえる。

以上のことから、海の躍動性と地中海文化のダイナミックな交流を読み取ることができる。この地域の歴史は自然環境や社会を背景として形成されてきた。地中海の長距離移動の動機として天然資源の重要性を確認でき、また航海技術が果たした役割、交通路としての海、技術・ノウハウの伝播の仲介行為としての貿易を目の当たりにするのであり、そして社会的に物々交換、移動、移住、植民等の諸民族間の様々な交流を見て取ることができるのである。結局、海を渡ったのは、工芸品、農産物、資源(鉱物系、動物系、植物系)や生産技術、ノウハウ、民間信仰、科学、文字等の知的財産であった。

しかし、これが全てというわけではない。ヨーロッパでは、古代文明やアルファベットのみならずキリスト教までもが地中海東海岸から西海岸への賜物であった。キリスト教は古フェニキアに所在しているエルサレムにおいて生まれ、一―五世紀において地中海全域に広まっていった。キリスト教は一世紀に新約聖書が編集された後に地中海を渡って伝わっていったのである。キリスト教徒はカルタゴやイタリアに教団を作ったが、当初はローマの迫害を受けた。その後ローマはキリスト教を公認し、四世紀になるとローマ帝国の国教として受容されるに至った。その時にコンスタンチノープル(イスタンブール)はキリスト教教団の中心地となった。また、教団はエフェソスとともにエチオピア、シリア、ギリシャにも成立した。かくしてキリスト教は地中海の南北両岸に根を下ろしたのである。この頃聖書がラテン語に翻訳され、最初のカトリック教団がフランク王国の都市トゥールにおいて設立された。フランク王クロヴィスは四九六年にキリスト教に改宗し、ヨーロッパのキリスト教文化が誕生したのである。

比較研究の可能性

以上のような歴史を経て地中海を通じてヨーロッパで五世紀にキリスト教の文明が生まれた。さて、ここで同時代の日本海―東シナ海海域に目をむける。五世紀まで倭国は鉄の採掘技術を知らなかった。当時、鉄は金属資源として、また農具として、朝鮮半島南部から入手したのである。また五世紀のヤマト政権の支配下にあった稲荷山古墳から出土した鉄剣には銘文が漢字で記されていたが、それは「辛亥年」という最古の年記を含むものであった。漢字は六世紀以降ヤマト政権において利用されるようになっていく。この頃には百済から来た知識人や技術者が薬、陰陽道、暦などの科学に関する知識を伝えている。また百済は倭国に仏教も伝えた。それによって初期の仏教寺院が飛鳥に造営されている。

上記のような五―七世紀の倭国の状況をフェニキアと照らし合わせると、いくつかの類似点を見出すことができる。東シナ海においては金属資源として鉄、文字として漢字、宗教として仏教が海を渡ったが、地中海においては鉱物資源、文字ではアルファベット、宗教ではキリスト教が同じように伝播していったのである。一方で、その媒介方法は両海域では異なり、地中海においては交易が主な媒介手段であったが、列島と朝鮮半島の間では渡来人の来朝という人の移動が中心的な役割を果たしていた。しかし、東アジアのなかの日本にとって、そして地中海世界のなかのラテン系文化圏にとって、それぞれ国家形成に不可欠である金属資源と文字と宗教の三要素が海を越えて伝播したという共通性は認めてよい。つまり、農業・産業に必要な資源、官僚国家の前提となる文字、思想的背景となる宗教の三者は持続的な国家形成において最も必須のものであり、世界各地で同様の例を挙げることができる。フランク王国もその例であるが、列島においては海を渡った鉄(資源と技術)、漢字、仏教がそろって初めてヤマト政権は国家形成への胎動を始めたのである。海は文明の伝播ルートとして機能していたといえる。

貿易品に関しても、フェニキアが地中海で紀元前九―七世紀に輸出した工芸品と、七―八世紀に中国や朝鮮から日本海、東シナ海を渡って日本に来た工芸品には共通点を見出せる。正倉院には陶器や金銀の細工物、象嵌技法の飾箱等の家具や調度品、フェルトの絨毯、彩色ガラスの器といった数百の工芸品が納められている。この種のものは上述したフェニキアの工芸品とたいへん類似している。

時代を下らせて中世に目を移してみよう。地中海では一三〜一四世紀のベネチアを挙げることができる。ベネチアは古代のフェニキアと同じように十分な農地を持っていなかったため麦は輸入に頼らざるを得なかった。それゆえオスマントルコとの地中海交易が発展したのである。こうした特定の貿易品は対外貿易に乗り出す刺激になり、また貿易の頻度と規模において重要な役割を果たした。一般的に貿易品は、農産物(食料を含む)、資源(金属、鉱物等)、天然材料

（香薬、真珠等）、通貨、工芸品（平織物、筵、毛皮等）、美術工芸品（ガラス、高級絹物、細工等の高級工芸品）、そして知的文物（書籍・儀式用品等）などに分類できる。

それぞれの地域・時代において、特定の貿易品がその需要から対外交易を取り結ぶ動機や交流を促す契機となった。たとえば古代フェニキアや中世ベネチアの両地域では小麦や油を求めて地中海にのり出した。一方、日本列島では一二世紀以降中国銭の需要から商人が東シナ海を渡るようになったのである。一般的に、需要が発生するとそれを得るために供給地域に赴いて交易を始めるというのは貿易の基礎的なパターンである。それが、ベネチアでは穀物、中世日本では貨幣であった。

また、同時期の異なる地域における貿易の比較もできる。たとえば一五世紀の地中海と東シナ海にはそれぞれ貿易管理と運営のシステムがあった。地中海ではベネチアはコンスタンチノープルにおいて貿易特権を獲得し、アレクサンドリアやベイルートに居留地を作ることを認められた。ベネチアはオスマントルコの各地の港湾都市で様々な権限を獲得した。貿易相手となる都市における入港許可やその領域内における交通、市場への参加、貿易関税の優遇、領事館の建設、小麦のベネチアへの輸出等である。こうしてアレクサンドリア、カイロ、ダマスカス、ベイルート、トリポリ、アンマン、コンスタンチノープルで特権を得ることによってベネチアは地中海航路を掌握したのである。こうした特権を手にするためにベネチアは金や貴重なガラス工芸品を活用した。たとえばオスマンのスルタンにその宮殿やモスクの装飾として有名なムラノガラスの工房で生産された数百ものガラスランプを送った。

同時期の一五世紀の東シナ海の様子と比較すると、室町将軍足利義満はベネチアの支配者と同じように海向こうの明帝国との交易を望んだ。そして、ベネチアと同様、明に金や最高級工芸品を送った。だが、貿易の条件、ましてや特権を交渉することはなく、明から条件を一方的に突きつけられた。その貿易の規則は明が指定した都市への入港や領域内における交通と市場への参加の認可であったが、ベネチアのような様々な特権を得ることはなく、逆に一〇年に一回という制限がかけられた。ひとたびこうした貿易の規則が確定すると、それが常例として固定化していった。興味深いことに、義満は日明貿易の条件が決まると明へ金を贈らなくなった。目的を達成したからであろう。ベネチアと比べると一五世紀の日明貿易は、一港に限られた頻度が少なく規模も小さい交易であった。それは、ベネチアという小さな都市国家も日本という列島国も世界の大帝国を相手にしていたが、ベネチアの場合は進出という指向があり、室町幕府にはそのような指向が欠けていたことにもよる。

こうしたいくつかの事例からの比較研究によって、各地域における普遍的な要素、共通の要素、そして特有な要素をそれぞれ識別できるようになる。それはミクロの観点から全体像をつかむという方法である。ブローデルや村井章介が提案した環海域史という国家の枠組みを越えた地域のとらえ方にしたがって、ショッテンハンマーらは東シナ海と地中海との比較を提示したが、さらにインド洋、南シナ海、日本海、オホーツク海の各海域の比較も可能であろう。たとえば港町等を分析の対象にしてヨーロッパとアジアの比較がなされてきた。こうした比較研究は今後さらに重要な課題になるだろう。分析の対象として様々なテーマが考えられるが、キーワードをいくつか挙げてみよう。

航海術／貿易品としての資源、食材、工芸製品／技術、ノウハウ、情報の伝達／宗教、布教、宣教、民間信仰の伝受／航海の動機、イニシアチブ（主導性）、方向性、頻度、規模／移動、移住、移民、居留地、拠点、植民、進出、遠征／交易圏、貿易権、独占／銭貨、貨幣、物々交換／交易の管理、運営、指揮／自由貿易、管理貿易、国家交易、輸出入における関税の有無／交易共同体のネットワーク、連動性のないネット（網）／密度、インパクト等である。

たとえば国際関係では、その関係の始まりにおいてどの国が主導権を握ったのか、その関係が継続あるいは中断する要因は何か、その際の物々交換・貿易・贈物といった交換における手段は何か、関係の密度や頻度はどれくらいか、どのように貿易や交換が管理され、統制を受け、組織化されたのか、だれがその取り決めを定めたのか、船は主にどちらの海岸から海を渡ったのか、どの程度遠方へ行く航海技術があったのか、海を渡る機動力と目的はいかなるものだったのか、貿易で各々が得たものは具体的に何だったのか、等の問題を追究することができる。異なる地域と文化圏の間のこうした諸相を比較することによって、一国史的なものの見方を相対化して巨視的な視点から世界史の文脈に置かれた各地域の特質を確認することができるのである。本書は上述のいくつかの点における日本史に関するひとつの試みである。

本書の紹介

本書は日本に対する外部からのアプローチ、すなわち外から見た日本と東アジアという視角をもつものであり、比較研究そのものをテーマとするものではない。本書はフェルナン・ブローデルやジャック・ル＝ゴフ等を代表とするフランスにおける歴史学の環境のなかで書かれており、ヨーロッパ的なスタンスを反映したものであるといえる。そして、政治史よりも社会史、経済史を重視している。それゆえ読者は本書において日本、朝鮮、そして中国における支配者や国内政治への論及が少ないことに気付くであろう。また本書の時代区分は必ずしも平安時代や明朝といった一般的なそれに則っておらず、むしろ世紀での表記に従うものである。その意味では本書は欧米の読者の方がなじみやすいかもしれない。本書は事例研究ではなく、時代を七―一六世紀という千年間の長いスパンで捉えようとするものであり、その点では概説的な通史として扱われるべきであろう。それは、一般的な総論であるがゆえに時代をこえて対外関係の長期的な展開を見て取れるという利点がある。たとえば航海における往来の頻度を見ると、八世紀は遣唐使、遣新羅使、遣渤海使の時代でありながら、千年の間では往来の最も少ない時期であることに気がつく。しかし、八世紀は人的移動の頻度は少ないにしろ、輸入文化の影響度という点では極めて大きなインパクトがあった。往来についていては、むしろ一三世紀が移動のベクトルという面で転換点であったといえる。一三世紀以前は、人々は主に日本海と東シナ海の大陸・半島沿岸から東に向けて日本にやって来た。ところが一三世紀を境に貿易を行なう人の流れは日本列島から大陸へと、東から西に向かうように、渡海の方向性は一変した（巻末付録グラフA参照）。

本書に示される東アジアの分析は、社会史的、経済史的なアプローチに基づく。その反面、通史であるがために詳しい内容や特定の出来事に対する考察は省略されている面があるが、そのかわりに基本的な特徴や出来事に注目している。参考文献については、本書は日本史と東洋史の先行研究に拠っている。一九八八年のフランス語版執筆時に参照したその多くは、今や東アジア史研究においてはもはや古典的な位置にある。筆者が本書のフランス語版を出した際には戦後の研究として辻善之助、木宮泰彦、小葉田淳、中村栄孝、田村洋晃、森克己等を参照した。この日本語版はフランス語版を二〇〇六年に英訳した英語版からの翻訳である。フランス語版の出版に先立って、筆者は博士課程の時に東京大学国史研究室に留学し、その最中にまとめた『八・九世紀の日中関係』が一九八五年に刊行された。その本では政治的外交を扱ったが、その過程で外交以外にも商業的交流の重要性に気付き、経済的な貿易関係に取り組んで本書を書いた。上述の戦後の先行研究は七―一六世紀における基本史料を提示しており、筆者の研究を導いてくれた。筆者にとってこれらの先行研究は今でもその土台となっている。東アジアの対外関係史料は、日本、中国、韓国に散在している。パソコンデータや公刊物に幅広く接することができる現代において、二〇世紀半ばまでの研究者はコピーすら使えなかったことを忘れがちである。当時は古文書を調査するために図書館や文庫、寺等に赴いて、手書きで史料を写したものだった。これらの先行研究に影響を受けながら、本書はデータや出来事を取り上げながらも常に主要な史料に即している。こうした基本的な歴史データは今や東アジア関係史の専門家に広く知られている。本書は主に東シナ海における日・中・朝間の交易を扱っているが、フランス版が刊行されてから以降、東アジア研究において研究対象は、その地理的範囲を東シナ海からオホーツク海、日本海、南海へと広げていった。また、倭寇の具体相、偽使の事情、モノや情報の交流等の様々なテーマに関する研究が著しい進展を見せた。それらの仕事を英文で紹介したことがある（Verschuer 2000）。本書のテーマに関係する文献として、末尾に「東アジア交流史文献」を加えた。また、日本だけでなく中国、韓国においても東アジアの交流について大きな成果を上げてきたが、それらの研究については桃木至朗他編『海域アジア史研究入門』の文献目録を参照されたい。

本書は検討の対象として貿易品に焦点を当てている。筆者は特に日本、中国、朝鮮における貿易品そのもの、交易のあり方や渡海の動機、方向性に注意を払っている。また、本書は執筆当時の欧米の交易史に関する古典的研究に示唆を受けている。ひとつはベルトルト・ラウファー『古代イランの文明史への中国の貢献』（英語版一九一九、日本語版二〇〇七）であり、古代ペルシャと中国の間で取引された鉱物、動物、植物系の天然資源材の研究である。もうひとつはエドワード・シェファー『サマルカンドの金の桃』（英語版一九六三、日本語版二〇〇七）であり、唐代における異国の珍物の分析を行なっている。本書では各時代の輸出入における主要貿易品を検討し、日中朝間における主要な資源材や工芸品の国内社会にもたらした影響について考察を加えた。筆者はモノの需要は各時代において国際交流の主たる要件であると考える。換言すれば、「モノが人を動かす」のである。この意味において本書は「モノの交流史」がメインのテーマであるといえる。

本書の構成は以下の通りである。まず第一章において七―九世紀における日本列島・朝鮮半島・中国大陸間の公的な朝貢交易について述べる。ついで第二章では私的貿易の始まりを概観する。この章は九―一二世紀を対象としており、異国の高級品である唐物に日本の貴族たちが殺到する様子を強調した。第三章では輸入された唐物と輸出された日本製品の分類を行い、平安貴族の日常生活に焦点を当てる。第四章は、国家の貿易統制がなくなった後の一二―一四世紀における自由貿易の発達を描く。この時代は中国銭の需要が日本から商人をして海を渡ることを刺激したのである。第五章において筆者は一四―一六世紀に日本からの輸出が増大することを強調し、特に日本の高級工芸品のシェアを重視してクローズアップした。その中でも日本の美術工芸品について、一九八〇年代に東洋文庫で研究していた時に使った清朝刊本の明時代の史料を挙げた。なお、本書の日本語版はフランス語版や英語版とは異なり、脚注の形式をとらなかった。そのかわり各章ごとの引用史料と参考文献を巻末に載せた。詳細な個別データや出来事については本書の参考文献一覧や『対外関係史総合年表』で確認することができる。また、それとは別に日本語版では各章ごとにコラムをひとつずつ付け加えた。第一〜五章のコラムでは、本書の主眼である海を渡った物品のやりとりについて、特に注目すべきものを取り上げている。各章ごとに輸入品と輸出品を交互に見渡した。また、コラムにおいて筆者にとって革新的であった研究を紹介したい。読者にその成果が伝わるよう、論文を多く引用した。

最後に忘れてはならないのは、本書のための研究や執筆にあたって様々な先生方と専門家にいただいたご教示である。フランス語版において恩師フランシーヌ・エライユ氏の指導を賜り、またベルナール・フランク氏の知遇を得ることができた。中国の史料の読み方については、ベルギーの中国言語学者故ウィレム・グロータース神父に教えていただいた。日本の史料について、対外関係史の辞典等の参考書がまだなかった時代に、石井正敏氏は特に平安時代について数多くの史料を紹介してくださった。英語版ではジョーン・ピジョー氏のご後援によりコーネル大学の出版部にお世話になった。アーニー・オッヅ氏は本の構成とデザイン、チャールズ・ペタソン氏は原稿を検討し、特に東洋史について訂正を加えて下さった。

翻訳にあたって、英語版では立派な訳者クリスティン・ハンター氏にめぐまれた。氏は当時宋元と高麗について博士論文をまとめていた大学院生であり、氏から本文について数々の提案が出されることによって、英語版は増訂版に達した次第である。日本語版でもまた翻訳者や協力者にめぐまれた。古代対外関係史の専門家、河内春人氏がこの日本語訳を引き受けて下さった。氏の指摘や提案のおかげで本書が訂正版になったと言っても過言ではない。四章と五章については気鋭の中世対外関係史研究者である榎本渉氏の助言を仰ぐことができたことも大きな幸いであった。また長年にわたってフランスの学術紹介に力を注いできた藤原書店の藤原良雄氏と編集上の専門的なアドバイスをくれた西泰志氏に感謝したい。特に藤原氏は多大な便宜をはかってくれた。私は日本と欧米のこれらの方々に深い感謝の念を抱くものである。

〈コラム序〉多国間比較研究への展望

本書日本語版の序章で地中海世界をとりあげたのは、それをモデルとして提案しようとするものではなく、筆者が学生時代からブローデルの著書に親しんできたことによる。地中海以外にも大西洋、インド洋、太平洋の各海域のことを同様に想起されたい。要点は、異質文化間の比較研究には大きなメリットがあるということである。方法論としては総論的なアプローチはあまり成果をあげない。場と時を異にしたケースを比較するミクロの観点に立った事例をベースにして研究を進めることによってこそ、グローバルな見通しを得られることになろう。ここではそうした立場から二つの事例を紹介することにする。

第一例は、中国とインドの港町で発見された石碑である。寧波には明代の図書館である「天一閣」に博多在住の宋人が故郷の寺の参道を寄進したことを記した三点の石碑がある。石碑の一つには「日本国大宰府博多津居住弟子丁淵捨銭十貫文砌路一丈功徳奉献……乾道三年四月日」とあり、乾道三（一一六七）年に博多在住の宋人丁淵が、ある寺院の参道一丈分の費用を寄進したというもので、他の二つもほぼ同じ内容のものである。これらがインドのアラビア海に面している港町のムンバイ（旧ボンベイ）郊外にあるカネーリ洞院の石刻碑文の内容とよく似ているので、ここで紹介する。

ムンバイから一時間ほど離れたカネーリ洞院にある数十に及ぶ洞窟の壁面には、数多くの石刻がある。この碑文を解読したインド人のゴケール（S. Gokhale）の論文Kanheri Inscriptions, Deccan College, Pune 1991によると、カネーリ洞院には一〇四の洞窟があり、仏教寺院として一世紀から九世紀まで栄えていた。この近くのソパラ(Sopara)とカリヤーン（Kalyan）とチャウル（Chaul）というところに国際貿易港があり、二世紀頃にはローマ帝国まで貿易を広げていた。当然のことながら、このあたりの町はとても繁栄し、その富がカネーリ洞院の経済を支えていた。洞窟には約七五の石刻があるが、ほとんどの碑文は、カネーリ洞院に銭や物品を寄進した人々が記念に刻んだものである。一部はサンスクリット語で書かれているが、大部分はプラクリット語で書かれている。寄進した人々は、商人、工房経営者、医者などの知識人であり、寄進の対象には洞窟や貯水槽の設置が多いが、興味深いのは、道路の造営がみられることである。

碑文の二〇、二八、五八番は、いずれも二世紀に刻まれ、チャウルのヤサという人の息子とナンダというカリヤーンの鍛冶屋、そしてダマナーカというチャウルの彫金師が、い

ずれも道を寄進したことを記念して建てられている。例えば二八番の碑文には、直訳すると、

成功！　洞窟一、貯水槽一、腰掛多数、椅子一点と階段は天下四海の僧綱のために、シーヴァミートラの息子である……カリヤーン居住商人ダルマと……ブダカとその家族から功徳のため奉献され、両親の追悼と全ての生物の健康と幸福に捧げる

とあり、続けて、寄進された洞窟にいる長雨の季節の修行者のために一六文銭の利子を服装の資金にあて、「正季節」の修行者のためには毎月小額を托鉢に、一文銭を靴に、残高を洞窟の維持にあてる、と寄付金の用途が記されている。ゴケールは、この商人がカリヤーン市のガンダーリカバミという町で家を「功徳奉献」し、その維持に他からの家賃をあてているが、このガンダーリカバミ町はカリヤーンにおけるガンダーラ商人の居住地であると指摘している。そしてこの碑文には、また道の寄進が記録されているが、道のことを他の碑文の「パタ」という言葉と違って、「チャンカマ」と呼んでいる。これは切石で舗装されている修行道である（ヴェアシュア一九九九参照）。

「天一閣」の「砌路一丈功徳奉献」というくだりを見た時、真っ先に思い出したのが、「功徳のために奉献」という言葉を含む、以前に訪ねたこのカネーリ洞院の碑文であった。こ

れは時代もさかのぼり、また場所もインドであるが、博多在住の宋商人たちも事情は同じで、明州出身の有力者としてしばしばこのような社会的貢献を果たしていたのではないだろうか。

寧波の碑文を比較研究の立場から考察することによって、その位置付けが可能になる。こうしたケースにおける商人の寺院に対する後援は特殊な珍しい行動ではなく、一般的な現象であるということを明らかにすることができるのである。他の事例にも目を向けると、唐で活動していたソグド人商人たち、そして山東半島で居留地を営んでいた高麗商人たちはどのような行動をとっただろうか。

商人の社会活動は宗教行事だけでなく、文化一般にも及んだはずである。例えば室町時代と同時期のドイツ中世では、フッガー家という金融業に携わっていた一族がアントワープからベネチアまでの間の国際貿易を支えていたが、この一族は教会や修道院に対する工芸美術のスポンサーでもあった。一方、日本で一三世紀に博多に住んでいた宋商人謝国明は当地の禅寺承天寺建立のパトロンとなった。これらの事例によって古代中世において国際貿易に従事した商人の、国内での社会的立場と文化的役割が明らかになる。

ただしその一方で、インド洋各海域と東シナ海海域それぞれにおける国際貿易の管理全般のように、著しい違いを見せることもある（羽田正二〇〇七等参照）。ボンベイを含むアラビア海の港町には政府の貿易管理所がなかったが、そうしたインドとの比較もまた中国の市舶司の権限と立場を再考する場合に参考になるだろう。

比較研究の可能性についてもう一つの例を挙げよう。足利義満とモンゴル帝国のチムールはほとんど同年（一四〇八年頃）に亡くなっており、同時代に政治的リーダーであった。義満が明朝の華夷秩序にどの程度参加したかという問題については、一五世紀以来現在に至るまで議論が続いている。たとえば日中外交文書の種類（書・表・詔・制）、宛名（皇帝対国王等）、明の年号使用の有無や国書での用語等について様々な解釈がなされている。しかしこの問題について、日中関係以外のアジアにおける国際関係の視角からさらなる考察を加える余地があると考える。

ここで例を一つあげてみよう。一四〇二年の明建文帝詔書が「君臣」の礼儀について説明していることに対して、義満は一四〇三年の表で「臣聞く……」と答え、臣と自称したことに注目したい。このことについて、サマルカンドと明の外交に目を移してみる。日明の通交と同時期に、明とサマルカンドの間に外交使節が往来している。サマルカンドの使者はほとんどすべて偽使であったが、明からはたびたび使者を派遣し、なかでも傅安は六回も西域奉使を務めた。そのうち一三九五年に次のような事件が起きている。サマルカンドでの謁見でチムールは傅安が外藩礼を守らないと判断し、傅安に「臣」と称せよと命じたところ、傅安は次のように答えた。

安は「私は明朝の命を受けた使者である。どうしてあなたの臣と称さなければならないのか。明の威徳を広く内外に伝えているのに、あなたに臣服することはない。あなたはどうして中国と敵対しようとするのか」と述べた。これに対して王（モンゴルの王チムール）は「我が国土が中国に及ばないことがあろうか」といい、家臣に命じて安を国の西や南に連れて行った。その距離は一万一千里余りに及んだ。六年後ようやくサマルカンドに戻ったが、その間も安は屈することなく、帰国は認められなかった（『明史竊』巻三四）。

そして一四〇八年頃にチムールが亡くなった後にようやく明に帰国することができた。傅安伝には頭を下げず「臣」と自称しなかったことが特筆されており、その復命において明朝から慰問を受けたと記されている（Verschuer 2007）。

この話から、明朝における「臣」という語の意味を読みとることができる。明の視点から「臣」ということばは屈服を意味する一種の記号であった。義満の息子義持も「我が国は古来外国に対して臣と称することはなかったが、先君（義満）はそれを改めた」（『善隣国宝記』応永二十六年条）といい、義満が明に屈服したとの考えを示している。一方、明の史料ではチムールのことを「国王」と記している。巨大な国の支配者であり、明を敵国扱いしたチムールを「王」と記したことに注目したい。王号が明朝の外国ランキングで大国の君主を指す可能性もある。日本は八世紀以来、中国に大国として認められるように努力した（『隋書』倭国伝）ことと考え合わせると、一四世紀に九州で明の使者を斬首したほど強い態度を示した懐良親王も明に国王とよばれたことは、親王を大国の支配者と見なしていたのではなかろうか。

ヨーロッパでも君主間の序列はあった。東ローマ帝国（ビザンツ帝国）の君臣世界観（オイクメーネ）において、コンスタンチノープルの「ローマ皇帝」はすべての国々の君主を格下の家族扱いし、「弟」「友人」「息子」等の称号によって編成した。カロリング系とオットー系の支配者にだけローマ帝国の「西の皇帝」の称号を認めた。

明皇帝によるチムールや義満への「国王」号はこれに対応するのではないだろうか。このように様々な事例による比較研究は、日中外交について新たな仮説を生み出すことを可能とするであろう。

第一章

朝貢交易

七—九世紀

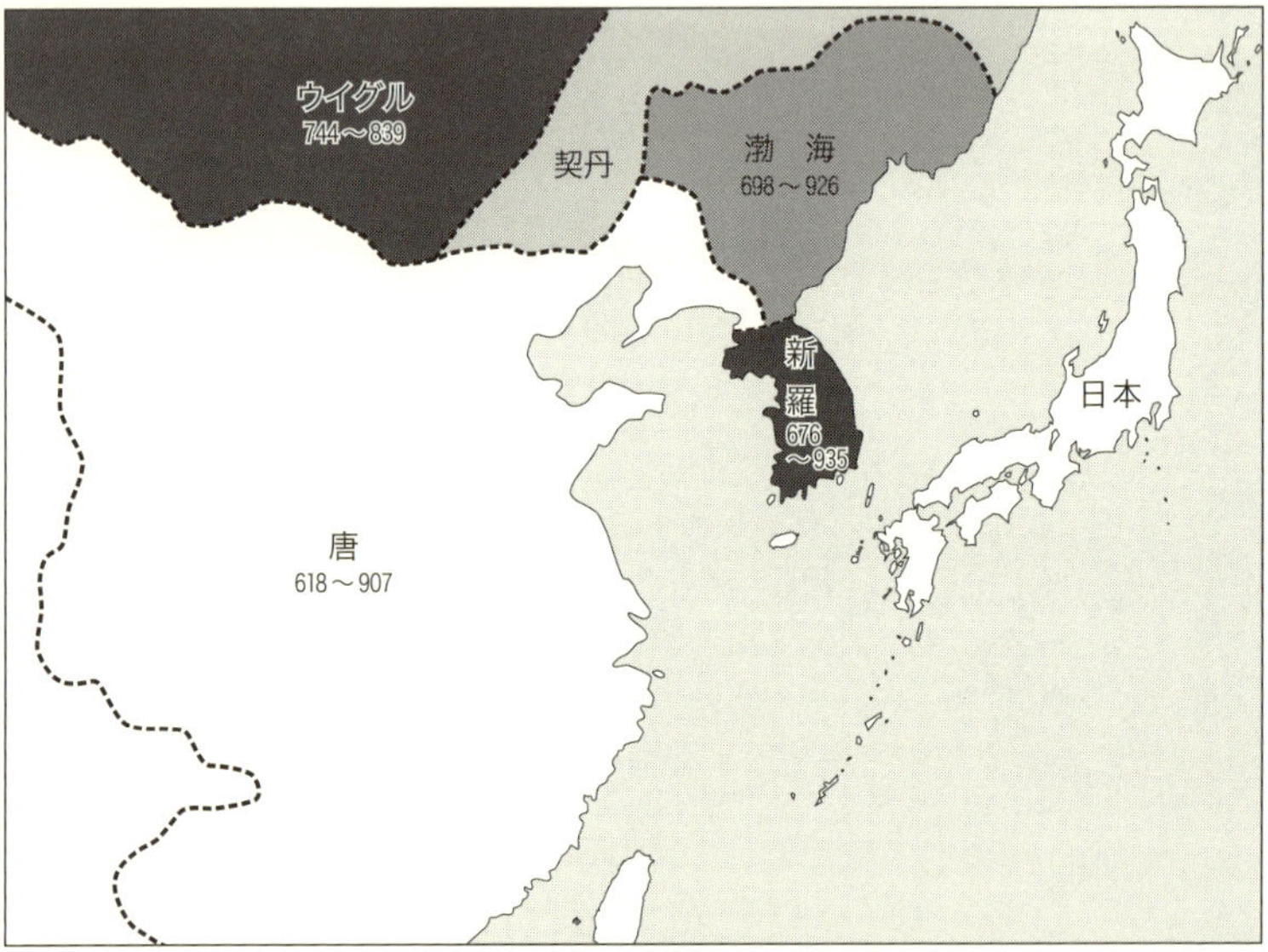

地図 1—a　8—9 世紀の東アジア

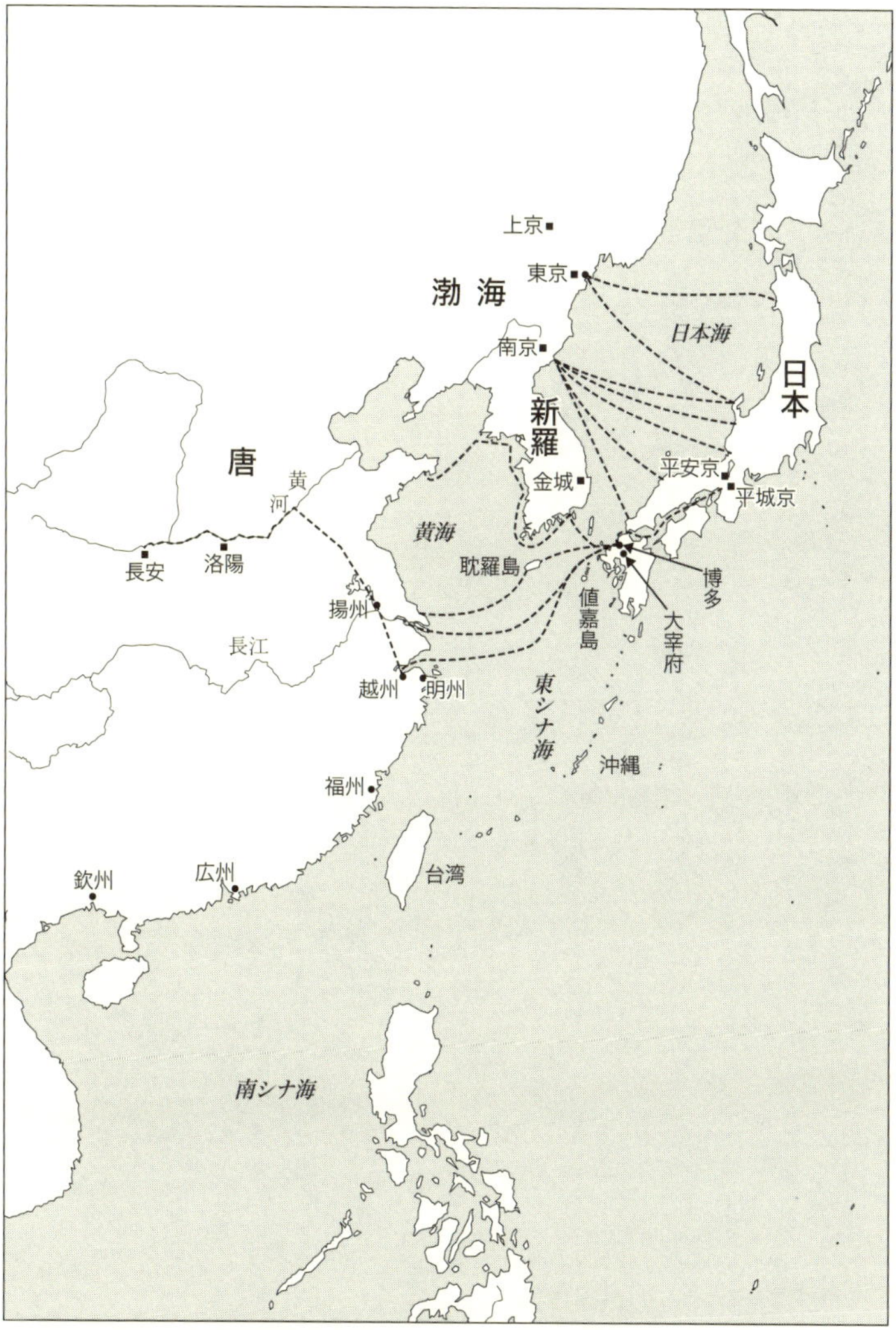

地図 1―b　8 世紀の主な外交航路

大唐国は、法式《のり》が備わり定まる珍《たから》の国である。常に達《かよ》うべきである。

（『日本書紀』推古天皇三十一年七月条）

これは唐に留学して六二三年に帰国した薬師恵日《くすしえにち》が述べた言である。この発言が単なる一個人の意見ではないことは日本の対外関係史を見れば一目瞭然である。同様の方針は西欧との関係における明治時代の日本をみてもわかるのではないだろうか。恵日は六〇八年に遣隋使とともに隋に赴き、一五年後に遣唐使とともに倭国に帰ってきた。そして、七世紀を通じて唐令を斟酌しながら、律令が編纂されたのである。七—八世紀は、日本が中国と朝鮮半島から先進文化を受容する時代であった。

この時代のアジアにおける国際関係は中国の設定した册封体制という秩序で律せられており、それは中国が絶対的な優位性を有するヒエラルキーに基いていた。他の文明——例えばビザンツ帝国——においても同様の帝国主義的な秩序が構築されたが、中国では古典と儒教に基く中華思想がその土台であった。儒教は、上下関係を強調する垂直的な社会身分秩序を前提としていた。この体制の頂点が、あらゆる人に超越する徳を体現した天子と見なされた中国の皇帝であった。儀式で示された有徳の行為を通して皇帝は秩序を維持し、「天下」すなわち中国とその周辺をその影響下においた。この権威の下に、称号や権力を手に入れた帝室や貴族といった上流階級が生み出された。彼らは皇帝の臣下となり、臣従の証として貢ぎ物を納めた。この内部の君臣の社会秩序は「天下」の外部にも適用された。中国の辺境より外側の他国の王も貢ぎ物をもって集まり忠誠を示すべきものと見なされ、その中国への集中は天子の徳治の表れと評価された。そうした国々の支配者たちは中国王朝から冊封されて称号を授けられ、「外臣」と位置づけられた。ただし、こうした朝貢体制は軍事的征服をしない限り、皇帝が中国以外の領域を政治的に支配するものではなかった。むしろ文化的帝国主義と称すべきものであった。

七―九世紀には、およそ七〇の国や種族、都市国家が恒常的に中国王朝に朝貢を行なっていた。連年中国に使者を遣わすところが数多くあった。当時、中国はアジア世界で最も発展した強大な国であり、場合によっては周辺国はその存続をかけて朝貢した。おおむね中国はアジア地域において秩序を維持する役割を担っていたといえる。こうした朝貢体制は最後の王朝である清が一九一一年に滅ぶまで二千年以上にわたって続いた。

さて、日本は七〇ある朝貢国のひとつであった。『後漢書』倭伝によると、日本列島からの最初の使者は五七年に派遣されているが、その頃は倭と称するも国家が成立しておらず、数世紀の間に外交関係が展開するなかで中国の手工業技術、文字、支配機構、思想（易占、儒教、仏教）の継受を切望するようになり、倭（ヤマト）の大王は先進知識を得るために朝貢使を派遣した。中国に派遣された使節は七世紀以降そのほとんど全てが数多くの留学生や留学僧を引き連れて行き、中国文化の様相を学び技術の知識や学術の書籍をもたらすことによって倭国の進展に寄与した。

外交関係は中国王朝との関係のみとは限らなかった。朝鮮半島では四、五世紀以後本国の争乱等から逃げて安住の地を求めることもあり、数多くの人々が列島に渡来してきた。倭の支配者はそうした渡来人を多く迎え入れた。七二〇年に成立した『日本書紀』によると、その知識や技術を吸収するために都の近くに移住させたのである。渡来人は文字を書き、須恵器を作り、養蚕を行い、絹を織り、馬具をもたらし、牧畜を行い、鍛冶をしてさらには精錬する製鉄の技術をもっていた。渡来人は倭国への手工業技術の伝授に大きな役割を果たしたのである。結果的に数度にわたる朝鮮半島からの渡来の波と隋への外交使節の派遣によって倭は東アジアで最も発展した文化を取りいれることが可能となった。また、文字表記や技術だけが受容されたのではなく、統治機構の基礎や社会身分観念も倭の学ぶところだった。

ところで、ヤマト政権は列島全土を統一した国家ではなかった。七世紀の終わりに国号を「日本」と変更したが、それ以後ですら列島全域が領域化されたわけではなかった。おおよそ東北南部から九州南部までの空間を六八カ国の領域に編成し統治した。朝廷による支配体制は一二世紀以降になると立ち行かなくなり、地方ごとの分立状態が江戸時代まで続くこととなる。ただし、本書では政治的領域ではなく、単に列島という地理的な意味において「日本」と称することにしたい。同じく「中国」も現在の中華人民共和国の領域を指すものではなく、各時代における王朝の概括的な呼称として用いる。

七世紀以降ヤマト政権では、倭国王は自らを天下を治めて異国から朝貢を受けるものと位置づけられた。中国皇帝のような君臣システムの導入を図り、倭は百済、新羅、高句麗の朝鮮三国が割拠した朝鮮半島と種子島、屋久島といった南島を臣属する国と見なした。『日本書紀』には、事実か虚構か別として、六世紀よりヤマト政権にこれらの国々から貢物が進貢されたと記している。倭国王はそれゆえ隋の皇帝との関係において対等であろうとした。推古（在位五九二―六二八）はそうした考えを六〇七年と六〇八年に隋の皇帝に宛てた国書において表現しており、そこには「日出処の天子、書を日没処の天子に致す」や「東の天皇、敬んで西の皇帝に白す」と記している。

ただし、実態はそうではなかった。推古朝の倭国は隋に朝貢していた。一方では対等と書きながら、実態的には中国の君臣秩序に参加するという矛盾は、数世紀にわたって日本の支配者層に名分的なジレンマを引き起こした。その外交姿勢について、文物の獲得への指向も関係していたと推測される。実際、倭国の外交は交易のあり方によって変化するものであった。

それでは七世紀の外交史はどのようなものだったのだろうか。倭国は、六一八年に隋を滅ぼした唐に対して、一〇回もの使節を派遣している。倭国と唐の外交は、朝貢品として倭国の物産を贈り、それと引き換えに唐の高級製品を受け取るというものであった。唐の天子への引見において遣唐使は他の朝貢国と同様に扱われた。その意味では倭国は唐への朝貢に応じたわけだが、外交において拒否する点もいくつかあった。例えば五世紀後半以前のように中国から封爵を授かることはなく、また他の国と違って朝貢使節の割符が与えられることもなかったと思われる。また、倭国の支配者、少なくとも推古は、朝貢品とともに付した国書に皇帝への忠誠を示す文言を記すことは差し控えたようである。微妙なところで倭国は中国の外交儀礼に応じない点があった。

ただし、このように中国の冊封体制に従わない、あるいはそれに反撥する国々は周辺にいくつも存在していた。各時代の例をあげると、前二―一世紀には漢の外臣と位置づけられた烏孫は同時に他国から朝貢を受けていた。秦代から漢代にかけて強大な勢力を誇った遊牧民族の匈奴は、しばしば中国を脅かした。雲南にあった南詔王朝は八、九世紀に唐と吐蕃を両天秤に懸け、国内で「皇帝」を自称した。唐の北方にあった契丹は九世紀から臣従するどころか、内蒙古から中国東北地区まで占領し帝位を称して遼朝を建てた。一四、一五世紀にはサマルカンドのモンゴル帝国は逆に中国を自己の外臣視していた。これらのような史実にもかかわらず、中国は二〇世紀までのすべての外交を冊封体制の枠内における朝貢関係として認識し、記録したのである。

七世紀の朝貢

七世紀の外交関係において具体的にはどのようなものがやりとりされていたのであろうか。

朝貢交易では諸国の使節が国王からの進物として本国から多くの品々をもたらし、かわりに中国から回賜として珍物を受け取った。交易の規模は使節の回数に比例した。倭国でも七世紀に異国との交易が数多く行なわれていたとされる。『日本書紀』によると、倭国から高句麗・百済・新羅へ約三〇回の使節が派遣され、逆に倭国に来朝した朝鮮諸国からの使者は約一〇〇回に及んだ。『日本書紀』ではこうした朝鮮諸国の使者を朝貢使として記している。だが朝鮮史料の『三国史記』などにはこうした倭国と朝鮮の交流についてはほとんどふれられておらず、その回数と実態を知ることは困難である。これに対して中国への朝貢の記事は度々あらわれる。中国王朝もまれに外臣に回賜物を授けるために、使者を派遣した。たとえば倭国の場合、唐からの使者が遣唐使の帰国に同行したことがある。

倭国と隋唐・朝鮮半島の間でやりとりされた貢物、賜物については、史料的には断片的な記述にとどまる。時代順に事例を挙げてみよう。推古朝の五九九年に百済の使者が駱駝、驢馬、羊、白雉を倭国に進上しており、朝廷はその迎接をしている。六〇二年の百済の使節は、暦本、天文地理、遁甲方術の典籍をもたらした僧侶の観勒を引き連れてきた。観勒は倭国に滞在中、村主高聡等三人にその知識を伝えた。六〇五年に推古は二体の仏像を造るよう命じたが、一体は金銅で全長四・八メートルの高さ、もう一体は刺繡の織物であった。高句麗王は仏像造立を聞き、金三〇〇両を贈っている。

六〇七年に遣隋使として小野妹子が隋に赴き、翌年に裴世清《はいせいせい》を連れて帰国した。そのため朝廷は難波（現在の大阪）に外交の迎賓施設を建設した。裴世清等の隋使は朝廷で推古に引見し、日本側の記録によれば宮の庭の中央に隋からの進物を陳列した。しかし、その具体的な中身について記録は残っていない。裴世清は帰国に際して新たに遣隋使を随伴した。その後、六一〇年に二人の高句麗僧、曇徴《どんちょう》・法定《ほうじょう》が倭国にやってきた。曇徴は中国の古典である五経に通じており、顔料や墨・紙の作成技術にも長けていた。さらに碾磑《てんがい》という磨臼も伝えた。ただし、碾磑が列島で広まるのはさらに数世紀の後まで待たねばならない。

六一八年の八月、高句麗の使者が、隋が高句麗を攻めてきたこととそれを撃退したことを伝えた。そして、その捕虜二人、鼓吹、弩、投石器、駱駝を献上した。六二三年には新羅使が倭国に仏像、金塔、舎利、灌頂幡、小幡一二条を贈っている。これらのものは秦寺、四天王寺に納められた。六二五年になると高句麗王が僧侶の慧灌を遣わし、倭国は彼を僧正に任命している。六四二年にも高句麗から金銀が献上された。六四七年の新羅使は孔雀、鸚鵡を贈っている。

六五三年に孝徳（在位六四五―六五四）が遣唐使を派遣したが、『唐会要』によるとその進物の中には琥珀と瑪瑙が含まれていた。この時の遣唐大使吉士長丹《きしのながに》は帰国してから、唐の天子に謁見したことと多くの典籍や宝物を持ち帰ったことへの褒賞として位階を昇進されている。六五六年には佐伯連栲縄《さえきのむらじたくなわ》・難波吉士國勝等が百済から戻った際に鸚鵡などを持ち帰っている。翌六五七年にも百済に派遣された阿曇連頬垂《あづみのむらじつらたり》・津臣傴僂《つのおみくつま》が駱駝と驢馬二匹を受け取っている。

この頃の倭国における外国使節の興味深い逸話も伝わっている。六五九年に来朝した高句麗使は市に羆《ひぐま》の皮を持って行き、綿六〇斤で売ろうとした。市の人はそれを聞き、笑い始めて去っていったという。この話から、外国使節が売買のための品物を持って来ていることが読み取れるのではないだろうか。この記事はそうした実態を示す七世紀の数少ない記録である。さらにその時に、倭に居住している高麗画師子麻呂という人物が同族である使者を自宅でもてなすために七〇枚の羆の皮を官から借りて座布団として用いた。高句麗使は倭に羆の皮がすでに多くあることに驚き恥じ入り退出したという。

六六〇年代には朝鮮半島に重大な変動があった。百済が唐・新羅連合軍によって滅亡したのである。倭国は百済を救援するために軍隊を派遣し、唐・新羅連合軍の進攻を防ぎ、百済を復興しようとした。しかし、六六三年に白村江で倭国と百済は敗北を喫し、百済領は唐・新羅に占領された。百済は完全に滅び、倭国も朝鮮半島から撤退せざるを得なかった。六六八年に唐・新羅連合軍は高句麗を攻め、高句麗も滅亡した。その後、唐と新羅の間に対立が生じ戦争状態になったが、結果として新羅が半島における唯一の支配者となった。この動乱の際、倭国に新たな渡来の波が押し寄せることとなった。滅亡した百済から四〇〇人もの貴族が亡命しており、六六五年に近江に移住することを認められた。翌年には二千人以上が百済から渡来し、東国に安置されている。倭国は他にも亡命を受け入れることがあった。また、倭国に来たのは百済人ばかりではなかった。六六〇年に百済から一〇〇人の唐の捕虜が送られており、その後美濃に住まわされている。

ここで渡来人について述べておこう。古代には朝鮮半島から様々な集団が列島にやって来た。主として職人や技術者からなるそれらの集団は朝鮮諸国から遣わされることもあれば、自主的に到来することもあった。彼らのもつ技術はヤマト朝廷からも重視され、列島に居住するようになった。当初は畿内周辺に安置されることが多かったが、七世紀の終わりになると東国に移住させられるようになった。渡来人は未開の土地を開拓し、人口が増えていくと課税の対象として見なされるようになった。渡来人のうち貴族、知識人、特殊技術者は、六七一年と六八六年に位階を授与されて朝廷に仕えた。日本に属した渡来人の割合については八一五年に成立した『新撰姓氏録』が参考になる。この書には氏族の出自が記録されているが、その総数は京や畿内五カ国に居住する一一八二氏族に及び、そのうち三二四の氏族が「諸蕃」という中国や朝鮮半島の出自であった。このように倭国の貴族集団は、八世紀より以前から渡来というかたちでかなり大きな外国の存在に遭遇したことになる。

話を朝貢に戻そう。六六七年に耽羅の使節が倭国にやって来た。耽羅は朝鮮半島の南西にある済州島を支配していた王権であり百済に従属していたが、六六〇年に百済が滅ぶことによって六六一年から倭国と外交関係を持つようになっていた。『日本書紀』によると、この時の朝貢の見返りとして錦一四匹、纈《ゆはた》（絞り染の絹）一九匹、緋（赤染めの絹）二四匹、紺布（麻布）二四端、桃染布五八端、斧二六、釤《なた》六四、刀子六二枚が耽羅の使節に授けられた。新羅との交流も見られる。六六二年に倭国から新羅王に絹五〇匹、綿《まわた》（絹綿）五〇〇斤、韋《おしかわ》一〇〇枚が、新羅使の金東厳に託して贈られた。六七一年にやって来た新羅使は水牛一頭、山鶏一隻を通常の贈物とは別に献じている。同年に倭国から新羅王への賜物としては絹五〇匹、絁《あしぎぬ》(平織の絹)五〇〇匹、綿《まわた》一〇〇〇斤、韋一〇〇枚を授けている。

六七二年に倭に来到した唐の使者の郭務悰は甲冑・弓矢・絁一六七三匹・布(麻布)二八五二端・綿六六六斤を受け取っている。この贈物は郭務悰をはじめとする六〇〇人に及ぶ大使節団全体へのものであろう。

『日本書紀』は六七九—六九〇年の間に六回の新羅使の到来を記している。その際の新羅からの「調物」と呼ばれる贈物は、錦、絹、布、皮、動物(狗、驢、馬、駱駝)はもとより金銀銅鉄も見える。一回は南方の珍しい鸚鵡や薬、金属器もあった。また通常の「調物」とは別に、金、銀や幡、霞錦、金銅の仏像なども「別献物」として贈られた。

ここまで七世紀に大陸・半島と列島でやりとりされた品物についてみてきた。全体的にこの時代に関する日本のほぼ唯一の史料である『日本書紀』によると、異国との往来として一〇〇回を超える外国からの来朝と二〇回以上の派遣が記されている。それだけの回数であれば、交易も相当量があったものと想定できる。さらに、『日本書紀』の記事は朝廷による公的な貢納や贈与の交換だけ記録されたものであるが、これ以外にもたとえば渡来人は、市場で毛皮を売ろうとした高句麗の使節のように私的な交易をした可能性もある。このような交易について文献史料は黙して語らないが、五世紀の古墳からは加耶の鉄鋌と同じものが出土している。鉄鋌は交換の手段として用いられたのであろう。さらに遡れば三世紀の中国のことを記した『三国志』には、朝鮮や倭国が、交易に貨幣を使うかわりに鉄を用いることを記している。同書には物々交換をする市についても言及している。『日本書紀』には、七世紀に海石榴市《つばいち》など特定の場所に設けられた市があったことを伝えている。とはいえ、当時自由な交易があったことを確認できず、こうした市は一時的なものであり、地方の国造等によって臨時的に設けられたものであろう。

八・九世紀の国内経済

八世紀初頭は日本史上の重要な画期である。七〇一年に大宝律令が制定され、中央集権的な国家が成立した。大宝律令は、恵日が六二三年に「法式備わり定まれる」と評した中国の法治体制の模倣であり、中国律令を日本の社会・文化に適合させたものであった。その支配システムは、地方を六八の国という行政区画に編成し、朝廷が任命した国司が治めた。都は六九四年から七一〇年まで藤原京にあり、七一〇年に平城京に遷都した。天皇を頂点とする中央の官制は神祇官と太政官から構成された。太政官の下にはさらに朝廷の儀式や財務などの諸行政を扱う八省があった。

日本の租税制度も中国の均田制に倣って、公民に耕作地を班給（班田）して、その収穫から租税等を徴収した。日本古代には主に三つの税の形態があった。農作物、現物徴収、力役である。農作物は租や出挙《すいこ》であり、稲穀で納め、そのほとんどが郡家（郡役所）の正倉に蓄積され、地方行政の諸経費に充てられた。現物で納入されたのが調であり、これは中央の朝廷に送られた。おおよそ絹、真綿、麻布、鉄、塩、植物原料、紙、木製器物、海藻類、干魚等の食材の類であった。後に各種手工業製品が品目に加えられた。力役は地方で六〇日間の雑徭と、都で課す一〇日間の歳役からなっていたが、後者は布、綿等をかわりとする庸として代納された。これらのうち特に調・庸は朝廷の歳入の根幹であり、基本的な歳出と官人の俸給に充てられた。また、所定の官司が工房を経営し朝廷や貴族の生活品の製造を請け負った。貴族の収入は位封や位田からの米と絹、綿、布、鉄からなる半年毎の給料（季禄）で構成されていた。このように経済は、地方から中央へ、税としての品物の流通を土台としていた。またその他に必要なものは市場で買い求めることができた。

都には東市・西市のふたつが、唐の長安と同じように左京と右京に置かれた。市は左右京職が管轄した。京職は売買される物品の価格を定め、市で使用される秤や物差し、品物の品質を管理した。市が開かれるのは午後からだった。官司や寺社は余剰物を売って、かわりに足りない品を購入した。例えば七六二年に東大寺が絹綿や麻布を代価として、絁一二〇疋や紙七六〇〇枚、米三五石を買い求めている。正倉院文書からも東大寺の写経所のための買物が知られ、主に織物や野菜、穀物、香辛料、油、紙、筆、墨を購入している。

上記のような売買の際の支払の手段はどのようなものであっただろうか。当時の日本では物々交換が中心であったが、銅銭も用いられた。考古遺物としては、七世紀末以降使用されたと考えられる鋳造貨幣として富本銭が発見されている。だが、文献では初めて貨幣を鋳造したことは七〇八年の和同開珎まで見えない。この時の和同開珎は銀銭であり、翌年に銅銭が作られるようになった。こうした貨幣制度の導入は中国の制度に倣ったものであり、平城遷都に先立つものであった。貨幣の鋳造は都の造営をまかなうための作業として立ち現れたと考えられる。

銭貨を鋳造するようになると、次にその使用を促すために朝廷は畿内からの税の徴収や雇用における支払の手段として銭を用いた。律令国家は貨幣が流通しているように装うため、さらなる方法をとった。米や麻布の銅銭価格を決定したり、蓄銭を報奨する蓄銭叙位令を定めたのである。地方の流通を促進する対策として、都と地方の間を行き来する官人に食料の替わりに貨幣を与えた。また朝廷は土地売買に銭貨を使用するように指示を出し、国府に銭貨に関する財務帳簿を提出させるなど八世紀の間にさまざまな手段をとった。こうした施策は地方への銭貨の流出をもたらした。例えば、延暦十七（七九八）年九月二三日の太政官符では、京や畿内では貨幣が不足する一方、地方の吏・民の銭貨の貯蓄が多すぎると注意されて、蓄財に対して罰を命じている。

こうした努力にも関わらず、私鋳銭の横行などによって引き起こされた貨幣価値の低下のた

表1　日本と大陸を往来した使節

	7世紀	8世紀	9世紀	計
唐へ	12	12	2	26
唐から	7	2	0	9
朝鮮半島へ	24	15	5	44
朝鮮半島から	104	22	4	130
渤海へ	—	12	1	13
渤海から	—	15	19	34

※『岩波日本史辞典』p.1407-1412からVerschuerが作成

グラフ1　日本と大陸の間の外交使節の往来回数

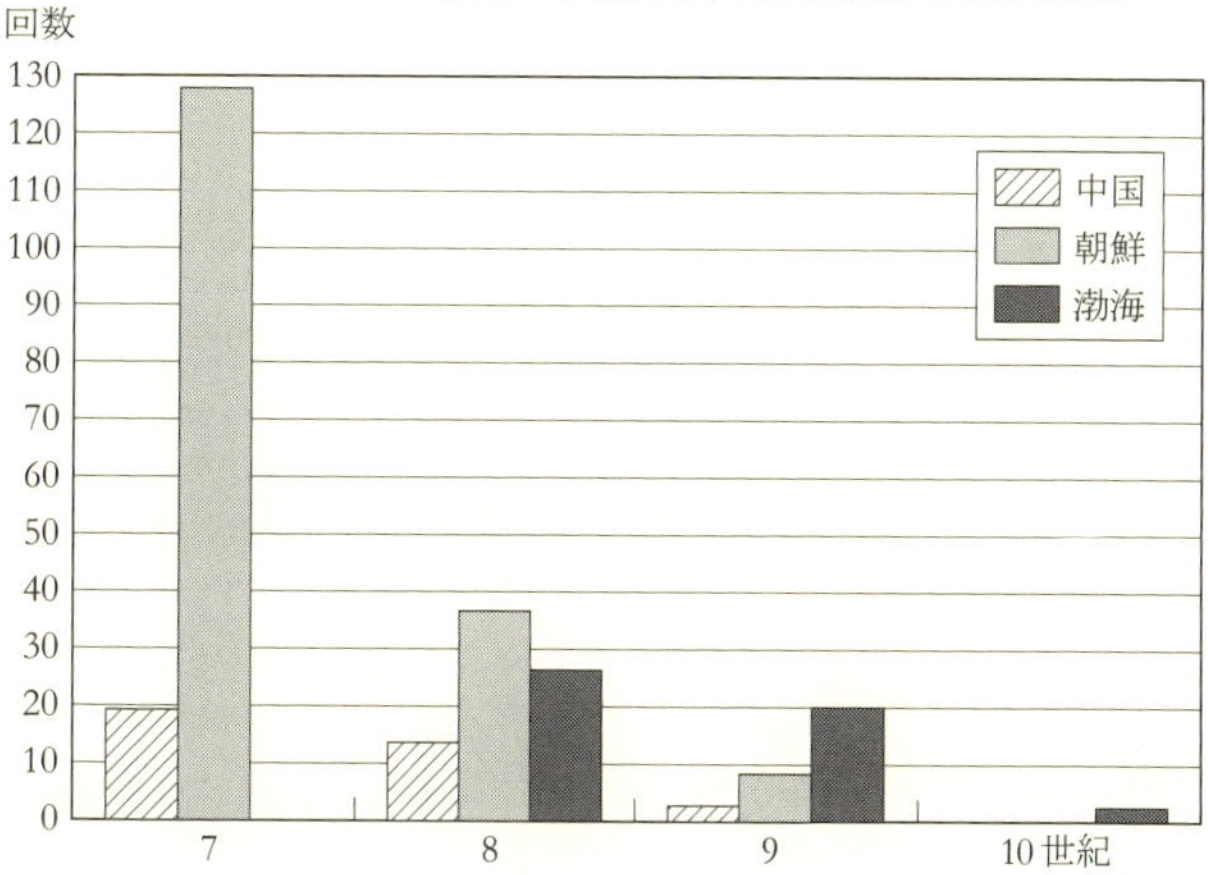

め、律令国家による貨幣経済の導入は成功しなかった。朝廷は九五八年の乾元大宝まで一二回に及ぶ新銭の発行によってくり返し状況の改善を試みたが、通貨の収縮を抑えることはできなかった。日本の古代社会において銭貨の役割は限定的であり、収入源や交換手段として主流にはならなかった。交易の取引においてはいまだ米や絹が現物貨幣として機能していたのである。特に絹は対外交易においても主要な交換手段であった。

当時の国際環境についてもふれておこう。八世紀には日本、新羅、唐の外交使節が互いに往来したが、新たに渤海国が国際世界に参入した。渤海は六九八年に建国しており、新羅の北方に位置して靺鞨《まっかつ》というツングース系の種族と高句麗の貴族からなる国であった。この四カ国が互いに外交使節を往来させた。日本と外国の往来の回数は八世紀には七〇回以上に及び、なかでも日本と朝鮮（新羅）との間が最も多かった。使節は本国の王の貢献物という公的な信物をもたらし、その代わりに返答物（贈答品）を受け取った。使節自身も派遣先の国から手当として贈物を授かった。

新羅との交易

朝鮮半島が日本へ贈った進物はどのようなものがあっただろうか。新羅からは八世紀に二二回の外交使節が派遣されてきた。新羅王からの贈物は調という貢献物と別貢という特別贈物の二種類があったが、服属を意味する調が史料に表れるのは二回だけである。七一九年の新羅使は雌雄の騾馬一疋ずつを献じている。七三二年には鸚鵡、鴝鵒《くこく》、蜀狗、獵狗、驢二頭、騾二頭をもたらした。逆に日本からの遣新羅使は、七〇〇年に赴いた際に孔雀や珍物を新羅の朝廷から受け取っている。異国の動物は律令国家の成立以前から特別な進物と認識されていたようである。新羅からの調物の具体的な内実は唐への貢物から推測すると、絹、貴金属、朝鮮人参や多少の工芸品であったと考えられる。

一方、日本からの返答品として、新羅使に新羅王への贈物を託した。七〇三年には錦二疋（各約一二メートル）、絁《あしぎぬ》四〇疋であり、その六年後には絹二〇疋、美濃絁三〇疋、糸二〇〇絇、綿《まわた》一五〇屯が新羅王に授けられた。七七〇年にも絁二五疋、糸一〇〇絇、綿二五〇屯が新羅王に与えられ、新羅使にも絁や綿が授けられている。また『三国史記』によると八〇四年に日本の遣新羅使が新羅王に金三〇〇両を送ったことを記している。ただし、この時は遣唐使の漂着について情報を求めるために新羅に派遣された使者であった。

日本と新羅の公的贈物のやりとり以外にも、七五二年に到来した王子金泰廉の事例に示されるように、日本に来た新羅の使者は多かれ少なかれ交易取引に関与していた。この時は新羅王の国書に記される三七〇人の使節以外に他の人員が加わって、合計七〇〇人にも及んだ。その多くが商人であったと推測される。実際七五二年の交易の文書として買新羅物解が残っている。その他に二〇通ぐらいの同様な文書が現在まで正倉院に残されている。関根真隆の整理したところによると、新羅からの買物として以下の製品を列挙している。

・香薬類：丁香、薫衣香、青木香、薫陸香、雲陵香、甘松香、竜脳香、裛衣香、沈香、麝香、呵莉勒、太黄、人参、蜜汁、桂心、宍従容、遠志、畢撥、臘蜜、芒消
・調度類：鏡、氈、屏風、白銅火爐、香爐、燭台
・食器類：鋺、鉢、大盤、白銅盤、白銅水瓶、白銅匙箸
・顔料・染料：胡粉、黄丹、烟子、雌黄、朱沙、金青、白青蘇芳、紫根
・仏具：如意、白銅錫杖
・その他：梳、髪刺、帯、口脂、黄金、牛黄、黒作鞍具、鉄精

（森克己・田中健夫一九七五、一六〇頁参照）

右記に列挙されている物資のうち、主に工芸品と人参のような薬品等は新羅製であり、その中には正倉院宝物として保存されているものもある。これと同様のものは唐にも送られていた。それ以外の植物系の薬や鉱物等は東南アジア、西アジア製の品々を新羅が輸入していたものであった。

七五二年度の新羅の品は朝廷が購入したのか、貴族が私的に買ったのかについてははっきりした記録は残っていない。しかし他の事例を見てみると、例えば七一五年に律令国家は大宰府に

命じて新羅使の帰国に際して綿五四五〇斤と船一艘を賜っており、どうやら交易の支払のようである。七六八年にも朝廷は税として大宰府に蓄積した絹綿を、左大臣藤原永手、右大臣吉備真備、大納言白壁王、弓削《ゆげの》御淨《みきよの》朝臣《あそん》清人《きよひと》、従二位文室《ふんやの》眞人《まひと》淨三《じょうさん》、中務卿従三位文室眞人大市、式部卿従三位石上朝臣宅嗣、正四位下伊福部女王の八名に与えた。それは合計七万五〇〇〇屯にも及んだが、新羅の物を買うための交換物であると明記している。ただし、その年には新羅使は来朝しておらず、翌年に一八七人の使節と導送者として随伴してきた三九人の来日まで待たねばならなかった。後者の導送者は明らかに商人であろう。ある時期から以降の新羅の使者は朝貢品だけでなく交易品も積み込んできたと推測される。

歴史的に日本と密接な関係にあった新羅が八世紀半ばから距離を置きはじめる。そして、八世紀後半になると、新羅は日本から蕃国として位置づけられることを拒絶するようになり、両国の関係は悪化し始めた。たとえば日本が朝貢品と見なした新羅王から天皇への贈物を、新羅は「調」ではなく「土毛」（土地でとれた特産物）と称するにとどめた。七七九年に、その翌年に暗殺されることになる恵恭王（在位七六五―七八〇）が最後の新羅使を派遣した。その跡を継いだ王はもはや使節の派遣を行なわなくなった。日本も七七九年と七九九年に新羅への使節団を派遣したのが最後となった。これ以後、古くから続いていた二国間のつながりは、公的な外交ではなく新羅商人たちによって引き継がれたのである。

唐との交易

八世紀に唐と往来した外交使節は新羅に比べると回数的には半分以下にすぎなかったが、唐との外交関係は新羅とのそれに比して良好な状態を保った。八世紀の初めの文武天皇から終わりの桓武天皇まで、元正天皇を除いて各天皇は一代ごとに遣唐使を派遣した。そして、最後の遣唐使は八三八年に派遣された。律令制下の最初の遣唐使は、六六九年の河内鯨《かわちのくじら》以降三〇年に及ぶ中断を経て七〇一年に人員が任命され、七〇二年に再び出立した。こうした遣唐使の派遣と並行して新たに編纂された大宝律令が施行されている。大宝律令の編纂者の一人であった粟田真人は、日本の新たな支配体制を紹介するために唐朝に赴き、唐と同様の帝国構造をもっていることを示そうとしたのであろう。後に宋朝（九六〇—一二七九）が開基された直後の九八三年に赴いた最初の日本僧である奝然《ちょうねん》は律令の一部で官制を記した職員令と、『王年代紀』という天皇系譜を含む史書を持って行ったが、これは偶然の一致だろうか。おそらく八世紀にも日本の国際的地位の確認は遣唐使の重要な目的であった。

＊（追記）ところで七〇二年の大宝遣唐使は律令をもっていったという説が長い間論じられてきたが、河内春人の研究によると、近年では律令全てをもっていくことはなかったという説が主流である。

八世紀の九回の遣唐使はどのようなものを朝貢したのであろうか。この問題については史料が不足している。実例としては七三四年に美濃絁や水織絁を持参し、八三八年には真珠や絹をもたらしていることがわずかに中国の史料に見える程度である。ただ、九二七年にまとめられた『延喜式』にはこの問題について有益な規定が見られる。唐に送るべき品物のリストが挙げられているのである。それによると、銀五〇〇大両（二一キログラム）、水織絁・美濃絁各二〇〇疋、細絁・黄色の絁各三〇〇疋、黄色の絹糸五〇〇絇、高品質の絹綿一〇〇〇屯、綵帛《さいはく》（色染めの絹）二〇〇疋、畳錦（四角い絹綿）二〇〇帖、屯綿二〇〇屯、紵《からむし》の布三〇端、望陀《まくた》の布一〇〇端、絹綿一〇〇帖、出火水精《しゅっかすいしょう》（水晶のレンズ）一〇顆、瑪瑙《めのう》一〇顆、上総国出火鉄一〇具、ツバキ油六斗、甘葛の汁六斗、金漆（こしあぶら）四斗などがあった。

　このリストが載っている『延喜式』が編纂された頃にはすでに遣唐使は派遣されなくなっていた。原則としてこれらの決まりはそれ以前の八二〇年や八七一年に定められていたものである。そこに列挙された品々は遣唐使が持って行くものではなく、むしろ唐の皇帝に贈るために日本に来た唐の使節に預ける皇帝への贈物であったが、このリストによって日本の朝貢品がどのような品であったのか、想定できる。二種類の絁も含めて絹は中国史料の記述と対応しており、瑪瑙も中国史料には六五四年の時の記録に見える。銀は最も高価な品であった。織物には、錦や綾がなく絁や麻織物が大量に朝貢品としてもたらされた。

　特殊なケースとしては、七六〇年に唐朝が日本に牛角の献上を要請したことが見える。当時、唐は安禄山の反乱に直面しており、皇帝の粛宗（在位七五六―七六二）は遣唐使に弓矢の製作に必要な牛角を求めた。そのため日本朝廷は諸国から計七八〇〇隻の牛角を徴収した。しかし、それを持って行く遣唐使派遣の計画は頓挫し、牛角が唐に届けられることはなかった。

さらに日本で作られた紙が唐の関心を引きつけた。『新唐書』巻二二〇日本伝には七八〇年に到来した遣唐大使布勢真人清直が能筆であり、「その紙は繭に似て光沢があり、それ以上のものは知られていない」と記されている。『日本書紀』によると六一〇年に日本にやって来た高句麗僧の曇徴が製紙技術を伝えたとある。その後、日本で紙が作られるようになり、律令制では図書寮が設置され、造紙手四人、造筆手一〇人、造墨手四人が所属した。製紙技術は諸国にも伝わり、都に紙を供給するようになった。

日本ではその後、柔らかく、なおかつしっかりした雁皮紙を作るようになった。その技術は主に九世紀以降に広まったが、七三〇年の大和国正税帳でもすでにそのような紙を使用している。それは七八〇年に唐が賞賛した紙と同じ作りであろうか。唐では太宗(在位六二六—六四九)の貞観十(六三六)年詔勅には日本の黄麻紙を用い、次の高宗(在位六四九—六八三)の上元三(六七六)年にこれを永式(恒久的な制度)とした。その後『摭異記』によれば、玄宗(在位七一二—七五六)の時代には、その宮廷で勅答を書く用紙に日本製の黄麻紙が用いられた(以上、森克己一九六八)。このように紙は海外から伝えられた技術によって国内でも作られるようになり、さらに改良されて唐が逆輸入するようになった最初の製品であった。

さて、上記のものは唐への貢納品であった。それでは遣唐使はその返礼品としてどのようなものを受け取っていたのだろうか。『日本後紀』には唐からの回賜品の例として八〇五年にただ一条だけだが記事を見ることができる。それによると、錦、綾、彩色の絹、香薬などが挙げられている。香薬は植物や動物の成分を乾燥させて作られていた。そうしたものは唐だけでなく、新羅でも東南アジアから大量に輸入していた。植物性・動物性・鉱物性の資源材の用途は薬であったり、家屋や衣服に焚きしめたり、仏教儀式の香として用いられた。錦・綾や香薬は日本の貴族たちが熱烈に欲した異国の物品であった。

遣唐使はその他にも唐から特殊な贈物を持って帰国した。たとえば七一八年には遣唐大使多治比県守が唐から朝服を授かっており、帰国の翌年に朝廷の謁見でそれを着ている。また七六〇年には唐に滞在している藤原清河を迎えに行った使者高元度が唐から甲冑、刀、槍、矢といった兵具一式を受け取っている。甲冑は翌年に、約七万具が東海道、南海道、西海道の軍に揃えられた時の見本として利用された。『冊府元亀』巻九九九によると七三三年の遣唐副使中臣名《なかとみのな》代《しろ》が唐朝に申請して古典籍と道経の『老子』等の写本を要求した。吉備真備は唐での留学から帰国した時に、唐礼（儀礼のマニュアル）、太衍暦という暦の注釈、測影鐵尺（脚の長い鉄の物差し）、銅律管（銅の笛）、鐵如方響（磬《けい》という吊り下げて鳴らす銅製楽器）、寫律管聲（笛の一種か）、楽書要録（音楽の書）、角が施された三種の弓、射甲箭・平射箭という矢を持ち帰った。真備は将来した典籍の目録も作っている。

遣唐使が持って行ったものは朝貢品だけではなかった。揚州等の到着地や長安で交易をする機会があったので交易物も持って行った。唐での滞在費用は唐朝が負担したため多くは必要なかったが、遣唐使は出発前に砂金を授けられた。日本では金は七四九年に陸奥で金鉱が発見されるまでは小さな金鉱があったにすぎなかった。七七六年に朝廷は、七五四年から唐に滞在している藤原清河に砂金を贈っており、おそらくこれが遣唐使に対して金が与えられた最初の事例である。八世紀末になると大使と副使に一〇〇―二〇〇小両の砂金(一小両＝一三・九グラム)が授けられるようになった。また、中国に渡る僧侶にも一〇〇―三〇〇小両の砂金が与えられることがあった。

そうした交易のための準備をした遣唐使は長江のデルタにたどり着いた。ただしそれは良風にめぐまれた際のことであり、到着地がずれることもしばしばあった。事実、最初の遣唐使は揚州に到着している。揚州は数十万人の住民をかかえる都市であった。そのうち数千人が外国人住民であり、特にイスラーム系の人が多かった。揚州の市では国家の専売だった茶や塩、他に香料、薬、対外交易の主要な港町だった広州からもたらされた宝石などが売られていた。揚州は金の取引の中心地でもあり、美術品や工芸品、金属工芸、織物、銅鏡の製作もさかんだった。遣唐使は現地で金を、銅銭をひもでまとめた緡銭《びんせん》と交換した。円仁(七九四―八六四)が在唐した八三九―八四五の時期には、その交換のレートは金一大両(四一・九グラム)＝銅銭五三七一枚であり、金一小両では銅銭一七〇〇枚にあたる。その頃、唐で銭貨は活発に流通していた。日本国内では銭貨は広く流通しなかったが、中国では唐代から本格的に貨幣経済が始まった。それは唐で七八〇年に両税法が施行され銭貨による税の徴収が本格的に始まったことによる。円仁の『入唐求法巡礼行記』には唐の物価についていくつかふれた記事がある。例えば円仁は曼陀羅の仏画の写しを銭一万文で購入することを依頼しており、また六〇人の僧侶が集う法会の精進料理に六千文を負担している。

遣唐使のうち当時の都である長安に向かうことができたのは、全員ではなく一部だけだった。到着地から長安に向かった使者は、長安で同時期に朝貢のため来朝していた他の外国使節とともに皇帝に謁見した。長安で異国の客は客館や公的な施設に滞在した。唐には七〇以上の国が朝貢していたことは前述の通りである。遣唐使はそうした場所で他の外国使節と出会っていたであろう。また長安に滞在している間、遣唐使は市街や市場にも訪れたことであろう。城壁の内外に百万人以上が住んでいた長安には、たとえばアラブ、ペルシャ、トルコ、インド等の地域から、外国使節、留学生、僧侶、商人といった異国の人々が長期滞在していた。そうした人々と市場で取引をして異国の品物を手に入れたことは間違いない。また唐朝も官の国際定期市を設けて外国と交易を行い、必要な物品、特に馬、駱駝その他の動物等を購入していた。ただし、市場は厳しい監視下におかれており、時代によっては特定の輸入品の取扱禁止令が出された。

遣唐使は長安に滞在した後、長安に行かず港に残っていた人々と合流し、帰国の途についた。船には大量の外国の品物が積み込まれたと思われるが、この点について史料は何も残っていない。しかし正倉院で保存されるものを通じて、遣唐使が帰国にあたって船載してきたものを復元することができる。正倉院は、六〇〇点以上の工芸品と六〇種の薬物からなる聖武天皇の遺品が七五六年から七五八年にかけて東大寺の正倉に納められたのが始まりである。その後九五〇年に他の工芸品や儀式用具が他の倉から移され、現在の収納物は、数千点に及ぶ。その中には様々な絹や麻の織物、朝廷用の衣服、音楽師や伎楽用の装束や仮面、ガラスの器、装飾の金属器、陶器などがある。調度品としては机やイス、屏風、棚、容器、櫃箱などがあった。楽器では笛、尺八、笙《しょう》、琵琶、琴、儀式用の道具としては香炉、幡、仏像、文具では筆、紙、墨、鏡、また弓矢、太刀、槍などの武具、植物系・鉱物系の薬などがある。器物には唐やインド・ペルシャの様式の装飾が見られ、たとえばビザンツのグラス、ギリシャ式の唐草模様を描いた坏《つき》、ペルシャ式の装飾容器、スキタイ風の動物をレリーフで描いた皿などがある。これらの品は唐、新羅、中央アジアのものであるが、なかには日本で作られたものもあった。正倉院宝物は、遣唐使や遣新羅使、新羅使によってもたらされた品々が豊富で多様性に富んでいたことを示唆している。

書籍では、漢籍の巻物が大量に将来された。五世紀頃から中国の書記文化が本格的に伝わっていたが、その後、漢文は政治と学芸における公的な書記言語となった。聖徳太子が六〇四年に作ったとされる十七条憲法には七つ以上の漢籍が引用されているといわれている。律令国家においてもそうした傾向はますます強まり、七〇一年の大宝律令の学令等には多くの漢籍が挙げられている。『論語』『周易』といった古典九種、古典の注釈書一四種、数学書九種、針療法の書七種、薬学書五種である。

すでに八世紀初頭には五〇以上の中国の典籍が日本で知られていた。さらに七五七年に大学寮の教材書目に天文、占術、暦学、史学など二〇もの典籍が追加された。しかし、これすらも日本にもたらされた漢籍の全貌を示すものではない。その他にも様々な漢籍が奈良時代の文学や詩集にもその痕跡を残している。

平安時代になると日本の学問は深まり、八三一年には滋野貞主《しげののさだぬし》が日本初の百科事典である『秘府略』を編纂した。『秘府略』は項目ごとに数多の漢籍が引用されている。八九一年には、一七五九点の漢籍を列挙した『日本国見在書目録』が著された。その数は中国で古代から唐代まで著された全体の典籍の三分の一に及び、当時それらがすでに日本に伝わっていた。これを分野別に四〇の項目に分けて挙げている。その項目は古典、正史、地理、詩集、行政、説話集、儒教、道教、政要、軍事、儀式、律、令、歴史、音楽、薬学、占術、天文学、暦学等である。これらの書物によって、各部門の知識・技術や科学の全貌が日本に伝えられたのである。また、それらの漢籍はそれぞれの分野において日本における最初の著作の模範にもなった。こうした膨大な書物の流入は遣唐使の力なくしてはありえず、それゆえ遣唐使には中国古典の知識を有した人々が任命された。『旧唐書』倭国日本伝には、七一七年の遣唐使が儒教の博士の指導のもとに儒教を学ぶために、その授業料として布を納めたこと、そして日本から持ってきた財はすべて書籍の購入に使ったと記されている。

このように遣唐使の交易と朝貢における回賜品によって数多くの大陸の品物が日本にもたらされた。そして、最後の遣唐使が八三八年に唐に派遣された。八九四年にも遣唐使が計画されたが中止となった。それは当時の唐が反乱によって荒廃しており、唐に赴くことが危険と見なされたためである。その派遣は唐国内が安定を取り戻すまで延期とされたが、結局、唐は国勢を回復することなく九〇七年に滅亡した。その一方で九世紀以降、商船が中国と日本を往来するようになり、それは一五世紀に明が朝貢貿易を復活させるまで続くこととなる。

渤海との交易

渤海国は六九八年に建国された国であり、現在の北朝鮮から中国東北部に広がる領域を有していた。渤海は八世紀に日本に一五回使節を遣わし、九世紀になるとその派遣は二〇回に及び、一〇世紀にも三回来日している。最後の渤海使の到来は九一九年であった。日本の朝廷も遣渤海使を一二回派遣したが、そのほとんどは渤海使の帰国に随伴する使節であった。最後の遣渤海使は八一一年に派遣された。

渤海からの朝貢品は通常は毛皮であった。七二八年の渤海使は三〇〇張の貂《てん》の皮を持って来ている。七三九年には大虫（虎）の皮、羆の皮を七張ずつ、豹の皮を六張、蜜三斛（一斛＝八五リットル）、人参三〇斤（一斤＝六七〇グラム）が献上された。八七二年にも大虫皮、豹皮、熊皮が七張ずつ、それに加えて蜜五斛がもたらされた。

これらの品の献上に対して朝廷は、通常、渤海王に絹三〇疋、絁三〇疋、糸二〇〇絇、絹綿三〇〇屯を贈った。七二八年にはそれに加えて綾一〇疋や綵帛一〇疋が贈られたが、綾は唐か新羅から入手したものであった可能性もある。七七七年には渤海使の要請を聞き入れて、渤海王に一〇〇小両の黄金、一〇〇大両の水銀、ツバキ油一缶、水精念珠四貫、檳榔《びんろう》扇一〇枝、金漆一缶、漆一缶を贈った。

七九八年に渤海王は中国の慣習に従って外交使節の派遣間隔（年紀）を定めることを求めた。渤海側は年紀について、七三二年に日本が新羅に対して定めたように三年間隔であることを期待していたのであろう。しかしそれに反して朝廷は、渤海使の来航を六年に一度と定めた。八二四年になると朝廷は、渤海使の来日が交易目的であり、多くの貴重品を積載していることに気付いた。渤海使の来朝は経済的に大きな負担となっていたので、来航の年紀を一二年、その人員を一〇〇人に制限した。

しかし、渤海はそうした規定をほとんど気にすることなく、以前と同様に頻繁に日本にやって来た。日本側はそれに対して何回か使節を追い返すという外交姿勢をとり、渤海王もそれを受け入れざるを得なかった。たとえば八七七年に渤海使楊中遠が来日して珍物と玳瑁（鼈甲）の盃を献上しようとしたが、年紀違反という理由で受け取らなかった。ちなみに当時通訳にあたった春日宅成《かすがのやかなり》によると、この盃は中国でも見たことがないような奇怪なものであると評された。ただしこのようなケースもある一方、他の渤海使の場合には年紀を守らずに来日しても運よく受け入れられることもあった。

九世紀の賓礼（外交儀礼）は次のような手順であった。渤海使は入京すると鴻臚館（迎賓館）に滞在した。そこで国書と朝貢の正式な授受儀礼が行われるのを待った。その後、鴻臚館の近くに幕が設営される。大蔵省と内蔵寮の官人が、蔵を司る蔵部や品物の価格を鑑定する価長を引き連れて、渤海使がもってきた品物を交易するためにそこに赴く。『延喜式』によると、交易の予算として東国の絁一〇〇疋、綿一〇〇〇屯、銭三〇貫文が大蔵省から計上された。交易が終わると官人は購入品のリストを作成し、太政官に提出した。交易の残金は大蔵省に返却された。そしてこうした国家による交易が行われた後で、都の人々はその交易で取引されなかった品を買うことが許されていた。しかし、国家が渤海使と交易する以前に私的に取引することは禁じられていた。

渤海使は九一九年までしばしば来日したが、朝貢品以外の取引の中味についてはほとんどわかっていない。九二六年に渤海は契丹に滅ぼされ、その後は遼の統治下に組み込まれた。渤海との外交関係の終焉は、日本にとって数世紀にわたって続けられた朝貢外交における贈物のやりとりの終わりをも意味していたのである。

最後に七―九世紀における日本と外国の対外交易収支、つまり輸出入のバランスについて考えてみよう。この問題について具体的な数値を導き出すことはできないが、数点指摘することができる。総合的に見れば日本にもたらされた物品は基本的に動物、高級絹織物、香、薬、工芸品、書籍であった。それに対して日本から外国へ送ったものは、織物では絁、絹綿、絹糸、麻布等、特別な贈物としては日本で豊富に産出する瑪瑙、真珠、ツバキ油等であり、金は二─三回の回賜にとどまった。

これを見れば分かるように、日本にとってこの時代の輸入とは高級贅沢品の入手を意味しており、それは天皇や貴族たち朝廷のエリート階級の生活を支える必需品であった（第二章参照）。また、工芸品はおそらく日本における生産の手本にもなった。この問題について史料では甲冑の模造製作という一例だけ特筆されているが、正倉院に伝来した工芸品のような貴重な伝世品が参考になる。日本製と外国製の類似性は日本の手工業が模倣しながら作り出していくというものであったことを示唆している。さらに書籍も知識の源泉であり、日本における文明の進歩を大きく促すものであった。

このように考えると、朝貢交易は日本にとって非常に有益であった。これに対して日本が支払った対価はわずかのように見える。日本の古代国家はこうした交易を重視し、九世紀まで積極的に奨励した。そして九世紀に国際交流において、それまでの外交関係が終焉を迎えると同時に、商人の往来の時代が始まるのである。

〈コラム1〉新羅物への憧憬

古代日本は八世紀に律令国家が成立する以前から大陸と様々な形で交流を行なっていた。なかでも国家体制を構築するために必要な要素として、農業生産と武力を支える鉄資源、官僚制を可能にする文字、そして国家の支配思想を裏付ける儒教と仏教を大陸から受容した。

これらの資源と知は、主として朝鮮半島との接触によって日本に伝わった。この点について森公章が大陸からの影響について、時代ごとに簡要にまとめている。筆者もそれに賛同するものであり、その見解を紹介しておこう。

三世紀前後の倭は弁辰の鉄を求めて朝鮮半島南部と関係を結んでいた。そして五世紀になるとそうした地域から渡来人が来日し、様々な生業の基礎的技術が伝来した。縫衣、馬の飼育、文字の伝来などその多くは百済から伝わったものである。六世紀になると百済から五経博士が到来し、さらに高度な学芸、技能がもたらされた。儒教の経典を講ずる五経博士のほかに医博士、易博士、暦博士、さらに卜書、暦本、薬物の博士も来日した。聖明王が仏像と経典を伝えて仏教も公伝したのである（森公章一九九八、五六―五八、七五頁）。

以上、日本の国家形成の必要条件は、主として百済との交流によって七世紀までに整ったともいえるだろう。

さて七世紀になると遣隋使、遣唐使、そして遣新羅使と新羅使の来日の時代が始まる。筆者が遣唐使について研究していた七〇～八〇年代は、対外関係の対象は中国に集中していた。当時、鈴木靖民が進めていた対新羅関係の研究は、きわめて革新的なものに筆者の目に映った。そこで、その研究のエッセンスをうかがうことができる文章を紹介したい。

奈良の正倉院の宝物はこの時代の文物を多数伝え、日本を代表する最古で最大の文化遺産群を形成している。この正倉院の宝物の特色は、支配層たる皇族・貴族をにない手とする文化であると同時に、仏教芸術に見られるとおり国際性・世界性を色濃く帯びることにあり、なかには遠く西域の文化に通じる文物も少なくないのは周知のとおりである。正倉院が〝シルクロードの終着駅〟とたとえられるのも理由のないことではない。

その舶来した文物またはそれを模倣して製作された国産品は、大部分が中国の唐の文化・文物と結びつくものである。当時、遣唐使を媒介とする日本と唐の公の交流はおよそ一〇年に一度の割合でつづけられており、いったい、ときの支配層が志向した国家制度や法や文化も、唐をモデルとして強く意識したものであった。

また唐人自身や唐在住の異国人が渡来して、平城京の朝廷に出仕したり寺院に居住したりする例も少なからずあった。

しかしこの平城京を前後する時代の日本文化の外来的要素は、唐文化の受容や影響のみにかぎられることはない。なかんずく、地理的かつ歴史的により近い朝鮮、ことに同時代に存在した新羅との関係のほうがはるかに密接であり、いわゆる天平文化のなかに新羅文化の香気を感じとることもできる。

この時代の文化のありさまを今日に彷彿とさせる正倉院の宝物のなかには、新羅から伝来したことの明らかなものがいくつもあり、その経緯から天平文化はもとより、さまざまな面にわたる新羅との密接な関係を直接的にうかがい知ることができる。

以下、おもな事例の一々について概観する。

新羅の墨　東大寺の倉庫であった正倉院の中倉にある墨のなかには「新羅楊家上墨」「新羅武家上墨」と陽刻された船型の二点が残る。実物と銘文により、製造元（家）まで明記された上等の新羅の墨が日本へ輸入され、東大寺の運営にあたる造東大寺司で購入され、多分、写経用に使われていたことが分る。

新羅琴　天平勝宝八（七五六）年六月、光明皇后が聖武天皇の遺愛品を東大寺に献納したさいの目録である「国家珍宝帳」には「新羅琴」が二張あったことが見えるが、その後実際に使われたらしく、弘仁十四（八二三）年の「双倉雑物出入帳」にはこれらにかわっておさめられた二張の琴のことがのせられている。正倉院北倉には特色ある羊耳頭の形体をした十二絃の新羅琴がやはり二張現存する。これは面に描かれた文様などからおして後者のものに該当する。

毛氈　正倉院の羊毛を圧縮して加工した敷物の毛氈のうち、二点は新羅物であることが明白である。（中略）毛氈は唐にも聞こえた新羅の特産品であり、日本でも輸入されたことは「買新羅物解」にも認められ、「おりかも」と朝鮮（新羅）語により訓じられて、当時、寺院の法会用や官庁で敷物などとして需要があったことも知られる。正倉院にはまだこの種の新羅物の繊維製品があるかもしれない。

佐波理製品　東大寺の正倉院や法隆寺などの諸寺には銅と錫・鉛の合金でできた各種の佐波理製品が多数存在する。佐波理も鉢類の容器を意味する朝鮮語の「さばる」に起源をもつ語である。これらのなかには七世紀代にさかのぼる百済製品もあろうが、ほとんどは新羅からの舶載品がふくまれると考えられる。正倉院南倉の八個の盤つまり鋺をかさねた佐波理加盤は疑いなく新羅製であろう。

買新羅物解　正倉院および尊経閣文庫に所蔵され、後者が重要文化財にも指定される天平勝宝四（七五二）年六月の「買新羅物解」は、鳥毛立女屏風の下貼に反古として利用されたものであるが、がんらい、このとき、上記の東大寺盧舎那仏開眼を機に来日した新羅使節のもたらした多量の交易品にたいして、貴族たちが所管の大蔵省または内蔵寮に提出した購入申請文書である。また新羅から舶来された物品を「新羅物」と称したことが明証される。

文書には薬・顔料・金属製品・調度品・仏具・書籍・香料そのほか多数の新羅の特産品、あるいはよその地域からの転売品がその数量・価値などとともに詳細にしるされている。当時の新羅使節の重要な側面を伝えるとともに、平城京の支配層が新羅のいかなる物品を希求していたかが具体的に知られるが、そのうちには正倉院の「国家珍宝帳」や「種々薬帳」、諸寺の資財帳などにのせられ、実物も今日に伝わるものが少なくない。

新羅物の受容の背景　こうして平城京時代の日本の文物・文化に新羅伝来と推定できるものが少なからず認められ、ことにそれは東大寺などの寺院や官庁で使用されたことが知られる。

その背景となる理由は、第一に、当時の新羅使と遣新羅使による公的交流の頻繁な点にあるであろう。日本が百済救援を標榜した白村江の戦後、両国の国交回復をみた六六八年から七七九年に公的交流が終焉するまでに来日した新羅の使節は四七回あり、日本の遣新羅使節は二七回を数える。これは平均すると、一・五年に一回の頻度で外交関係のあったことになる。この間、上述の珍奇な新羅物は交易品として船載された（鈴木靖民一九九七）。

以上、正倉院で現存する新羅の工芸品を取り上げたが、それ以外にも千万の産物が奈良に届いた。買新羅物解で香薬類、調度品、食器、顔染料、仏具等多岐にわたる物資が列挙されているが、その詳細については第一章で述べた。日本において新羅物に対する憧憬がいかに強かったかということは八三一年の平安朝廷の官符から読み取ることができる。

新羅人の交易品を検査して収めるべきこと。

（前略）暗愚な人民は資産を傾けて、（異国の品が）騰貴しても競って買い求める。交易で残った品を入手するのではなく、疲弊して家産を使い尽くしている。異国のものということのみを尊重し、国内の良品を蔑ろにする。これはきちんと管理しなかったことによる弊害である。大宰府に命じて、厳しく禁制を徹底させ、たやすく買えないようにせよ。（後略）

天長八年九月七日

（『類従三代格』巻十八）

この官符には新羅物へ殺到する現地情勢が描かれている。新羅使との交易の時と同じように、国交が途絶えても新羅の商船は来航した。官符によると、船が来着すると人々はすぐさま港に駆け込んで、箱を逆さまにして財産を取り出し、商品の良し悪しや数量を確認しないまま競い求める有様であった。国産品の価値もわからずに外国産ということだけで財産を失ってまで買い求めている。これは大宰府が交易の監督を怠慢しているからであると述べている。なお、朝鮮半島との交流は物々交易にとどまらず、技術と知識のあらゆる部門が早い時代から日本に伝わった。有史時代以前から九世紀まで、中国よりはるかに朝鮮半島との交流は盛んであったことは興味深い事実である。

第二章

唐物への殺到

九―一二世紀

地図 2—a　10—12 世紀の東アジア

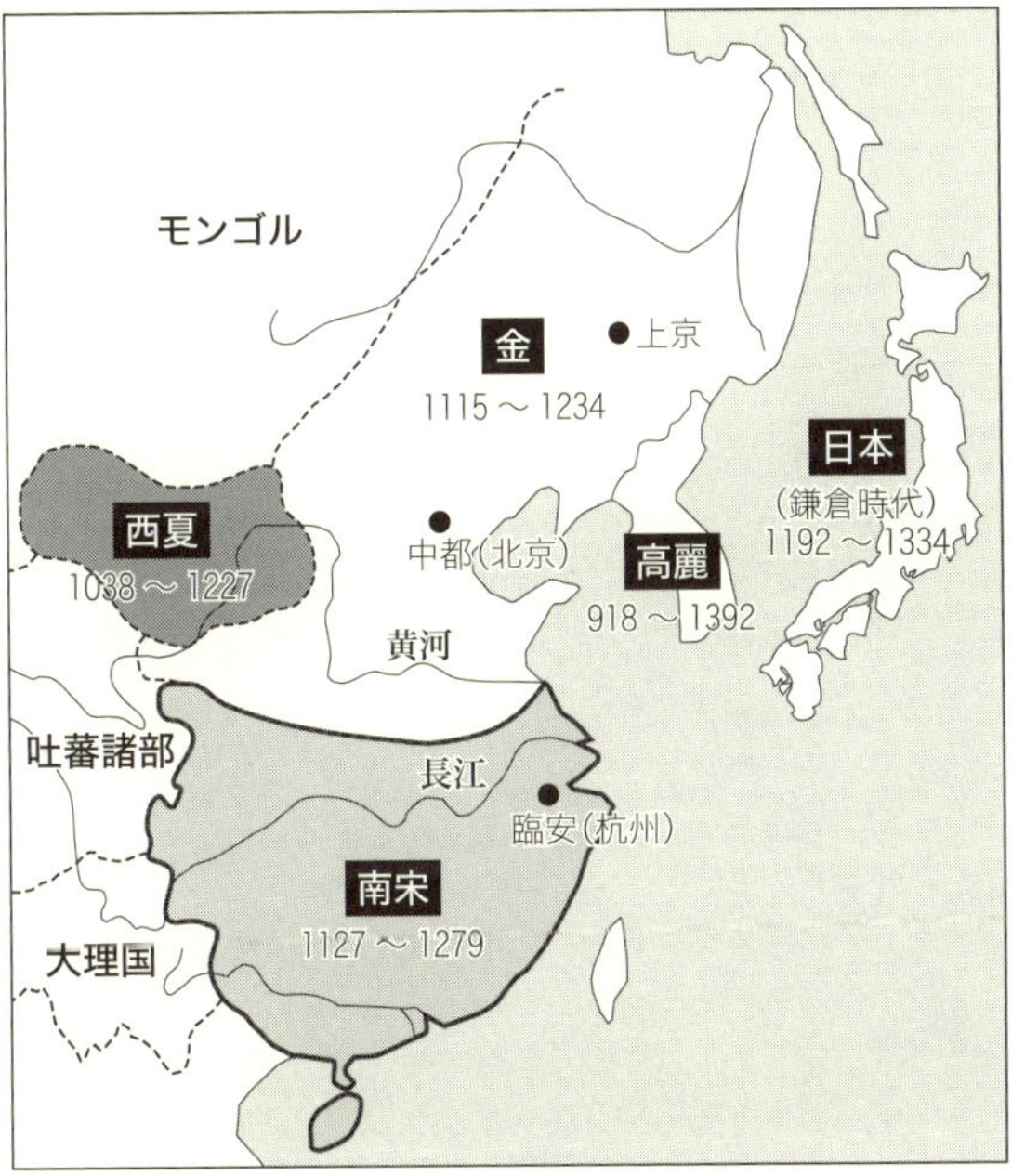

地図 2—b　12—13 世紀の東アジア

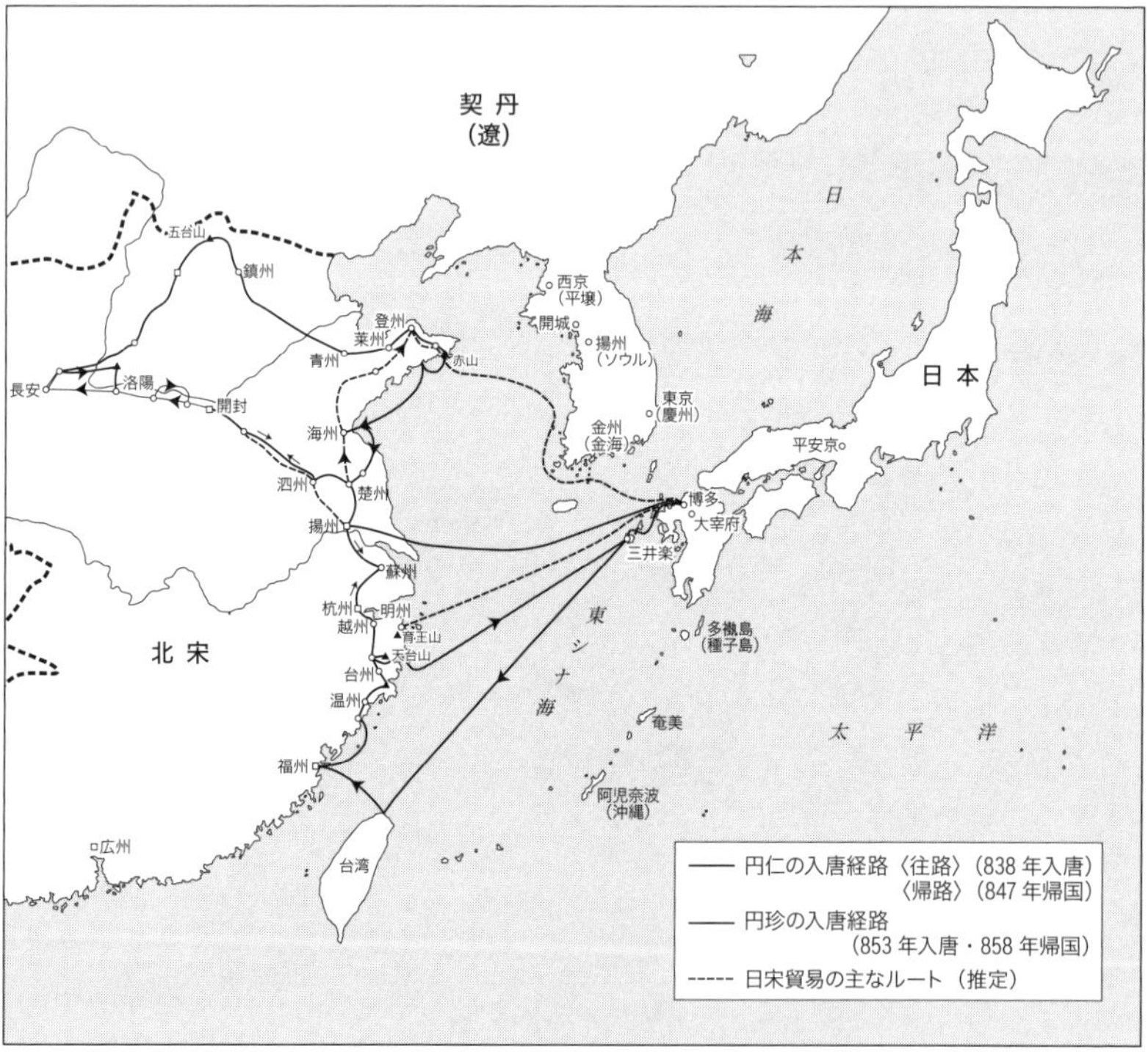

地図2—c　9—10世紀の航路

先日、唐の商人が九州の大宰府にやって来た。この日、朝廷は王臣家（皇族や高位の貴族）の使者や大宰府管内の役人、富豪がその品を私的に競い合って高値で買おうとすることを禁止するよう大宰府に命じた。

（『日本三代実録』仁和元（八八五）年一〇月二〇日条）

八八五年に定められたこの禁制において、朝廷は交易を管理し、なおかつ朝廷に先買権があることを主張した。この禁制から、中央の貴族や九州の富豪層が個人的な嗜好から唐物を入手しようとする一方、朝廷もその確保に努めていたことが読み取れる。こうした唐物を求める意識は、九世紀半ば以降の日本と中国・朝鮮との経済的関係を特徴づけていた。本章はその展開について概観するが、東アジアの国々における貿易を分析するために、まず諸国の経済について基本的な構造を確認しておく。

中国の経済

八世紀後半から唐の社会は重大な変動に直面しつつあった。経済的・社会的権力が徐々に貴族から士大夫という知識人や地方の地主、都市の商人の階層へ移るようになったのである。さらに、それ以前は長安（西安）を含む渭水《いすい》（潼関東方で黄河に注ぐ支流）の地域に位置していた中国の経済の中心部が次第に肥沃な揚子江下流域に移り、揚州など江南地方の商業都市がかつてない発展を迎えた。こうした拠点の移行の要因は、ひとつには北方にいた契丹族の遼と女真族の金という二つの強大な王朝の軍事的脅威から生じたものである。遼は一〇〇四年に澶淵《せんえん》の盟で宋から多額の贈物を獲得して勢力をのばし、金は中国の北部を占領して北宋を滅ぼすに至る。もうひとつの要因は、中国と中央アジアを結ぶシルクロードのような従来の貿易ルートが衰えつつあったことと、それとともに東南アジアを介して中東まで行く海上ルートが発展したことだった。

中国では唐（六一八—九〇七）から北宋（九六〇—一一二七）にかけて、国内経済が大きな発展をみせた。八世紀以降の農業生産、特に揚子江下流の米の生産は灌漑等における新たな技術改良のおかげで飛躍的に進展した。それまでの地域における消費と税の収奪分を生産する自給自足経済から、余剰を市場に供給し、他の地域に回す流通経済へ発展するようになったのである。米だけでなく同様のことは麻布と養蚕についてもいえる。さらに一部の地域では茶や漆の生産が増加した。それまで地方の人々にとって二次的な仕事にすぎなかった手工業は専門的な職業となった。もはや手工業品は税の納入のために作られるだけのものではなくなった。それにともなって職人を抱える多くの商業的な工房が現れるようになった。こうした工房では陶磁器、織物、金属、製紙、茶、塩、酒の生産や一一世紀に発明された木版印刷が盛んであった。その生産品は都と地方の間を、さらには国内の各州を流通した。輸送のための水路は、川と運河を用いて総計五万キロに及んだ。都市には数多くの市場と商業地区が設けられた。そして多くの人々が商業で生計を立てるようになっていったのである。

こうした商業的拡大を国家は大いに奨励した。唐代の商業において特徴的であった価格や市場の国家管理は緩められ、宋代では規制が緩和された商業へと移行した。こうした趨勢のもとに徐々に新たな社会構造が生み出されつつあった。唐代の社会は人口のほとんどが農民であり、わずかに少数の貴族や官僚がいたにすぎなかった。ところが宋に入ると、都市民、地方地主、商人、職人が新たな社会的階層として出現した。したがって農業、手工業における生産物の消費者は王朝や貴族だけではなくなり、都市社会全体に広がっていったのである。それは需要の増大と供給の多様化という現象をもたらすことになった。

こうした社会的構造の変化は税制と強く関連していた。隋唐では税は均田制に基づいていた。この制度では税は土地にかかるのではなく、戸ごとにかけられた。しかし登録が困難であり不正もおこなわれ、さらに土地の私有化が進展したため、八世紀半ばになると制度的に立ち行かなくなった。その対策として七八〇年に両税法が施行され、戸当たりだけではなく土地をベースに課税するようになったが、それは占有する土地や収穫物に基づいていた。その後、商業と手工業に関する税も課されるようになった。両税法は銭貨による納入を原則としており、農作物や工芸品は一部が金額に換算されるようになった。これは貨幣経済への第一歩である。さらに国家は収入を増やすために、国による塩、酒、茶の専売を相次いで実現した。それらがもたらす収益は膨大で無視できないものであったからである。一一世紀には商業税や専売からの利潤は国家歳入の半分に達し、一二世紀には農業からの租税を凌ぐほどになった。

社会的・経済的変化は、唐宋の首都を比較してみればわかるように、都市の有様をも変えた。唐の長安はその北部に皇宮が置かれており、基本的に官僚都市であって貴族生活が中心的であった。長安の南部には二つの市と一つの対外交易の市が設けられ、後者は朝貢国の使者との公的な交易の場であった。三つの市はいずれも国家が管理した。これに対して宋の都の開封は対照的であった。開封は河南に位置し、五代の後梁、後晋、後漢、後周、そして宋において首都であり続けた。開封に初めて城壁が作られたのは七八一年である。その百年後には、門前町が生まれ、官吏の圧迫から逃れた店舗、工房、宿屋、茶屋であふれるようになった。開封が首都になるとそうした人口の増加のために外壁の増築を余儀なくされた。結果として開封では役所と民衆の活動拠点が共存するようになったのである。常設市はありとあらゆる辻に設けられ、市街にはますます商業活動が目立つようになった。こうしたことは宋では、揚州、成都（四川）、杭州（臨安、南宋（一一二七—一二七九）の首都）や沿岸部各地の都市でも同様であった。

このように中国の経済システムは、唐代まで物品の主たる流通は税の徴収ルート、つまり地方から首都へという方向に流れ、国家は徴収した物品を再分配した。市場はそのほとんどが月に二、三回しか設けられない定期市であり、その活動は官に統制されていた。自由な商業はまだ普及しておらず、その流通上で扱われた物品は、自給自足経済における租税であり、その仕組みは「貢納経済システム」といえよう。

ところが、宋代になると「流通経済」が発展した。その特徴として、農業以外の専門的工房による生産の多様化、農業に携わることなく各種の職業、産業に専従する階層の拡大、常設市の一般化、金銭貨幣の普及、商取引による利潤獲得を追求する商業の自由化、物資流通ルートの多様性等である。つまり宋代の流通経済は商品交換を基礎とする経済構造であった。

これによって中国と外国との関係はどのように変化しただろうか。それは従来の公的な交易に加えて、商業的な貿易の出現を見て取れる。それまでの中国の対外関係は朝貢品の収受が中心であった。それ自体は宋代にも続き、多くの朝貢国が使節を派遣して朝貢品として特産物を連年のように送り続け、その代わりに回賜品を授かった。中国において朝貢品の中でも特に歓迎されたのは馬、犀角、鼈甲、象牙、そして香薬であった。

一方回賜品として、宋朝は朝貢使節に錦、綾という高級織物や工芸品、さらには貨幣を授けた。例えば宋の東北にいた女真が一〇六四年に派遣してきた使節に対してはその首長に銅銭五〇〇〇貫を授けている。また、同時期に犀角を献じたベトナムの安南の使者は銅銭二六〇〇貫を賜っている。このように宋にとって毎年数十に及ぶ外国からの使節の来朝が大きな出費を伴うものであったことは容易に想像できよう。しかし、中華思想において中国は朝貢国に対して寛容さを示すべきと意識されており、朝貢と回賜品は冊封体制の関係を可視的に示すものであった。そこで宋王朝は出費を抑えるために別の方法をとった。一〇一六年に宋は、広州に来航した外国使節は都に赴かず現地で朝貢品を納めるか、あるいは都に行く人数を一〇―二〇人に減らすと定めた。この処置によって使者の迎接、滞在、補償にかかる費用を削減したのである。一〇年後、宋は南天竺（インド）にも同様の措置をとった上、来朝に一三年の間隔を空けるように迫った。こうして来朝使節を減らすことに成功したのである。後に中央アジアや東南アジアも、使者は五年ごとに来朝するよう制限され、その他にも開封に行くことなく到着した国境の都市で迎接を受ける国も現れた。このように宋は経済的なコストを抑制する措置をとりながら朝貢体制を維持することに成功した。

その一方で宋朝は、対外貿易については積極的な態度をとった。八世紀以降、外国商人はかなりの数が中国に来航するようになっており、宋はそうした動向を受け入れたといえる。『宋史』によって宋の対外貿易に対する方針と対応を知ることができる。

九七一年に広州に、その後、杭州や明州（寧波）に市舶司（貿易管理官司）が復置された。イスラム諸国、カラー（マレー半島の南部）、ジャワ、チャンパ、ボルネオ、フィリピン、パレンバン（スマトラ）等の諸国からの商人が貿易にやって来たのである。金、銀、緡銭、鉛、錫、様々な種類の絹や陶磁器等で、香料、薬、犀角、象牙、珊瑚、琥珀、真珠、鑌鉄《ひんてつ》（鋼鉄）、海亀の皮、鼈甲、瑪瑙、シャコ貝の殻、水晶、外国産の布、黒檀の木と蘇芳《すおう》を購入した。

（『宋史』巻一八六食貨下）

表2　11世紀における対外貿易制度

	宋	日　本
貿易の性質	自由貿易	朝廷による管理交易
政府のスタンス	積極的	来日頻度に限定され、自由貿易禁止
貿易管理官司	市舶司	大宰府による監督
輸出禁制品	特定品目	武器
輸入品にかかる条件	特定の輸入品の国家的先買権	国家的先買権
入国	外国商人の入国許可	入国制限あり（年紀制）
出国	中国商人の出国許可	出国禁止（渡海禁制）
貿易相手	高麗、日本、東南アジア、西アジア各地	宋、高麗
関税	あり	なし
主要公認港湾	四、五ヶ所	一ヶ所（博多）
商人の滞在費	自己負担	国家が負担、客扱い
貿易バランス	輸出入ともに盛ん	輸入偏重
価格設定	国家が定める	国家が定める
支払手段	銭貨	絹、砂金

※日中貿易の大勢は11世紀と15世紀では逆転する（表5—a、p. 250参照）

この一文は中国から西アジア、東南アジアの間で活発に行われていた海上交易の様子を簡潔に記している。七世紀にアラブの勢力はササン朝ペルシャ（二二四—六五一）やその周辺の国々を征服してイスラム化し、その約百年後にバグダッドにアブー＝アル＝アッバースをカリフとするアッバース朝（七五〇—一二五八）を建てた。西アジアにおける主要な貿易港は、ペルシャ湾の奥に位置していたバスラであった。貿易船はバスラ・オマーン・シーラーフ等の港を出発し、インド経由でマラッカ海峡を横断し、スマトラの北東岸にあり東南アジアにおける中心的な寄港地だった三佛斉（パレンバン）に停泊した。そこからさらに宋に到達したのである（地図3—a参照）。

一九七四年にこうした商業活動を裏付ける発見があった。一二世紀前後の沈没船が泉州湾から引き上げられたのである。その船は全長三四・五メートル、幅九・八メートル、排水量は二〇〇トンと推定される。船内の一二に区切られた船倉から、香薬四七〇〇キログラム、胡椒九キログラム、檳榔子《びんろうじ》、朱、鼈甲、乳香、竜涎香などの品が見つかっている。また、商品名を記した約一〇〇枚の木簡、五〇〇枚の貨幣、籐で編んだ帽子、将棋の駒などもあった。斯波義信によると、この船は当時中国の沿海を航海する専用のジャンク船の構造をもっていた。この時代の船舶としては、全長三〇メートル、幅九メートルで二〇〇トンの排水量程度の小型の船や五〇〇トンの排水量である大型のジャンク船が知られている。

こうした海上貿易については、『嶺外代答』と『諸蕃志』の二つの史料が注目される。これらではアジアや中東の約四〇の国や都市について詳細な解説を加え、一五〇もの交易品についてふれている。『嶺外代答』は周去非が一一七八年に著したものであり、正史の地理に関する記述や周去非が広州に滞在した時に自身の観察から得た情報を記している。『諸蕃志』は一二二五年に泉州市舶司の長官であった趙汝适《ちょうじょかつ》が書いたものである。両書とも宋代の南海に関する貴重な史料であり、ここでは『嶺外代答』の一節を挙げておく。

今、天下の沿海の州郡は、東北から西南にわたり行程は欽州までとなる。沿海の州郡では貿易が行われており、国家は海外の商人を迎えるために泉州と広州に提挙市舶司を設置した。トラブルにまきこまれて訴訟することになった商人は必ずこの官司に申し出なければならない。毎年十月に商人を帰国させる前に盛大な宴を設ける。商人が来ると、夏至の後に提挙司がその商いを監視しながら商人を保護する。外国のうちもっとも富裕で宝貨が多いのは大食国（アッバース朝）であり、次にジャワ、次に三佛斉（パレンバン）、そしてその他多数の国がある。三佛斉は海上交通における要衝の地である。（『嶺外代答』第三航海外夷）

市舶司については『宋史』食貨志で述べられており、それによると九七一年にまず広州で、それ以後、泉州、明州（寧波）、杭州やその他の地域に設置された。市舶司の職務には、貿易を管理し、禁制品の輸出入を防ぐために貨物を勘検すること、一〇―四〇％の関税を課すことなどがあった。関税は商品や時期によって税率が変動した。一一世紀には商人は真珠や龍脳（龍脳樹というフタバガキ科の常緑大高木に含まれている芳香物質、香料）など最も貴重な品には一〇％の税を納めることになっていた。鼈甲や蘇芳その他、それに準ずる貴重品には三〇％の関税が課された。さらに市舶司は香薬の原料や象牙等、国家が専売と定めた物品も購入した。市舶司による売買の後に、残った物品が市場で取引されたのである。このように市舶司は基本的に外国商人を保護してその商業活動を奨励していた。

沿岸の都市では外国人街である蕃坊が居留者によって形成された。広州の蕃坊は特に大きく、数千のアラブやペルシャ人が住んでいた。その中から選ばれた蕃長という長官が交渉事の代表者となり、裁判や行政上の統括権を中国から認められていた。外国人居留者は自らの市場や宗教施設を持っており、そのことは広州や泉州、その他の都市にあるモスクを見れば一目瞭然である。

このように宋朝は対外貿易を大いに振興した。その結果、関税や専売品の輸入販売が増大して収入の増加をもたらした。建国から間もない九七八年前後に宋は八回もの使節を東南アジア諸国に派遣し、商人が宋に来るように誘致している。その国々に一定数の認可状を授け、その国の商人が両浙の港である明州と杭州に来航することを公的に許可したのである。だが一一三七年になると宋はこうした措置による来航商人の数が少ないと考えるようになり、広州の市舶司長官に貿易を積極的に行なうように命じた。それは次のような一文である。

> 対外貿易による利益は莫大である。商業が適切に管理されるならば数百万銭の収益を手にすることができる。この収益は国内の戸にさらに増税するよりもよい方法であろう。よって外国との貿易を注視するものである。
>
> （『粤海関志』巻三所引宋会要）

このような貿易の活性化をねらった命令は他にもたびたび出され、宋が恒常的にこの問題を意識していたことを示している。

ここで外国貿易の重要性を理解するために、『宋史』巻一八六等に記されている貿易取引の実数についてふれておく。皇祐年間（一〇四九―一〇五四年）に象牙、薬品、香料、犀角と真珠の輸入に対する税の歳入は銅銭で五三万貫に及び、治平年間（一〇六四―一〇六七）には六三万貫になった。一〇七〇年代になると、輸入品の専売による利益の平均は毎年銅銭三〇万緡に達した。国内において宋朝の貨幣による年間収入は基本的に税と塩、茶等の国家専売品の売却から得られた利益からなっていた。この時期における現金での歳入は銭で約七〇〇〇万緡であったことを考えると、この頃には国家の国際貿易から得た収入は、国家の現金収入の一二％に及んでいたと見積もることができる。

日本の経済

日本の当時の経済構造は、商業が発展していなかったために中国と状況が異なっていた。七九四年に平安京に遷都したが、平安時代の平安京ではその社会的生活は貴族に大きく依拠しているという特徴を持っていた。この時代、他に大きな都市はなかった。

八世紀に成立した律令国家の収入は主として地方から都に送られてくる調物と、各国の国府の収入となる租によって成り立っていた。唐の均田制をもとにした班田制が施行され、租は班給された口分田を耕作した農民が納めることになっており、戸単位で計算した。しかし、後に口分田班給の管理が困難になったため、土地を単位とする地税を徴収するようになり、さらに国司にその権限を大幅に認めるようになった。調として納める品目も多様化し、特産物によって一般的な調品目を補うようになった。『延喜式』には各国の調品目が列挙され、それは農産物、水産物、織物、陶器、工芸品、植鉱物等からなっていた。例えば食品として魚、餅、雑穀、果実等、手工業品として鍋、釜、籠、櫃、薦《むしろ》、墨、紙、絹織物等が挙げられる。工芸品の生産は、一部は朝廷の工房で、その他は各地の国府の経営する工房で行われた。また、生産に従事するのは、国府の場合は徭役労働者、都の場合は品部、雑戸と呼ばれる身分の人々であった。この時代に工芸品を作る専門的手工業はまだ産業として独立していなかった。朝廷の需要は、基本的には自前の生産や地方からの調物の調達によって満たされた。

一方で八世紀以降は荘園が出現するようになり、次第に増加していった。荘園は八世紀には口分田以外に開墾された農地からはじまり、七四三年の墾田永年私財法によって私有権が認められたものの、保有面積などについて制限がついていた。だが大仏開眼を記念して東大寺等大寺院の墾田地の占有を公認したことや貴族、豪族等による開墾活動によって、大土地所有者は徐々に増えた。平安時代には地方豪族の寄進による立荘もあって、荘園は全国的に拡大した。こうして成立した荘園は広範囲な税免除の特権を享受し、次第に国府の検田使の立ち入りを拒否することができるほどに領有の力を強めていった。荘園領主は主に権門勢家や寺社であった。こうした最上位の領主である本所は通常現地にはいないので、物品を納めさせたり、地代を徴収して荘園を経営する荘官を定めた。たとえば摂政の藤原忠実（一〇七八―一一六二）は日本中の各所に約一四〇もの荘園を持っており、そこから米、絹、麻布、紙、油、塩、薦、瓜、菓物、餅、魚、酒、菖蒲の葉、檜の筥《はこ》、松の実、どんぐり等といった物品を都に送らせた。そして荘園の年貢は荘官の蔵に収められた。

平安京に居住していた貴族は、必要に応じて品物を製作させたり補修させることを本所直属の工房に指示した。したがって工芸品を他から購入する必要はなかった。たとえば一〇二三年に藤原実資（九五七―一〇四六）が櫛筥や硯筥に蒔絵を施そうとした時、実資の方で必要な原料は揃えて職人には賃料だけを払ったのだった（『小右記』治安三年六月一七日条）。一二世紀の有職故実書『類聚雑要抄』を見ても同様であり、例えば硯箱を作るのには木板六尺を揃え、建具師に銅銭六〇疋（一疋は百文）を払い、そして漆七合、蒔絵料の砂金二三両等を提供し、漆師に六〇〇疋を払っている。このように平安京に独立した手工芸工房はなく、貴族は自己経営の工房で工芸品を作らせるのが通例であった。

国の税や荘園の年貢のほかに、贈物や献物というかたちでも物品が地方から都に届けられた。贈物は有力貴族とその庇護を受ける人々の間で交わされた。そうした結びつきは地方の受領と摂関との間において特に頻繁であった。一〇〇四年に摂政の藤原道長（九六六―一〇二七）は受領や在庁官人たちから約六〇匹の馬を贈られている。その馬はさらに道長の配下の者への報酬や皇族への贈物として再分配されている。馬の他にも米や織物等のケースも見える。また、道長はしばしば皇后に贈物をしたり、斎会等の謝礼として寺院へ献物をおこなっている。

道長は官人に国庫から支払うべき俸給を肩代わりすることもあった。当時国によっては朝廷に収めるはずの物品が実際には道長の家の倉に入ることもあり、道長が国司から受け取った贈物の額はかなりのものだったようである。その代わり、朝廷の支出の半分は場合によっては摂政の出費として処理された。当時は有力者の気前のよさや庇護者の恩義による結びつきが最も重視された。こうした慣行は商業活動を蔑視することと密接に関連している。この時代の説話には商人は欲深い利益を蓄える下品な人と見なす話もある。一般的にいうと、平安時代の貴族社会においてモノのやりとりについて経済行為としての商業の感覚は薄く、それによって人格的な関係を取り結ぶ手段という意識が強かった。身分的、政治的に有力な者に従属するのは当然のこととして認識されており、それは有力者と従属する者の間に人格的結合関係をもたらし、その関係は献上品と下賜品の交流を通して表されたのである。

このように物品の流通には贈物、税、荘園の年貢など様々な形式があったが、それらは概ね都に集積され、貴族層の需要を満したのである。たまに手元にない品物を国家が管理する都の東西の市で入手することがあっても、貴族の生活は基本的には自給自足の経済基盤の上に成り立っていた。そのため政治的に作られた東西両市は九世紀以降その重要性を失っていった。かわって新たな市が巷にあらわれるようになり、その中には京都の七条のように今日まで商業的中心であり続けるところもある。市では店の看板や様々な品物であふれた棚をみることができただろう。一二世紀初頭成立の『今昔物語集』の挿話の中には、伊勢から京に絹や米、その他の品を馬に載せて毎年運んだ裕福な水銀商人の説話や、大和の商人が京に瓜を売りにきた説話が載っている（『今昔物語集』本朝部、巻二八第四〇話、巻二九第三六話）。

また、一一三〇年代の一連の古文書でも多くの地方の市についてふれている。たとえば末房という商人が伊勢の益田御庄という荘園にある星川市に鰯九束、舂米四升五合、稲一三束を持ってやって来たが、庄司の為時が津料を要求したところ口論となり、末房は抜刀して為時を殺そうとした事件が起こった。結局、為時は難を逃れ、末房は取り押さえられ物品は没収された（『平安遺文』四七〇一号文書）。

また、奈良の東大寺領荘園にも市があったが、東大寺は荘園から茗荷《みょうが》、牛蒡《ごぼう》、栗、橘、サバ、カツオ、マグロ、塩、菖蒲、ヨモギ、糯《もちごめ》、粽《ちまき》、薪、たいまつ、製造物として筵《むしろ》、すだれ、紙、絹といった物品を求めている（『平安遺文』三七五三―三七六二、三七八八号文書）。これらの古文書では、一一七〇年頃に荘官が東大寺に対してサバとマグロは地元の市で購入したがカツオは見つからなかったことを報告している。絹も同様に見つからなかったが、すだれは三輪市で買ったという。

国司も朝廷から命じられた品物を入手しなければならないことが頻繁にあり、それは郡に作らせたり、地元の市で調達したりした。そうした市は国府の近辺にあり管理されていた。交易の際の現物貨幣としては米や布が用いられた。市は常設ではなく月に二―三回程度、仮設の小屋を建てて行なう定期市であった。この時代には大規模な交易はまだ存在していない。商業を担うのは専業化した商人ではなく、農民が一時的に行商を行なうようなものだった。結局それは余剰生産物の物々交換のレベルであったのである。

このようにみると、日中二国間の経済構造の格差がわかる。宋代の中国では多くの都市に、様々な客を相手とする商人の手によって地域間の交易が毎日常設市で行われた。一方、日本では商業が臨時的な活動の域を出なかった。商業投資によって富を生み出す専業的商人はまだ日本には現れていなかったといえる。宋と違って、日本では室町時代まで商業や手工業に税を課すことはなかった。宋代の商業は流通経済の段階に至っていたが、平安時代の日本はそこまで至っていなかった。流通ルートは多様化しておらず、地方から奈良・平安京への一方向的なものだった。その受け手のほとんどは皇族、貴族、大寺院等の領主であり、流通するものも年貢、調物、献物といったものであった。贈与による物々交換の社会であったといえよう。このような「貢納経済システム」に特徴づけられる日本と、流通経済が発達していた宋代の中国との間には大きなギャップがあり、それは日中貿易にも反映したのである。

対外交易

日本の対外交易に経済的な意味が強まるのは九世紀からである。その頃、日本における大陸の国々との公的な外交は終焉を迎えつつあった。新羅との使節の往来は九世紀初頭には途絶えた。唐とは八三六年に任命した遣唐使が実質的に最後となった。渤海だけは九世紀も外交使節を日本に送り続けたが、九二六年に滅亡して日渤外交は消滅した。こうして各国との外交関係がなくなった後は、貿易が日本と大陸を結ぶ唯一のつながりであった。国際貿易においてまず現れたのが新羅人商人である。その最初の来日は八一〇年代であった。新羅人は漂流して日本に到ったと述べることが多かったが、それは貿易をするための口実に過ぎなかったと思われる。八一八年には驢馬四匹、八二〇年にも羊類（羖羅《これき》羊、白羊、山羊）を七匹と鵞鳥二羽をもたらした。一方、中国商人もやはり漂着と称して、八二〇年から現れる。

こうした外国商人との間で行われた交渉はわからないところが多いが、彼らがもってきた物品は日本側の強い関心をひいた。それは八三一年に朝廷が、九州で大宰府の使者や富豪が互いに先を争って新羅からもたらされる品物を高値で買うことを禁じたことからもわかる。実際、大宰府の役人さえも不法に外国の商人と私的取引することがあった。それは次の例からも読み取れる。八四〇年に新羅の交易ネットワークを掌握した有力者の張宝高が使者を日本に派遣してきた。こうした人々は九州に到着した後、取引が終了次第帰国するように大宰府に命じられた。ただしその一方で筑前守文室宮田麻呂が私的に使者に絹を渡してかわりに唐物を買い求めるように委託したケースもある。

ところが八四〇年代になると新羅人に対する警戒が強まる。新羅人は間諜ではないかと疑われ、日本では新羅の来襲が恐れられた。こうした不信は九世紀の初めから日本の沿岸を脅かした新羅の海賊行為によって引き起こされたものであった。八四二年に朝廷は、新羅商人に対して取引が終ったらすぐに帰国させることを定めている。その一方で中国商人は歓迎されたようであり、大宰府で宿泊できるようにしている。

私的な取引だけでなく、公的に取引が行なわれた例もある。八五一年には大宰少弐であった藤原岳守《ふじわらのおかもり》は唐の有名な詩人白居易（七七二―八四六）と元稹《げんしん》（七七九―八三一）の詩集を中国から入手し朝廷に献上している。これによって岳守は位階の昇進に与っている。

八七四年に朝廷は唐で香料や薬品を買い求めさせるために大神巳井、多治安江の二人の下級役人を派遣した。彼らは外国商人の船に乗って唐に赴いた。この二人は平安時代初期に日本人が交易目的で海外に行った数少ない事例である。この派遣は朝廷における輸入品、特に香薬の需要が大きかったことを示している。

ところで、おおよそ一〇―六〇人で構成された外国商人団は九世紀には三五回来たことが記されている。ただし、実際にはそれよりさらに多くが来朝していたであろう。こうした商人の中には日本の僧侶を同乗させた者もいた。また、国家が商人に対して寄港するよう指示した港は博多であり、対外交易は大宰府によって管理された。大宰府の官人は近くの筥崎に到来した場合も含めて入港する船の積荷を検査したが、交易に対して税を課すことはなかった。

大宰府による国際貿易の管理と商人の待遇

そもそも大宰府は七世紀に成立し、律令によると大宰府の職務は、第一に西海道の九国三島を管轄、第二に公的な遣外使節の出発や帰国を管理、そして第三に外国使節を迎接し、鴻臚館という宿泊施設で滞在させることであった。

九世紀以降になると大宰府は対外交易における朝廷の代理機関の役割も果たすようになった。まず外国商人が博多に来着すると中央にそのことを報告する。中央の指示に従って商人の滞在期間中は鴻臚館において宿と食料を供給した。外国商人、とりわけ中国商人は日本において実際には外交使節と同様に処遇された。それは中国や新羅では外国の商人が滞在の費用を自身で負担させられたことと対照的である。唐・宋商人にとって日本ではこのような迎接を受け、貿易の際に関税も支払わないのであるから条件はきわめてよかったといえる。一方、中国ではあらゆる港において、官司の厳しい規制があり、関税の徴収を受け、そして常に数十を数える外国船がひしめきあっている有様であった。これに比べて平安中期の日本では平均して年に一回程度、九州に海商の来着があったと考えられ、宋商にしてみれば博多に他の商船がほとんどないことに驚いたことであろう。五〇—一〇〇人に及ぶ唐・宋の商団は日本に数カ月から一年以上滞在してその間食糧を与えられたが、大宰府で「客館のための資糧」が不足していたということもたびたびあったようである（『雲州消息』巻下末）。

九世紀後半まで大宰府は貿易に責任も負っていた。朝廷が輸入品に関する先買権と価格の決定権を有していた。そこでまず大宰府が、朝廷が関心をもつ品物を選び取り、都に送ったのである。貿易の手順は、一般に大宰府が商人に砂金で支払い、その後、朝廷が大宰府に砂金を充当した。例えば八七七年に来朝した崔鐸《さいたく》は、貿易の対価として翌年に三六一両の砂金を受け取っている。九世紀後半以降、売買は朝廷から直接九州に派遣される唐物使によって行なわれるようになる。唐物使は通常、天皇直属の蔵人所から選ばれた。

しかし、貴族にも唐物に対する大きな需要があり、しばしば朝廷の交易が終わるのを待たずに、商人来着の報と同時に売買の使者を派遣した。貴族どうしの争いも激しくなり、価格がつり上がっていった。国家は八三一年に官符を出してこうした違反を抑制しようとしており、八四一年、八八五年、八九五年、九〇三年にも同様の官符が出された。しかし、くり返し出されていることからすると、こうした処置は貴族に対してあまり効果はなかったようである。九〇三年の太政官符を抄出してみよう。

近年では唐の商人の船が来着すると、朝廷の官使がやってくる前に京の皇族や王臣家が私的に使者を派遣して先を争って売買をする。またその地域の富豪の輩も唐の貴重品を求めて値が高くなっても手に入れようとする。そのため品物の価格が上がる一方で安定しない。これは、関司がチェックを怠り、大宰府が検査を簡略化しているためである。律には「官司が交易するより前に私的に外国人と交易する者は盗と同じ罪と見なし、徒三年までの刑を科す」とあり、令には「官司が交易するより前に私的に外国人と交易することが禁じられている。(中略)」という。もし官司が違反を摘発したら、全て没収する。

(『類聚三代格』巻一九延喜三年八月一日格)

こうした法令を通じて、朝廷は先買と価格決定の権利をたびたび主張した。唐物売買が王臣家や寺社のために価格が安定せず、なおかつ国家の先買権を侵害していることを強調している。九〇三年の官符では律令が法的根拠として引用されているが、律令制定当初にはまだ商人による貿易はなく、律令で想定されていたのは外国の公的使節との交易であった。こうした法の運用は渤海使との交易において適用されていた。一方で、九〇三年になると朝廷は商業貿易を外交上の朝貢交易と同じ扱いをするようになった。外国商人を外国使節と同様に処遇したのである。中国のように輸入に課税することで対外貿易において利益を得るという発想は、平安朝廷の政治思想では考えられないものであった。くり返すが日中両国を比較すると、宋では国内商業が盛んで流通経済が発達し、国家管理の下における国際貿易の自由を認めていたが、平安時代の日本では国内商業が未発達で国際的な自由貿易も未発達であったため、それを管理できるはずもなかった。このように経済システムにおいて両国の間に大きなギャップがあったといえよう。

日本で九世紀以降に輸入が増大してそれを管理することが困難になると、国家はそれを解決する方法として三つの政策を編み出した。第一に、九一一年に商人の来航に三年間の間隔（年紀）を設けることを定めた。もともと年紀は特定の国からの外交使節の頻繁な到来を避けるために唐朝が作り出した制度であった。日本も渤海使に対して六ないし一二年の間隔を空けるように強制したことは前述した。第二に、一〇世紀に朝廷は日本人の渡海禁制を定めた。第三には、国内での日本人の中国・朝鮮との私的交易を禁制した。こうした処置を通じて朝廷は交易の量的制限とその独占管理を図った。このような政策は偏狭な排外意識に基づくのではなく、交易統制の徹底という政策的意図によるものであった。一見すると制約的に見える三つの政策は、朝廷にとって過度の出費を避けると同時に唐物の入手を確保し、かつそれを独占して外部へ流れることを防ごうとしたものと見なすことができる。この頃、交易が民間レベルで私的に行なわれるのは朝廷の方針に反することであった。

海商と平安の公卿

一〇世紀の対外貿易はきわめて規制されながらも続いた。九〇三年、九〇九年、九一九年に九州にやって来た中国商人はそれぞれ羊、白鵝《はくが》、孔雀などを朝廷に献上している。九〇九年の商人来朝の際には朝廷は経費の都合上唐物使を派遣しなかったが、輸入について大宰府に指示をしている。九一九年の時には朝廷は唐物使を大宰府に派遣し、孔雀を都に持ち帰っている。これらの商人は現在の浙江にあった呉越国から到来してきた。当時、中国は唐の滅亡後、分裂しており、九〇七年から九六〇年までの間に華北は五つの王朝が交替し、江南は一〇の国が興亡した。いわゆる五代十国の時代である。呉越国は十国のひとつであり、長江河口付近の港を押さえており、日本や朝鮮半島との交渉を積極的に進めようとしていた。また、朝鮮半島では王建（太祖）が九一八年に高麗を建国して九三六年に分裂していた半島を統一、高麗は一三九二年まで続くことになる。

平安朝の呉越国、高麗との交流を概観しておこう。九二二年、九二九年に高麗王からの手紙と信物を託された商人が九州にやって来た。公的贈物である信物を通常日本側は貢物と解釈してきた。しかしこの時は朝廷はその受け入れを拒否し、食料を与えた後に追い返すように大宰府に命じた。そして、大宰府の官人には対外交易を行ったり、信物を受け取る権限がない旨を伝えている。

日本からは九二六年に僧の寛建が弟子を伴って、中国への巡礼の許可を得て商人の船で旅立った。寛建は一〇〇小両の砂金を授かり、菅氏、紀氏、橘氏、都氏の漢詩集と能筆で知られる小野道風の書を中国に持って行った。これは日本から中国に文学がもたらされた数少ないケースである。

九三五年には呉越の商人蔣承勲が来朝して山羊を献上した。翌年にも再び大宰府に来航し、年紀を順守していなかったが入朝を認められた。左大臣の藤原忠平（八八〇—九四九）はこの時、呉越王に宛てた書状を承勲に託しており、おそらくそれは呉越王からの国書に対する返信であろう。承勲はさらにその二年後にも来朝している。その時は交易において大宰府側の責任者であった源興国が支払をする前に死去したため、交易品の対価として砂金ではなく麻布を受け取っている。

九三九年と九四〇年には新たに高麗の使者が来朝した。朝鮮半島を再統一した後の派遣であった。しかし、使者は九二二年と同様の対応を受け、信物は受け取りを拒否され追い返された。一方、同時期に中国商人は九四〇年、九四五年、九四七年に到来して入朝を許可されている。そのうち九四〇年と九四七年には彼らを介して呉越王からの親書と贈物があった。日本側もそれに応じており、呉越王に宛てて藤原忠平から国書と金二〇〇両を贈っている。九五〇年代にも商人が日本に三回派遣されており、そのうち一回は高級な錦を船載している。その時の商人も蔣承勲であり、呉越王への国書を預かってきていた。こうした交渉の中で九四七年と九五三年の日本の国書が記録に残っている。ただし、それらは天皇の名ではなく大臣が出す形式であった。それは、国家としては原則的に外交関係を持たないが、呉越王の友好的な外交姿勢を考慮して状況に応じて贈物を受容するという方針であったことを示している。だが、このような特別な計らいは中国王朝から派遣されて贈物をもたらした中国商人に対して頻繁になされたようである。結局のところ一〇世紀初頭に定められた対外貿易に関する三つの政策は高麗に対してのみ適用された。中国に対しては年紀制の違反が容認されることはよくあり、その過程で外交文書のやり取りも何回か交わされている。平安貴族の日記や一三世紀に編纂された『百錬抄』には、そうした交易に関する記事が多く載せられている。たとえば九七二年に高麗からの使者が来日したが、その時、高麗王から贈物と国書を託された商団が対馬にやって来ており、その贈物のうち斑灰の馬が平安京まで届けられた。しかしこの馬は一般の駄馬に似ており高麗王からの朝貢品と認められないとの朝廷の判断が下されている。

中国では九六〇年に北宋初代皇帝の太祖が即位すると、太祖は商業の活性化を奨励し、海上交易を管轄する広州、杭州、明州の市舶司を設置した。特に明州（現在の寧波）は対日交易の中核的役割を果した。宋建国後は、五代十国の時代に分裂していた中国に統一の機運が高まり、呉越国も九七八年に宋に降伏している。こうした状況を背景として宋朝からの海商が九七〇年代には来航するようになり、日本で交易を行なっている。しかし、その取引手段についてはたびたび問題が生じた。九八二年に宋商への支払に充てる金の不足のため三年にわたって支払が滞っていることが記されている。金は交易の支払に充てられていたが、数少ない金の産出国である陸奥国は貢納を延滞するようになり、商人は窮乏するか、何も得ずに帰国せざるを得なかった。数年後にも朝廷からの金の供給を待っている間、大宰府は宋商に支払ができず、同様の事件が起こっている。

同時期の日本の動向としては、九八三年に僧の奝然《ちょうねん》（九八三―一〇一六）が宋への求法の許可を得て渡海した。奝然は九八六年に帰国し、その二年後に宋帝に工芸品・筥・金銀蒔絵硯等の珍しい信物を弟子の嘉因等に託して送っている（第三章、巻末付録表B参照）。

この時期に海商が日本にやってくると朝廷に報告された。九九五年に来朝した朱仁聡《しゅじんそう》の例を見てみよう。総勢七〇人でやって来た朱仁聡は、大宰府ではなく若狭に到着した。ところが朱仁聡は若狭守を陵轢した罪に問われ、越前に移っている。移った理由はおそらく八世紀に渤海使の到着地であった若狭の敦賀の客館が廃され、海商が滞在する施設がなかったからであろう。この朱仁聡は皇后宮との交易においてトラブルを起こしている。最初の交易で皇后宮の使者が越前で朱仁聡に金を支払おうとしたが、朱仁聡は朝廷もしくは越前国府からの指示ですでに越前から大宰府に移っていたため受け取ることができなかった。そこで朱仁聡は大宰府で改めて支払を求めて皇后宮にもう一度金を送るように要求した。しかし、支払われた金額の一部が大宰府の官人に横領されて、全額を受け取ることができなかった。そのため支払についてさらに皇后宮の使者が派遣されたが、大宰府官人が使者と朱仁聡の間に介入して朱仁聡には一部しか支払われなかった。その結果、朱仁聡は朝廷に申し立てをしたのである。数年にもわたるこの事件のような大宰府官人の不正はこれだけではなかった。

さて、九九七年に高麗から牒状が届いた時、日本を侮辱する文言があったとして、日本から返事を返さなかった。一〇〇〇年には宋商曾令文が来日したが、交易の支払でもめている。大宰府は金の代わりに米で支払うこととして金と米の公的な換算レートを一両＝一石と定めた。これに対して曾令文は一両＝三石を請求した。この問題は朝廷に報告され、陣定《じんのさだめ》（公卿会議）上の議題となり、藤原道長（九六六―一〇二七）の判断で一両＝二石と定めた。最終的には米と絹によって支払われたのである。

一〇〇三年に宋商用銛《ようせん》が博多にやってくると、安置するか否か朝廷で会議が行なわれた。この時は用銛が前回の来朝から三年の年紀を守っていないため、朝廷は用銛を放還した。その翌年、朝廷は三〇〇両もの金で唐物を交易している。これらの品をもたらしたのは再来日した曾令文であろう。曾令文は一〇〇五年にも三度目の来日を果たしている。こうした往来に対して平安朝の公卿の意見は、原則として年紀を守らない曾令文を放却すべきというものであったが、当時、内裏焼亡によって多数の唐物が焼失したことを考慮する意見もあり、藤原道長等は協議の結果、曾令文の安置を決定した。曾令文はそれを承けて道長に蘇木、陶器（史料では「茶垸」とある）、そして典籍（『五臣注文選』・『白氏文集』）を贈っている。ここでは平安朝の公卿の現実主義に注目したい。交易が貴族等にとって好ましいものであれば、交易を規制する規定はしばしば無視されたのである。さらに曾令文は交易以外にも、たとえば一〇〇三年に入宋していた僧寂照の消息を道長に伝えてもいる。その後の道長と寂照の書状のやりとりは数度に及んでいるが、海を越えて書状を運んだのも宋商人であった。

宋商周文裔の場合は日宋交易の仲介的役割を果たした。周文裔は一〇一二年と一〇一五年の二度来日している。一〇一二年には周文裔も曾令文と同じように寂照からの書状をもたらし、寂照の弟子の僧念救を連れてきている。それゆえ大宰府によって安置され、錦、綾、丁子、麝香、紺青、甘松を売買している。一〇一五年には、周文裔は朝廷に孔雀を贈っている。孔雀は道長の居宅の庭に放されて一一個の卵を産んだが、一〇〇日経っても孵ることはなかった。寂照からの書状は、天台山の再建を伝え、それへの貢献を促すものであった。これをうけて道長は木槵子《もくかんじ》念珠（琥珀装束四連と水精装束二連）、螺鈿蒔絵二階厨子、蒔絵筥、海図蒔絵衣箱、屏風形軟障、奥州貂裘、七尺鬘、砂金一〇〇両、大真珠五顆、橦華布等を中国の天台山に送った。また藤原実資（九五七―一〇四六）も螺鈿の鞍を送っている。

時には武力的な事件も生じた。一〇一九年に中国東北部の女真という民族が攻めてきた、いわゆる刀伊の入寇があった。五〇艘の船団が朝鮮半島東岸を寇略し、次いで対馬、壱岐、ついには博多湾に至った。平安の公卿たちは当初これを高麗の海賊と見なしたが、数カ月後に高麗王からの書状と刀伊に拉致された二〇〇人もの人々の送還によって事情が判明した。この時は、朝廷は朝鮮蔑視の態度を取らず大宰府を通じて返事と使者への禄物を送っている。

宋商の来日も続いている。一〇二六年には宋商の周良史が関白藤原頼通（九九〇―一〇七四）の信頼をかち得ている。周良史は、中国人の父と日本人の母の間に生まれたということを示す名籍を頼通に奉呈し位階を求めた。頼通への依頼にあたって桑糸三〇〇疋を贈り、さらに錦、綾、香薬等を贈ることも約束している。これに対して頼通は砂金三〇両を送った。周良史は宋に帰国すると日本の朝廷から宋朝宛の土産を大宰府を通じて持って来たと述べたが、宋の皇帝は日本からの外交文書が欠けているとしてこの信物を受け取らなかった。そのため、これらの物は結局、明州市舶司が対価で引き取ることになった。その後、一〇二八年に周良史は再び来日したが、大宰府はそのことを朝廷に報告しなかった。この時の大宰府のトップは藤原惟憲（九六三―一〇三三）であり、商人の唐物や任地の産物を搾取して任期の間にかなりの富を蓄えたことで知られていた。惟憲は周良史の博多到着を報告せずにその貨物を没収しており、周良史はそのことについて不満をもっていたようである。

　さて、この時に周文裔は、藤原実資のための進物として翠紋花錦一疋、小紋緑殊錦一疋、大紋白綾三疋等の高級絹織物、麝香二臍、丁香五〇両、沈香《じんこう》（ジンチョウゲ科の常緑高木である沈香から取れる香料）一〇〇両、薫陸香《くんろくこう》二〇両、可梨勒《かりろく》一〇両、石金青三〇両、光明朱砂五両等の香薬染料と色々餞紙二〇〇幅、糸鞋《しあい》三足を持って来た。これらの品は直接博多から平安京の実資のところに送られたわけではなく、博多湾の近くにある実資の所領を管理している宗像社の係累の宗像妙忠を通じて届けられた。妙忠は自らも蘇芳一〇斤、雄黄二両、紫金膏《しこんのこう》二両、緑青四八両、金漆（こしあぶら）を実資に送っており、同日に薩摩守巨勢文任《こせのふみとう》から絹一〇疋、蘇芳一〇斤、花（花蓆か）三帖、革一〇枚、小女志紛紙一〇帖、「茶垸」（陶磁器）、唐硯一面が、香椎宮司からは紫金膏二両、可梨勒三〇果、檳榔子一五果が送られている。これらの品は宋からもたらされたものと見なすべきであり、宗像妙忠等は周文裔と直接交易していたのであろう。

それ以前にも一〇一三年に実資は高田牧（荘園化した牧）から豹皮等を受け取っている。これらの品は以前には朝廷が禁制していた私的交易によって得られたと考えられる。この時が史料上の初見であるが、こうした私的交易はその後さらに増加していったのである。商人にとって地域の荘園の荘官との直接的な取引は、より良い価格で迅速な支払を受けることができて都合がよかったのであろう。

一方、混血の周良史は一〇三四年にも来日している。この時は運よく都まで行き、のちに後朱雀天皇となる敦良《あつよし》親王と会見している。この会見は大宰府で暴利を貪った先述の故藤原惟憲（九六三—一〇三三）の摂関家との関係によるものだった可能性がある。この件について平安時代の日記等には記録が残されておらず、一九六〇年代に森克己が東京の中野重孝旧蔵コレクションにある敦良親王の手跡を発見したことによって判明した（森克己一九六三）。

その後も宋商は九州にやって来て、朝廷から安置を許されたり、逆に宋に放却されたりしている。なかには漂着と弁明して年紀違反によって放還されることを避けようとする者もいた。こうした商人のなかには博多の近くの筥崎宮と交易を行なった者もいる。これらの宋商たちは、平安時代の文学において様々な伝説を生み出したほど、貴族たちの関心を集めた。例えば『今昔物語集』巻二六第一六話に宋人と商売をする筑前の貞重という者の話がある。また、一〇四七年に肥前の住人清原守武が勝手に渡海した罪で捕まり処罰され、その取引品は没収された。守武の行為はその地域の荘園や国府からの要請に応じたものと推測される。また、一〇六〇年には宋商林養と俊政が越前の敦賀湾に難破と称してやって来た。朝廷の公卿はその放還を定めたが、九九五年の朱仁聡の先例に従って良風が吹くまで滞在することを許されている。

さて、『高麗史』によると、一〇七三年に日本商人の王則貞《おうそくてい》、松永年《しょうえいねん》が高麗王への進物を持ってやって来たことが記されている。その進物は、螺鈿の装飾された鞍橋《くらぼね》、刀、鏡匣《かがみばこ》、硯箱、櫛、書案（机）、画屛、香炉、弓箭《きゅうせん》（弓矢）、水銀、螺甲の貝等だった。王則貞等は、それから二〇年以上に及ぶ日本から高麗への商人の往来の始まりであった。朝鮮の史料によると、そうした日本人は対馬、壱岐、薩摩、筑前からやって来ていることから、荘園や地方から派遣された人々と考えられる。一〇八七年にも対馬から元平という人物が到来し、真珠、水銀、宝刀、牛馬をもたらしている。その二年後にも別の商人が水銀、真珠、弓箭、刀剣を高麗に献じている。一〇九三年には高麗水軍が日本人の乗った不審船から水銀、硫黄、真珠、法螺等の品を没収しているが、日本側の史料ではこの事件について何も記していない。それは、こうした出国禁止に対する違反が日本の朝廷に見つかっていなかったことの表れであろう。

この頃、目立った活動をした渡宋僧が成尋《じょうじん》（一〇一一―一〇八一）である。成尋は一〇七二年に宋の商船に乗って宋に旅立った。その渡航に際して米五〇斛、絹一〇〇疋、褂《うちぎ》二重、砂金四両、上紙一〇〇帖、鉄一〇〇廷、水銀一八〇両が支払われた。翌年、弟子の頼縁、快宗等五人が宋商孫忠とともに帰国している。成尋の代わりに頼縁等が宋から日本への宋の外交文書や錦二〇疋、金泥法華経を伝えたのである。

宋からの文書や贈物に朝廷は当惑したようである。すでに一世紀以上にわたって宋との公的な外交関係を断絶していたからである。贈物を受け取るべきか否か。返事は返すのか、その場合どのような書状にするべきか。これらの問題を数年間にわたって公卿たちは論じあった。さらに朝廷が結局、返信すると決めても、その回賜品を火取玉、水銀、美乃（美濃）長絹、真珠とするか、長絹、細布、金銀とするか、または和琴を加えるべきか、ということをめぐって時間がかかった。一〇七七年、最終的に螺鈿の装飾筥に納められた返信官符と贈物の六丈織絹二〇〇疋と水銀五〇〇〇両を送ることが決まり、宋商孫忠がそれらを届けた。孫忠は翌年に敦賀に再び来日し、明州からの牒状と回賜品を預ってきた。これに対しても度重なる議論が長期間にわたって続き、一〇八二年にようやく返答がなされた。

国家貿易から自由貿易へ

この頃、朝廷の公卿等は別の問題に関心を寄せていた。一〇八〇年に高麗王文宗からもたらされた書状と花錦、大綾、中綾各一〇段、麝香一〇臍《せい》の贈物の受納についてである。文宗は病の治療のために日本に対して医師の派遣を要請した。同様の要請は宋朝にもなされており、宋からは三度その恩恵を受けた。その後も宋の医師が高麗に何度も赴いている。なお、日本では一〇五一年にも高麗から似たような要請があったが、失敗した際の不名誉を危惧して医師は派遣しないこととなった。その返事の書式において朝廷は高麗を臣下国扱いする形式をとった。さらにもう一つ問題があった。高麗からの書状は日本商人の王則貞が帰国の際に託されてきたものであるが、その王則貞が密かに渡海していたことであった。これに関して摂政藤原師実が他の日本商人も高麗へ行っているのか諮問したところ、きわめて頻繁に往来しているとの回答があった。これによって朝廷ははじめて日本と高麗の私的な密貿易を知ることとなった。結局、王則貞は処罰されなかったようである。

王則貞のケースでは許されたらしいとはいえ、違法な取引は基本的には見つかると罰せられた。その一例が、一〇九三年に大宰権帥藤原伊房が対馬の官人と結託して宋や高麗の北に隣接する遼（契丹）に僧侶の明範を派遣した事件である。明範は武器を売却して、異国の品を購入した。この事件で伊房はその職を解かれ、対馬守敦輔は位階を剥奪された。これらの処置は、朝廷が当時、渡海禁制の方針を堅持していたことを示している。

さてこの時期の宋との関係では、明州からの書状が一〇九七年と一一一六年にもたらされている。一通目は朝廷ではなく大宰府から返事が出され、二通目に対しては五年間にわたって返事に関する討議が続いたが結局、返事を出すかどうかさえ決まらなかった。

宋商の来航地は主に博多であったが、時には越前敦賀や若狭に来朝することもあった。そして、そのほとんどが到着地の官司の歓迎を受けている。例えば一一三三年に宋商の周新が博多にやってきた時には、肥前国にある鳥羽院領神崎荘の預所であった平忠盛（一〇九六—一一五三）

が交易のための使者を博多に遣わし、鳥羽院の立場で大宰府を通さずに交易した。この一件では、大宰府が事務を怠り、私的な交易を許した廉で譴責されている。この事件の後、朝廷はあらゆる来朝者について問題が生じた時にその応対に関して報告するよう命じた。一方、忠盛はその生涯で莫大な財を蓄えた。その死の際に、藤原頼長に巨万の富を積み重ねたといわしめたほどである。その他にも、前筑後守仲能なる者について「彼の蔵には金七瓶、銀七万両と無数の唐物、和物がある」(『長秋記』長承三年五月二日条)と記されている。また、荘園の対外交易としては、一一四七年に摂政藤原忠通(一〇九七―一一六四)に西海道の所領のひとつである薩摩の清水荘から孔雀と鸚鵡が献じられている。この荘園は坊津と関係が深く、その荘官は時折、外国商人と交易していたに違いない。

この頃には多くの宋商が九州に在住していた。一一五〇年代に宋人が平戸から博多の西にかけて居住しており、宗像社や筥崎社と関係を持つ者もいた。『青方文書』(寿永二年三月二二日)によると、博多から筥崎にかけておよそ一六〇〇家にのぼる宋人居留者がおり、一一五一年に大宰府は密貿易に関わった廉でその資財を没収している。

一一五〇年に宋商劉文冲が二〇帖以上の漢籍を左大臣藤原頼長に贈っている。母が日本人であることを示す名籍をもつ劉文冲は日本人として処遇されることを望んだ。これに対して頼長は一〇二六年の周良史の先例にふれて三〇両の砂金を送り、さらに漢籍をもってくるように注文している。また、一一六八年に肥前国が大嘗会料として朝廷に唐錦一段、銀七〇両、蘇芳、陶砂（明礬《みょうばん》）を、肥後国が銀九〇両、紫檀、蘇芳を進上しており、これらの品はおそらく私的交易を通じて入手したものであろう。

一一七〇年になると特に注目すべき出来事が起こっている。平清盛（一一一八―一一八一）は当時朝廷の重鎮であった。武家の出自ながら父忠盛から莫大な財物を受け継ぎ、一一五六年の保元の乱で天皇側について頭角を現した。そして九州に勢力を張り、兄弟や近親をその要職につけて交易を行なわせている。さらに瀬戸内海沿いにいくつもの所領を有し、大輪田泊（後の兵庫津）を修築した。また、貴族との婚姻を通じて朝廷における公卿たちとの関係を確立し、かつ天皇家と結びつき、一一六七年に太政大臣の位についた。翌年出家したが大輪田泊の近くの福原京の居宅においてその政治的・経済的活動を継続していた。一一七〇年に受け取った書状と進物は、清盛が私的外交交易に手をつけたことの象徴であったといえる。清盛は明州から来た宋人を大輪田泊の近くの福原の居宅に招き、後白河院と会見させた。かかる所為は、天皇は外国人と直接会ってはならないという宇多天皇（在位八八七―八九七）の『寛平御遺誡』に反するものであり、清盛の行為に対する批判はすぐに現れた。九条兼実は「延喜以来未曾有の事なり。天魔の所為か」と評した。その上、宋商を福原まで呼び寄せたことで博多が外国人来航の公式的な窓口となってきた常例を無視した。これまでも他の地域に到着した外国人のケースがないわけではなかったが、それが公式的に歓迎されることはなかった。

一一七二年にも宋人が平清盛と後白河法皇宛に明州からの文書と進物を持ってきている。清盛は一一七三年に返事の書状と答進物を明州に送っている。その答信物は剣、手箱等の多彩な品であり、後白河院からも色革三〇枚を納めた蒔絵厨子、蒔絵手箱および砂金一〇〇両が贈られた。これに対しても批判の声があった。武具を国外に贈ることは禁じられているにも関わらず、清盛は刀剣を宋への進物に加えたからである。

清盛が推し進めた日宋貿易は、公人が個人的に異国と交易する発端となった。清盛は法を変えることなく、対外交易を長いこと規定し続けてきた先例を打ち破ったのである。一一七五年以降、中国史料には漂着と称して宋に到来する日本の商団が現れるようになる。これらはおそらく日本の荘園や地方勢力から派遣された使者であろう。第四章で述べるように、貿易が自由に行われるようになる時代が近づいて来たのである。

本章では平安時代の四〇〇年に及ぶ対外交易を見てきた。この時期に主に往来したのは宋商であった。おおまかに見ても文献史料だけで一〇〇人を数えることができる。比較的記録が残されている九八〇—一〇二〇年の時期には例年のように宋商の来日が記録されている。それらの史料から考えると、平安時代を通じて一年に平均一回程度、宋商が来日していることとなり、あまり頻繁とはいえない。ただ、一二世紀になるとその数は増えていく。しかし、平安時代以前の一五〇年間で合計二〇回の遣唐使派遣に比べれば平安時代の中国との交易は遥かに盛んだったといえる。一方で高麗からの来日は一〇世紀以降散発的になっていく。おそらく待遇がよくなかったからであろう。だがこの時期の高麗が対外的に受動的であったことは宋に対しても同様だった。中国からは高麗に大挙して押し寄せているが、高麗からはほとんど中国に向っていない。それはこの時代に北方の広大な地域を占拠していた契丹族の遼王朝（九一六―一一二五）や、続いて女真族の立てた金王朝（一一一五―一二三四）の圧倒的な軍事力に対する危機感から、高麗はこの二国との関係に腐心していたからである。

日本における対外交易の朝廷による統制として四点を挙げることができる。第一に交易は大宰府で管理された。第二に博多が主な異国船来航の港として定められた。第三に朝廷は唐物の先買権を有した。第四に外国商人の来航年紀を制限する一方、日本人が交易のために渡海することを禁じたことである。朝廷は宋朝のように対外交易に対する積極的な方針を打ち出すことなく、その都度、商人の来着に対して場当たり的な措置を必要に応じてとっているようにみえる。しかもそうした対処は、主として禁止措置としての特例や先例、律令制の規定をケースバイケースで運用することの積み重ねであった。また、貿易を管理する宋の市舶司に相当するような専従の官司などを設置することもなく、むしろ平安時代以前に公的な外交使節の迎接に当たった大宰府にこうした職務を割り当てたにすぎなかった。

一方、宋商は日本で賓客扱いを受けた。商人来着は時には朝廷で重要な政治的出来事と見なされたこともあり、都の陣定（公卿会議）での議題となった。宋商の受け入れが決まると朝廷はその滞在費を負担した。また交易手続きで商客が待つ間は、以前に新羅や渤海からの外交使節を安置していた客館に滞在させるのが慣例であった。渡海年紀を破ったことに対して日本が寛容な処置をとることもあったが、それはそれ以前に渤海使に対して示した対応と同様であった。このように、様々な点で朝廷は国際貿易を朝貢外交と同じ扱いにした。

朝廷にとって唐物の入手はきわめて魅力的であったため、その購入に際して優先的に確保しようとした。しかし朝廷の意図に反して私的交易がさかんになっていく。それはまず初めに荘園や国府の官人たちと商客との間でおこなわれた。当初は海外からの来航が中心だったが、一〇七〇年以降日本から商人が高麗に行き、その一世紀後には宋にも赴くようになった。この頃から地方の国司のなかには交易を通じて巨万の富を蓄える人物が現れるようになる。その反面、朝廷側は対外交易に対する規制力を失っていき、最終的に喪失したのである。史料からおおよそ一一二七年までは朝廷はまだ宋商等に年紀を守るよう命じたことが確認できる。また、遅くとも一一三三年までは大宰府に交易を管理させようとしたが、この時点で朝廷の影響力はすでに失われつつあった。もはや朝廷の力で私的交易の進展を止めることはできなかった。

日宋を比較すると、宋朝は財政を豊かにするために貿易を奨励した。これに対して日本の朝廷は対外関係と輸入品の価格を統制し続けるために交易の頻度を制限した。こうした違いは、日本でまだ流通経済が未開発であり、朝廷は対外交易がもたらす経済的利益に意味を見出すことができなかったために生じたものである。輸入に対して税を課すことはなく、もたらされた唐物の大多数は所有者の家で使用あるいは所蔵されていた。宋のように国家的に貿易を推進して収入を得ようとする経済政策は当時の日本ではまだ考えられなかった。当時、権力や富というのは周囲の人に対する贈答によって表現された。国家も貴族もモノを売るのではなく、それらを賜与などのかたちで再分配したのである。唐物は贅沢品として所持され、もしくは贈物として贈答されるものであった。輸入品が国内市場で商品化されるようになるまで、あと数百年待たねばならない。

日本における対外交易に対する姿勢は、それゆえ宋のそれとは異なる。中国ではすでに流通経済化しており、それは多様な国内の需要や、都市における地主、商人、職人階級の出現に基くと説明できる。一方、日本ではモノの流通は公私共に税の収奪を基軸にした貢納経済に依存しており、そうした品物の消費は貴族や社寺等の狭い範囲に限られていた。経済的な構造や市場状況からすると、日本はまだ商業を専門とする人が現れる段階ではなかったのである。結果論ではあるが、日本では朝廷による管理貿易が長く続いた。しかし、国家的統制が続いたにせよ、唐物への殺到を押し止めることはできなかったのである。

〈コラム2〉東アジアの錬金術と日本の水銀

七七七年に渤海使が平城京に来た時に、光仁天皇は大使史都蒙から特別に水銀百両（一四キログラム）を要請された。これが史料上、日本の水銀輸出の初例である。その前後、奈良時代から鎌倉時代にかけて幾度となく唐、宋や高麗へ水銀が運ばれており、水銀は一四世紀までの中国の地方誌に、日本からの輸入品リストに挙げられている。それでは水銀はなぜ大陸の各国から求められたのだろうか。

水銀 Hg は常温で液体となっている純鉱物であり、朱 SHg は水銀の化合物で辰砂とも朱砂ともよばれている。朱は奈良県宇陀郡でとれるようなピンク色岩石状砿物に混じった辰砂を採掘するものである。水銀は直接鉱山から採掘できるが、その他に朱砂から次の方法でとることもできる。朱砂を加熱して水銀を気化させ、その蒸気を水中に導き、水中に粒状液になった水銀を集めるのである。

さて、日本では古代に辰砂の鉱床が全国に分布していた。文武天皇と元明天皇の時に各国に鉱山物からの献納が命じられ、全国のうち五カ国から朱砂が、伊勢から純鉱物の自然水銀が貢じられた。その後、水銀は毎年朝廷に献上されるようになった。

朝廷では水銀を医薬品として使うことがあった。日本では六、七世紀に中国の医学と錬丹術が伝わり、丹薬は平安初期に嵯峨天皇と仁明天皇をはじめ、藤原忠平ら貴族に愛好されている。そして一一世紀には平泉の奥州藤原氏の間にも不老不死の思想があり、水銀はその棺にまで入れられたという説もある。

しかし、日本で水銀は医学的にだけ使用されていたわけではない。『延喜式』を見ると、伊勢の毎年貢進する水銀小四〇〇斤（九〇キログラム）のうち典薬寮に回されたのは一八斤だけ（貢進全量の七％）であり、九割以上は内匠寮で使われた。古代日本では、水銀は鍍金に欠かせない材料であった。朝廷の金銀調度具や仏教関係の金銅器を作る時に水銀を金・銀と五対一位の割合で化合して、それを金銅品の表面に塗って加熱すると、水銀だけが蒸発して消え、金銀が表面にうまく定着するのである。東大寺の大仏もこの方法で鍍金された。その際には金一万四三六両、水銀五万八六二〇両を要しており、また一一八三年の修復の時にも水銀一万両を使ったようである。この用法はすでに六世紀から日本で知られていたという。東大寺だけでなく、他の寺院でも法具の作製に水銀が多量に必要とされた。

そして水銀はその価値からいうと、値段は他の貴金属と比べて安く、七六二年、一〇八五年の段階で水銀は銀の一〇分の一以下、金の百分の一以下の価値であり、熟銅に比べてもわずか二倍前後にすぎなかった。水銀が日本国内で豊富に採れる鉱物であったからに違いない。そこから水銀において輸出の余裕が生じたのではないかと思われる。

水銀は八世紀以来大陸へもたらされたが、なぜ渤海、唐宋や高麗国は日本の水銀を求めたのだろうか。

錬金術（錬丹術）は中国では紀元前から知られ、『史記』によると、秦始皇帝の墓の地下には帝国の地図が水銀の海と川で復元されており、それ以前にも『呉越春秋』によると呉王闔閭《こうりょ》が墓の中の水銀池に埋葬されているという。そして北魏時代に最盛期を迎えることになる。

その後五世紀から八世紀末までの時期が中国の「錬丹術の黄金時代」といわれる。当時、唐の皇帝のうち六人が丹薬で中毒死したことはよく知られている。そして、九世紀から一三世紀が「錬丹術の銀時代」とされている。

ところで、錬丹術で朱砂から生産された水銀は二流とされており、液状の自然水銀が最高質と見なされていた。ところが唐宋時代になると、春秋時代から続いていた水銀鉱山が減少し、あるいは尽きてしまったのである。一二世紀の宋の『嶺外代答』巻七では次のようにいっている。「ああ、もし学仙が自然水銀を得れば、それが至宝になろう！」錬丹術がさかんであった宋時代に中国において日本の自然水銀がいかに高く評価されたか、想像に難くない。それは不老不死の薬を作るのにたいへん貴重な材料とされたのである。

さて、古代中国では神仙思想が広まっており、不老不死の仙人たちが蓬萊に住むと信じられていた。唐詩では東海中にあるとされた蓬萊を日本にあてはめるようになる。そして宋の欧陽脩が有名な「日本刀歌」を詠み、徐福が日本へ渡って不死薬を採集に行ったという伝説が生まれた。ちょうど「日本刀歌」が詠まれた時期は、巡礼僧の成尋が水銀を中国へ持って行った頃にあたる。そして水銀は平安時代から鎌倉時代を通じて一四世紀まで宋、元、高麗に輸出されたことは第二章、第四章で述べた通りである。

ここで思想とモノの関係に注目したい。一つの仮説にすぎないが、中国の神仙思想の背景として錬丹術が重視されており、不死薬の主な材料であった水銀が日本からもたらされることによって、日本は神仙の国蓬萊であるという伝説が生まれたのではないだろうか。水銀は単なる商品ではなく、文化的意味をもつ文物として評価すべきなのである。

第三章

——海を渡ったモノ

地図 3—a　シルクロード（8 世紀を中心に）

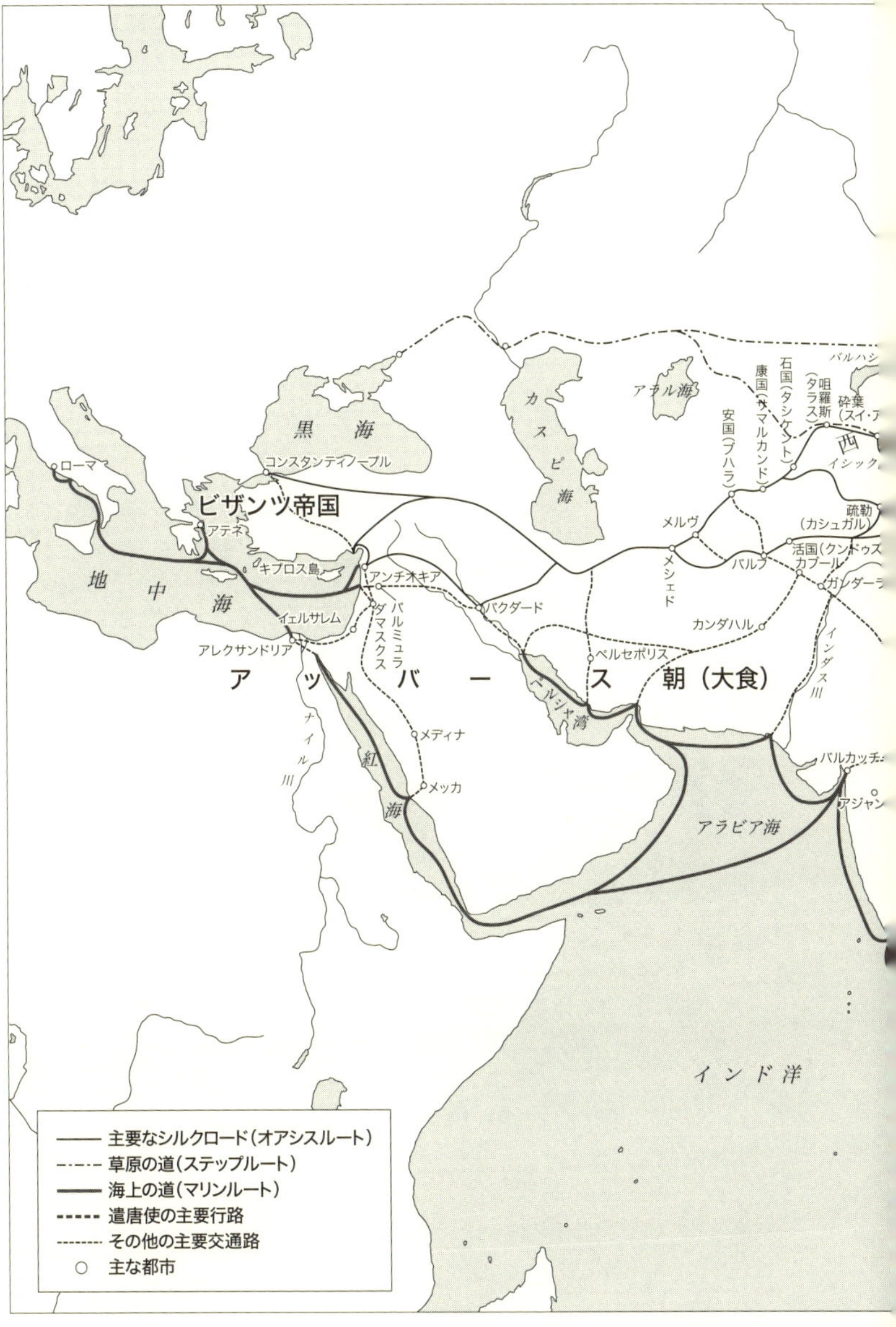
ローマ
ビザンツ帝国
アテネ
黒海
コンスタンティノープル
カスピ海
アラル海
地中海
キプロス島
アンチオキア
パルミュラ
ダマスクス
イェルサレム
アレクサンドリア
バグダード
メルヴ
メシェド
バルフ
カンダハル
ペルセポリス
アッバース朝（大食）
ペルシャ湾
ナイル川
紅海
メディナ
メッカ
アラビア海
インド洋
安国（ブハラ）
康国（サマルカンド）
石国（タシケント）
呾羅斯（タラス）
砕葉
疏勒（カシュガル）
活国（クンドゥズ）
カブール
インダス川
主要なシルクロード（オアシスルート）
草原の道（ステップルート）
海上の道（マリンルート）
遣唐使の主要行路
その他の主要交通路
主な都市

地図 3—b　日本における唐・五代陶磁器の出土分布
（出典：九州歴史資料館編『発掘が語る遠の朝廷　大宰府』1988）

倭人の住むところは全て国内でとれる新羅松で作っている。今の羅木である。色は白く香りが強い。床板も全てこれであり、さらに香料を塗りつける。そのため室内に入ると香りが充満している。また、日本の女性も体臭を消すために香料のクリームを身に塗っている。……暑い季節でも服を重ね着する。衣服は大きな袖で短く、帯は用いない。布製であり、中には極めて細かい作りのものもある。中国の綾絹は珍重されている。……その地には香材がないので、たいへん貴重である。扇を作るには和紙を用い、木を削って骨組みとして、金銀で花の意匠を加えて模様とする。あるいは下手な絵を描くこともある。

（周密『癸辛雑識続集』下・倭人居処）

「倭人居処」というこの記事は、一三〇〇の逸話からなる随筆の一節である。著者の周密（一二三二―一三〇八）は、香木から作られた香料や中国産の高級絹織物のような日本に輸出された主要な品目をリストアップしている。また、扇のような日本の輸出品目にもふれている。周密は、これらの品が朝廷の日常においてどのように用いられたかということについても熟知していたようである。

さて交易品目について分析する前に、日本において輸出入された品物の量について考えてみよう。この問題において当時を髣髴とさせるものは何も残っていないが、中国から来た宋代の交易船は一九七四年に泉州沖で発見された二〇〇トンの容積をもつジャンク船を参考にできる。

積荷の量を想定するには、あるいは泉州沈船より後代の一四世紀ものであるが保存状態がよかった、韓国の新安沖で発見されたいわゆる新安沈船（第四章参照）に注目したい。こちらも一五〇―二〇〇トンと推定される積載量の船の中には二八トンの貨幣と二万点以上の貨物（主として陶磁器）が見つかった。残っていた三つの箱はおおよそ七〇×五〇×五〇センチメートルで、それぞれに一〇―二〇点の品物が入っていた。他の貨物ももともと箱に均一に入れられていたと考えられるので、箱の総数はおそらく千以上に上るであろう。一〇―一二世紀に日本に来航した貿易船も様々な品物を約一〇〇〇箱積んできたと思われる。平均するとおおよそ一年当り一隻位の来航であったことは前章で述べた通りである。その一方で一一世紀後半以降は日本からも商船が高麗へ、一二世紀後半には宋へ向かうようになる。そこでまず初めに日本に輸入された交易物を、次いで輸出物を検討することとする。

輸入品

前章で一〇〇六年、一〇一三年、一〇二八年、一一六八年に宋からもたらされた品目について見たが、それは主に植物系・鉱物系の香薬品と絹織物などであった。他にもこの時代に入宋僧成尋（一〇一一―一〇八一）が記した『参天台五臺山記』という中国の旅行日記からも確認できる。それによると、宋の神宗《しんそう》（在位一〇六七―一〇八五）から派遣された使者と面会した際に、成尋は「どのような中国の品物が日本で必要とされているのか」と尋ねられ、「香、薬、茶垸（陶磁器）、錦、蘇芳」と答えている。
一一世紀の別の史料ではさらに詳細に記されている。『新猿楽記』では日本各地を回る商人について描き、その交易物を列挙している。そこには四五品目にわたる「唐物」が見える。

唐物には、沈香《じんこう》、麝香（動物系香薬品）、衣比《えび》（薫衣香、衣服にたきしめる香）、丁子香《ちょうじこう》、甘松《かんしょう》、薫陸香（乳香か）、青木香《しょうもっこう》、龍脳、牛頭香《ごずこう》、鶏舌《けいぜつ》（丁子の別種）、白檀、紫檀、赤木、蘇芳、陶砂（明礬）、紅雪、紫雪、金液丹（丹薬）、銀液丹（丹薬の別種）、紫金膏、巴豆《はず》（トウダイグサ科の熱帯植物）、雄黄、可梨勒、檳榔子、銅黄、紺青、臙脂（エンジ虫の粉末）、緑青、空青（銅性顔料）、丹、朱砂、胡粉、豹の皮・虎の皮、籐（竹かツル性の材料）、茶垸（陶磁器か）、籠子《ろうじ》、犀の角、水牛角の如意、瑪瑙、瑠璃（ガラス）の壺、綾、錦、緋襟（赤い絹糸か）、象眼（ダマスク形式の波状模の錦）、繧繝《うんげん》（花形・ひし形などの色模様を織り出した絹織物）、高麗（上品錦の一種）、軟錦（錦の一種）、東京錦（唐の上質錦、以上はいずれも調度のための装飾絹布である）、浮線綾（浮織の綾）、羅縠《らこく》（織目を透かした絹物）、呉竹（マダケか）、甘竹（品種未定の竹）、（ガラスの）吹玉がある。

（『新猿楽記』八郎真人、巻末付録表B参照）

以下、こうした唐物を種目別に詳しく見ておく。

香料・薬物

これらの品目の半数以上が原料物であり、成尋やその時代の人々が香薬と称したものであった。それらは薬、香料、顔料、染料を作るのに用いられた。これらの列挙された品物は、そのほとんどが東南アジアや中央アジアから中国にもたらされた薬草や香木であることに気付く(第二章参照)。わずかに動物系の品目として挙げられているのは、麝香というジャコウジカの雄の嚢状の包皮腺分泌物を乾燥した粉末からなる香薬と、臙脂というカイガラムシを乾燥して採る鮮紅色の染料(コチニール)であった。品目には数点の鉱物も挙げられており、明礬《みょうばん》、緑青、雄黄等が見える。上述のリストで「陶砂」とよばれている明礬《みょうばん》は正八面体の水に溶ける金属性結晶からなる薬品、緑青は銅の表面に生ずる青緑色のさびで有毒であり、薬品や顔料に使われていた。『小右記』長和三年三月一三日条によると、火事で「貴薬」が焼失した際、雄黄二升を取り出すことができたという。

これらのものは様々な用途に用いられたが、特に多かったのが治療であった。薬は朝廷の基本的な関心事の一つであった。九世紀には平安宮に薬園があり、朝廷は薬を生産するための作業場を設けていたと推定される。草木や薬は国内の諸国でも作られており、税として朝廷に進上されたが、いずれも植物系の薬が中心であった。日本で作られた薬の他に、異国から次のような薬物を得ていた。植物系薬としては、甘松香というオミナエシ科の多年草、乳香（薫陸香）というカンラン科ボスヴェリア属のニュウコウ樹から採取するゴム状樹脂の香料、龍脳はラベンダー油に含まれるアルコールの一種、訶梨勒《かりろく》はインド等に産するシクンシ科の高木、巴豆《はず》は熱帯アジア原産トウダイグサ科の常緑小高木である。鉱物系の薬物には紅雪、紫雪、金液丹、銀液丹、紫金膏という錬丹術関係のものがあった。

一〇九一年に橘俊綱（一〇二八―一〇九四）が摂関家の藤原師通に砂糖を贈っており、それは宋からもたらされた菓物といわれている。しかしこれは珍しい贈物であり、日本において砂糖の消費は近世まで広まらなかった。結局のところ、日本には多種多様な薬草が自生しており、それを反映して五〇種以上の薬草が『延喜式』（九二七年成立）に列記されている。当時の日本の医学において、薬はあまり外国からの輸入に依存する必要がなかったのである。

一方、香料については状況が違っていた。香は仏教儀礼において欠かせないものであり、様々な儀式において決められた香が用いられた。この時代には大元帥御修法、真言院御修法、如法尊勝法の三つの儀式において用いられた香の成分が知られている。特に丁子香、白檀、薫陸香、龍脳香を用いている。他に沈香、紫檀、甘松等が使われた。いずれの香料もその原料は日本で植生しておらず、輸入せざるを得ない草木の割合が半分を超えていた。香料は、外国に対する依存率が実に高かったのである。これが各種輸入物の品目のほぼ全てにおいて香がみえる理由である。それゆえ、一二八一年に元寇で交易が一時的に中断されると、朝廷は如法尊勝法をおこなうことが極めて困難になったように、香料の不足に直面せざるを得なかった。
この時代の日本人は、香用の草木を非常に重要と見なしており、化粧品の製造にも用いられた。平安時代の宮廷社会は「美への崇拝」ともいうべき特徴を備えていた。優雅なスタイルは男女ともに宮廷生活において何よりも尊重されるべきものと考えられていた。貴族たちは、宮廷の女性が身につけた服の色合せを品定めし、高貴な女性が通り過ぎた後の残り香や邸宅に染み付いた香を好ましいものと見なした。そうした描写は平安文学において多々みられる。その背景にはこの時代の貴族は入浴することが少なかったということがあり、その何重にも着る服は清潔さを保つのが難しかったということもある。貴族の男女はその髪や服に香を焚き染め、顔には白粉をした。個人で自分用の香をそれぞれの好みに応じて調合して作ることに全精力をかたむけたといってよい。また薫物合が貴族に流行し、廷臣たちは香のセンスを競い合うことを楽しんでいた。紫式部は、一一世紀初めに書いた『源氏物語』において次のように述べている。

侍従という薫物《たきもの》については大臣（光源氏）の合わせたものの方がきわめて優雅で優しい香りであると判定された。紫の上の合わせたものは三種のうち梅花香が華やかで今風であり、やや強い匂いが立つようにしており、すばらしい香りを重ねている。蛍宮は「春風に香らせるにはこれにまさるものはないだろう」と仰る。花散里の方は、人々の薫物が思うままに競い合っているのに対して、数多く香りを立てることもなかろうと、薫物の煙をたてることさえ控えめの心持で、荷葉という薫物を合わせるだけであった。変わった様子でしめやかな香りで懐かしい。明石の君は季節ごとの香りが決まっており、そのようにして他の人々の薫物に打ち消されてもしかたないと思い、薫衣香のすばらしいものは前の朱雀院の合わせ方を引き継がせて公忠朝臣が特別に選んで調合した百歩《ひゃくぶ》の方《ほう》という香を思い起こして、この世のものではないような優雅さを引き出しており趣向がよいと、皆それぞれによいと判定しており、源氏は「八方美人で面白くない判者であることよ」と述べた。（『源氏物語』梅枝上）

この香比べでは五人が競っているが、そこで用いられた香料は沈香、乳香、白檀、麝香、甘松、丁子香、そして肉桂皮などであった。とりわけ麝香は珍重された。入宋僧成尋が宋において弟子を日本に帰国させる際に上等の麝香一三臍を二五貫で買っており、それは日本で米五〇〇石と等価であると記す（『参天台五臺山記』巻六、煕寧六年二月二三日条）。

平安貴族は他にも、鉱物原料を輸入し、顔料や絵の具に用いた。例えば鉛の白粉や赤色の朱砂である。時代によっては黄色の彩色に硫黄、緑に緑青、青に紺青（ラピスラズリ）や空青（群青）、黄赤には銅黄が顔料として使われることもあった。中でも鉛の白粉は中世以降には化粧品として使用されるようになった。こうした鉱物原料は『新猿楽記』の中で唐物として列挙された。貴族の生活にとって欠かせないものであったため、中国海商から入手しようと先を争って買い求め続けたのである。

織物

織物も唐物として尊重された。『新猿楽記』には錦、綾、羅縠《らこく》（うすもの）の各種が挙げられている。織物類の生産は八世紀頃から朝廷によって管理されており、中央官司や国司がその運営に携わっていた。麻布は品質によって等級が分けられており、日常的に着るものに用いられ、また物々交換の現物貨幣の用途もあった。絹は貴族の方にまわされた。高級絹織物や絁は、京や国府の周辺に置かれていた官営工房で作られた。一〇世紀まで絹は、麻布に比べると小規模生産にとどまっていた。『延喜式』に記されている国中から徴収する品物の税目を計算すると、麻布は一五万端以上、絹は約三万疋が毎年都に運ばれた。絹織物のうち、綾が七〇〇疋、錦が五五疋、その他は絁であった。綾や錦のような高級絹織物の生産は、一〇世紀以降になると増加した。なお綾織は経糸と緯糸の組み合わせ方によって布面に斜めのうねを出したものであり、当時の錦は多数の色糸を用いて平地に浮き織等で模様を表した絹織物である。

服装を最も重視した平安貴族の高級織物への嗜好は熱狂的といってもよい。この点の描写として『紫式部日記』から引用してみよう。

中宮はいつもの紅の御衣に紅梅、萌黄、柳、山吹の袿《うちき》を内に着て、上着には葡萄染めの綾織、柳襲は表は白で裏が青くて紋様が珍しく今風のものを着ておられた。中務の乳母は……葡萄染《えびぞ》めの袿と、紋様がなく青いものの上に桜襲の唐衣を着ていた。その日の女性の装束はいずれも華美を尽くしていたが、袖の配色がうまくない人も御前のものを取り下げる際に公卿や殿上人に、前に出た時に見られてしまったことを、後々宰相の君がたいへん悔しがっていた。ただ、それほど悪いというものではない。色が目立たなかったというにすぎない。小大輔は紅の袿に紅梅の袿の濃いのや薄いのを五着重ねていた。その唐衣は白と灰色を合わせた桜襲である。源式部は濃いのに合わせて紅梅の綾を着ていた。

(『紫式部日記』正月一五日条)

上記の記述から色彩にこめられた重要性に気づく。その染料は、紫、紅花、茜《あかね》、支子《くちなし》、苅安《かりやす》草、藍、黄蘗《きはだ》等といった日本原産の植物から取れる顔料で占められていた。その他に一つだけ、深赤色を作り出すのに必要な原料であった蘇芳は東南アジアやインドの原産であり、日本には自生していなかった。蘇芳はしばしば輸入品のひとつとして現れ、成尋も宋朝で尋ねられた時、その返答でふれていることは前述した通りである。

織物のなかでも綾や錦は同時代の文学にもたびたび登場する。『源氏物語』では次のように記している。

女三の宮の裳着《もぎ》について思い致すと空前絶後であろうというほど威厳がある。その調度の整えは柏殿の西側に帳台、几帳をはじめとして、日本の綾や錦は使わず、唐の皇后の装飾を思い寄せて美麗に堂々と輝かんばかりに用意させた。

（『源氏物語』若菜上）

さらに「唐錦」については清少納言が『枕草子』の八八段において「めでたきもの」の筆頭に挙げている。『宇津保物語』では朝廷がそうした織物を入手する手続きを記している。

蔵人所にも唐人が来るたびに唐物の交易を行ない、来朝ごとに綾、錦などの珍奇なものはこの唐櫃に入れ、香の上質なものもやはり唐櫃に選び入れ、常ならぬ儀式のためとして櫃や懸籠に積んで蔵人所に置いておかれた。……蔵人所の十掛けの唐櫃には綾、錦、花文綾など、様々な香も麝香、沈、丁子など種類を尽くしており、麝香も沈も唐人が来るごとに交易したものの中から選び置いたものである。

（『宇津保物語』初秋）

『源氏物語』『宇津保物語』『栄花物語』によると、唐綾と呼ばれた中国製の綾は特別な時のみ着用された。それは特定の儀式の時に公卿の前で着る高貴な女性の式服として用いられ、ごくまれに僧衣としてみえるのを除いて男用に着られることはなかった。唐綾や唐錦は豪華な調度品であり、朝廷内の仕切りや目隠しとして用いられた。ただ、こうした特別な場合を除いて宮廷儀礼における衣服や装飾の錦綾は日本製であった。また、貴族の日常的な服は絁であった。

しかし平安時代の文学では「唐綾」といっても、場合によっては日本製のいわゆる唐織物を指すことがあったと思われる。平安時代の織物は、日本製の断片が二〇ばかりと当時宋からもたらされたものの残欠若干が伝わっている。唐綾のうち七切れは入宋僧奝然《ちょうねん》が九八六年に宋から将来した、京都清涼寺の仏像の中から一九五三年に発見された。また空海が八〇六年に将来した僧衣も東寺に現存する。これらの輸入綾を日本製の織物と比較すると両国の綾織は同じ技術で作られたことが確認できる。そのため現在の織物の専門家でも平安時代の綾の産地を見分けるのは困難である。

ところで一三世紀以後、緞子《どんす》という新しい織物が中国から伝わった。綾が経糸と緯糸を二本以上ずつ組み合わせて布面に斜めのうねを出すのに対して、緞子は繻子《しゅす》の組織を用いて紋様を織り成した絹織物であった。こうした緞子もまた唐綾とよばれた。藤原定家(一一六二—一二四一)は『明月記』寛喜元(一二二九)年一一月二九日条に「近年、職工等が(中略)都において唐綾を作り始めた」と記している。その三年後の皇女の降誕の時には、織工の為宗という職人が儀式の調度のための唐綾を用意するよう命じられた。これが京都において緞子が唐綾と呼ばれた最初の事例のようである。ところで、それとは別に一六世紀初めに日本に広範に広まっていた「唐織」という織物が平安時代にさかのぼるという伝承があった。平安当時の「唐織」は残っていないので確認することはできないが、一六世紀になると唐織は刺繍された錦を意味し、能の装束として用いられたりした。

高級織物としての輸入絹については、藤原明衡《ふじわらのあきひら》(九八九―一〇六六)の『雲州消息』という一一世紀の手紙の文例集でも述べられている。その中の大蔵省に宛てたと思われる手紙(巻下末)に、筑前守が「象眼」という波形の模様の錦の注文を受け、梨黒色の象眼を送ることを約束している。象眼は、本章はじめに挙げた『新猿楽記』で列挙されていた絹物にも含まれている。さらに筑前守は紫羅《しら》と紅錦を見つけたことも報じている。宋商がもたらした蜀地方製の上質の織物の中には「叢竹綾」もあった。現在の四川にあたる蜀は錦で知られており、時代によっては金糸を織りこんでいた。こうした蜀錦様式の断片が正倉院に納められているが、それは日本製の可能性もある。一三世紀以降、特別な認可を得た武士は蜀江錦《しょっこうきん》を鎧の下に着込んだ。さらにその後、蜀江錦は武家社会の女性の礼服に用いられるようになった。

陶磁器

中国では宋代以降、陶磁器は主要な輸出品であった。考古遺物として宋・元代の陶磁器の破片が多数発掘されている。その地域はアジア、中東、アフリカの二〇カ国以上に及んでおり、例えばフィリピン、インドネシア、インド、セイロン、サウジアラビア、エジプト、パキスタン、エチオピア、ソマリアであった。中国の陶磁器は世界的に有名であり、その美しさが礼賛されている。最もよく知られているのは一二世紀に最高潮に達した景徳鎮(現中国江西省の陶窯)

の青磁と明時代の染付の磁器であり、染付けはヨーロッパからも高い評価を得ていた。

日本は古代から中国陶磁を輸入していた。七世紀の陶磁器は緑・黄・白の三色で構成される三彩である。その多くは正倉院に伝来しており、日本で生産された類品のモデルとなった。さらに日本の各地、十《と》三《さ》湊《みなと》、平泉、鎌倉、京都、一乗谷、草戸千軒、博多、沖縄などで宋、元の陶磁器が発掘されている。

成尋はその日記の中で茶碗（この時代には「茶垸《さかん》」と称した）についてもふれているが、これも中国からもたらされた。さかのぼれば一〇〇五年、一〇二八年に輸入された品のなかにも茶碗がみえる。茶碗は中国では茶を飲むのに使われた陶磁器だったが、日本では当該期に喫茶の風習はまだ広まっていなかった。それゆえ「茶碗」という語は、九三〇年代に源順《みなもとのしたごう》（九一一—九八三）が編纂した『倭名類聚抄』には載っていない。実際のところ、「茶碗」は、中国に求法、巡礼しながら喫茶の風習を知った日本僧によって紹介されたものの、当時の日本では陶磁器全般を意味したのであろう。

一九七八年には博多の地下鉄工事で大発見があった。古代の対外交易の港の遺跡で三万五千もの日本と中国の陶磁が見つかったのである。中国産の陶磁片には、九、一〇世紀の白磁や越州の青磁や、一一世紀以後の景徳鎮・福建窯の白磁、他にも透明釉薬の下に酸化鉄で模様をつけていた吉州・磁州の陶磁、龍泉・同安の青磁、淡緑な景徳鎮の青磁、さらに日本では天目と称される中国製の浅く口の開いた茶碗などが見られた。これらを生産した窯は磁州を除いてすべて中国の東部にあった。これらのなかには、この時代特有の牡丹や花輪を描いた出土陶磁がある。さらに数点の輸入陶磁器の底に「張綱首」や「鄭綱主」と判読できる中国人名の墨書銘が記されている。これらは船主の名前とみてよい。

絹や香薬とは異なり、舶来の陶磁は平安時代の史料にあまり現れない。寺院関係文書（『平安遺文』一巻）において少数の青磁、白磁についてふれているぐらいで、文学ではほとんど言及されない。日本では陶磁器はそれほど評価されなかったのであろうか。平安貴族は青磁、白磁を秘色《ひそく》という文学的な唐名で呼んだが、その用例もあまり多くない。

平安貴族は陶磁器よりはるかに漆器を好んだようである。陶磁器についてみると、日本でも大量に生産されていたが、その品質は一般的な素焼き土器であった。低温で焼成された赤味の土師器と灰黒色で一二〇〇度前後の高温で作られた須恵器という二種の土器が主流であった。日本でも中国製の模倣をしながら青磁などの陶磁の生産を始めたが、『延喜式』によると、朝廷でのその利用はまれであった。そのためであろうか、一般に貴族の関心を集めることはなく文学の主題となることも少なかった。考古学的発掘において舶来陶磁の一一世紀の出土量は前後より割合に少なく、一二世紀以降になると爆発的に増加する傾向が見える。

漢籍

諸史料に引用された輸入品目のリストにあまり表れないが、遣唐使の時代には膨大な量の漢籍がもたらされた。唐時代の中国典籍のうち三分の一が九世紀半ばには日本に受容されていた。その後も新たな漢籍として特に唐詩の巨星白居易（七七二―八四六）や元稹《げんしん》（七七九―八三一）の文集等がもたらされた。元・白の詩集が初めて日本にもたらされたのは、宋商から八四〇年頃に藤原岳守が大宰府で買得した時である。その後、八五一年と一〇〇四年にも日本にもたらされており、『白氏文集』は一〇〇六年の交易物にも現れている。この時は日本ですでによく知られていた六世紀の『文選』という文集の注釈書である『五臣注文選』が『白氏文集』とともにもたらされている。『文選』の平安貴族による写しは、一〇〇四年前後にはいくつも存在した。例えば藤原道長は三度この書の献上をうけているし、その娘で皇后であった彰子も天皇に献上している。一〇一一年には道長が天皇に唐摺本の『文選』と『白氏文集』を献じている。

暦も遣唐使によって中国から伝来された。九三七年に大宰府は、伝わってきた唐暦を書写、進上するように命じられている。一〇四八年には新羅暦が伝わっており、そこには一二月の日数に違いがあった。他にも一〇世紀半ばに呉越国から書籍が伝来したが、いかなるものであったかはわかっていない。

仏教典籍については、空海と最澄等を代表とする八、九世紀に入唐した日本僧が数千巻もの経典を中国からもたらした。特に九世紀のいわゆる「入唐八家」の伝来した経典等の「請来目録」があり、今日まで伝わっている。

仏典のトピックとしては、鄭仁徳という宋商の船に乗って海を渡った奝然が、九八六年に宋版一切経を持ち帰っている。宋王朝によって推進された一切経の木版印刷は、一二年かけて九八三年に成都で完成したものであった。奝然は新たなサンスクリット語の漢訳仏典も二八六部を持ち帰った。また『雲州消息』には、大宰府長官からの「官吏が求める書籍は非常に多く、わが国では文章の道を崇拝している」と述べている手紙もある。

それでも、こうした書籍の伝来は貴族の需要を満たすには程遠かった。源俊賢から宋に滞在していた寂照（九六四―一〇三六）宛の一〇〇八年の手紙には、商人が軽くて利益の大きい品（例えば香木等）を運ぶことを好むために書籍が伝わらないことを公卿等が残念がっている、と記している。五年後、寂照はこの要請に応じて書籍を日本に送っており、その中には摺本の『白氏文集』や天台山図があった。そもそも寂照は宋朝において日本のことを問われた際、日本の典籍や日本にある数多くの漢籍を列挙している。その中心は五経や『論語』など儒教の古典であり、それ以外の書籍は数が少なく、張鷟《ちょうさく》『朝野僉載《ちょうやせんさい》』（七世紀後半）、蔣魴《しょうほう》『蔣魴歌』（九世紀初め）、白居易『白氏六帖』（九世紀前半）、皇甫松《こうほしょう》『酔郷日月』（九世紀）等が挙げられている。

時代が降って一〇七三年に成尋は弟子等に錦や新訳仏典と、宋皇帝からの贈答品である金泥法華経を預けて日本に送った。しかし成尋は宋代当時の文学作品は送らなかったようである。宋代の作品は遅れて、一一五一年にようやく平安朝の公卿の手に入るようになった。当時の大臣藤原頼長（一一二〇―一一五六）は、蘇軾（一〇三六―一一〇一）の『東坡先生指掌図』二巻や欧陽脩（一〇〇七―一〇七二）編の『五代史記』、同じく欧陽脩の『新唐書』を宋商人から贈られている。頼長は喜び、それを持ってきた商客に砂金三〇両を与え、さらに他の典籍を注文している。

中国ではグーテンベルクの印刷よりも四世紀前の一〇四〇年代に活版印刷が発明されているが、当時木版印刷がまだ主流であった。日本ではこうした摺本が垂涎の的であった。一一四三年には頼長が皇太后宮の官人から摺本の『礼記正義』を借用しているが、「これは一万戸からの収入よりも大きな価値がある」と述べている。また『周易正義』を手に入れた時に「こうした喜びは千金でも替えがたい」と明記している。

一一七九年頃には、九八三年に李昉《りぼう》（九二五―九九六）が編纂した宋朝の一大事業である『太平御覧《たいへいぎょらん》』という百科辞典が日本に伝来した。しかし、当時は全一千巻のうち三百巻しか入手できなかった。『太平御覧』はその後も数回将来され、公卿の間で高く評価された。しかし、このような重要な本が日本に伝わるには成立時より二世紀もかかった。それ以前に入宋僧の奝然、寂照、成尋も『太平御覧』を進上することはなかった。それはおそらくは宋朝でこの本の海外流出を禁止していたからであろう。

宋朝の特定書籍の輸出禁止にもかかわらず宋商は何度も多量の書籍を輸出し、特に高麗では高値で取引された。一一世紀に宋朝から繰り返し禁令が出されており、そのことが密貿易の存在を暗示している。一〇九一年には逆に宋朝が求めている漢籍のリストを高麗に送ったほどである。中国では戦乱等で失われた多くの書が高麗に流通していることを知っていたのであろう。一〇八〇年以降、高麗王はくり返し『太平御覧』を得ようと試みており、二〇年後に三度目の要請でようやく宋朝から許可を得た。一〇九〇年代に高麗は、その他に九八七年成立の『文苑英華』(漢文と漢詩の集成)、一〇一三年完成の『冊府元亀』(歴史の類書)、一〇八四年に司馬光が著した『資治通鑑』(編年体の通史)を入手している。日本にはこれらの書はまだ伝わっていなかった。こうした宋朝の書籍は、寂照の漢籍の書目にもこの時代の貴族の日記にも記されていない。一一五一年の藤原頼長が宋商に注文した書にも見えない。その時の注文リストでは一〇〇以上の書名が挙げられているが、その主要な書目は宋時代より何世紀も前の古典とその注釈書であった。

一〇世紀までに日本にもたらされた漢籍は大量かつ多様であったが、いずれも古い時代の古典や詩集などに限られていた。その後の輸入書も同様の傾向が続き、それ以外の書籍はあまり見られない。それは貿易の都合のみならず入宋僧や平安貴族の趣味にもよる。日本人にとって内容が珍しくもない古典であっても摺本は驚くべきものであった。逆に新しい時代、つまり宋代の漢籍への関心はそう高くなかったようである。それは次のように理解できる。平安時代の和歌、漢詩や文学は唐時代以前の中国文学から影響を受けることが多く、宋代以後の中国の作品を手本としてたよる必要がなくなっていた。漢籍に九世紀以前のような不可欠の影響力はなくなっていた。一〇世紀からは主として摺本という新しい形に関心を持つようになり、それを美術品のように珍重していた。宋代の書籍が本格的に日本に伝わるようになるには武家の時代まで待たねばならない。

毛皮、竹、異国の動物

その他の品目として、豹や虎の毛皮のような珍しい輸入品もあった。そうしたものは一〇世紀以前には渤海国の外交使節からしばしばもたらされた。日本では、通常鐙、盾、鞘、漆器生産のために国内産の猪、牛、馬、鹿の毛皮や革が用いられた。

＊（追記）また『延喜式』（九二七年）によると、貂裘《ちょうきゅう》と豹の皮は三位以上の公卿の朝服に使用され、虎の皮は四位、五位の武官装束に用いられた。虎の皮は『年中行事絵巻』によると、正月の内宴で敷物としても見える。問題は日本の史料における「豹皮」の意味である。七二八年に渤海から「貂皮」が贈られているが、七三九年と八七二年には「豹皮」とある。蓑島栄紀や河内良弘の北方交易に関する研究を参考にすると、史料上、「貂」と「豹」の混同があるように思われる。日本が、古代には渤海から、中世には朝鮮から輸入した「豹皮」は、ユーラシア大陸北部、シベリア、サハリン産の黒貂《くろてん》の皮と混用されている可能性があるように思う。

一〇八八年に宋商張仲によって日本にもたらされた竹や豹（皮か）を返却する官符が出されている。『新猿楽記』によれば、輸入品としての竹は呉竹、甘竹が知られていた。呉竹はマダケ等といわれ、尺八、笙《しょう》等を作るための品種であった。甘竹も古代の辞書によると呉竹の日本名であった。一一五〇年に甘竹で作られた笛は貴族たちを驚かせた。この笛をもっていた藤原忠実は、その二年前に竹を入手できたが、当時竹の輸入が少なくなっていることを惜しんでいる。実物として奈良の正倉院に竹製の笙三口と竽《う》（管楽器）三口が伝わっている。『古事談』等の伝承では日本ではこうした楽器を買うのに金に糸目はつけなかったという。

六世紀から異国の鳥や動物――特に孔雀・鸚鵡・雁・山羊・驢馬・騾馬・狗――が外交や交易に付随した贈物として日本にもたらされた。これらは全て珍奇なものと見なされており、狗を除いて日本にはもともと生息していなかった。日本人は肉やミルクを口にしなかったし、山羊や羊の毛皮も用いず、かつ羊毛の織物（フェルト）も知らなかった。一方、鳥は貴族の邸宅に放されて風景に色を添えた。鸚鵡は一〇六六年、一〇八二年、一一四八年に宋商から日本にもたらされ、貴族たちの目を楽しませた。清少納言は『枕草子』で「鸚鵡はとても面白い。人の言うことを真似している」（四十一段）と記している。

その他に紙、墨、硯といった文具も輸入品の中に散見する。そして一二世紀中頃になると中国銭の輸入が盛んになる。中国銭は急速に主要な輸入品として広まっていった（第四章「宋銭の輸入」参照）。それ以前の段階、奈良・平安時代に最も需要が高かった物品は、香料、高級織物、陶磁であった。

高麗からの輸入品

ここまで中国からの輸入品のみを取り上げてきたが、それはこの時代の高麗との貿易品に関する史資料がほとんどないからである。日本へ来る新羅商人の数は九世紀末以降、急速に減っており、一方で一一世紀以降、高麗へ渡った日本人がどのようなものを持ち帰ったのかもわからない。それでも『新猿楽記』における唐物のリストには、八世紀に新羅からもたらされた品と一致するものが多いことに気がつく（第一章「新羅との交易」参照）。さらに、一〇七九年には高麗の礼賓省から大宰府への牒状に付された信物として花錦、大綾、中綾各一〇疋、麝香一〇臍があったことが知られており、それらの品は高麗が宋との交易で入手したものであったと推測される。

絹や香薬は中国原産のものが高麗からもたらされることもあり、高麗は中継貿易を行なっていたのである。日本史料では高麗の産物についてあまりふれないが、高麗から中国に輸出されたものとしては、朝鮮人参、松の実、麻布、銅、漆器、そして時には陶磁、紙、扇などがあった。たとえ高麗陶磁がその品質は優れたものであったとしても、日本の遺跡ではその発見例の少ないことに驚く。有名な象嵌青磁は一二世紀の高麗で開花し、今日まで尊重されている。平安朝の人々は高麗陶磁を重視しなかった可能性もあるが、むしろ日麗往来の回数が少ないためにその輸入が限られていたと思われる。

輸出品

前述したように貴重品を中心とした輸入品に対して日本からはどのようなモノが輸出されたであろうか。本節ではこの点について見渡しておく。

金、その他の金属

史料上、外国商人への支払として砂金が用いられたことが確認できる（第二章参照）。その量は二〇―三〇両（一小両＝一三・九グラム）程度が多いものの、八七七年に来日した崔鐸の場合、大宰府によって定められた交易品の価格は三六〇両であった。一〇〇四年にも朝廷は唐物を買うために三〇〇両を費やしている。日本の求法僧やそれ以前に派遣された遣唐使も一〇〇―二〇〇両の砂金を授かって入唐している。

日本で初めて本格的な金の採掘が行われるようになったのは、七四九年に陸奥においてのことであった。それ以来、陸奥は一四世紀まで砂金の主要な産地としてあり続けた。これより小規模な産地として駿河や下野があり、一二世紀以降になると佐渡島が現れるようになる。金は鉱石に付着しているものを洗浄して取り除き金塊とする。近代に至るまで金塊や砂金はそのままのかたちで主に取引に用いられた。七六〇年に開基勝宝という金銭が鋳造されたが、これを除いて金貨が作られた事例はない。工芸において金は公卿や寺院によって鍍金《めっき》に用いられた。また、漆器の蒔絵、嵌め込み細工など、中世後期になると金屏風という金箔を貼る技術に利用されることもあった。

七四九年に陸奥国は金九〇〇両（三八キロ）を貢上した。これは大仏造立に用いるものであり、最終的に大仏を鍍金するためには全部で四二〇〇両（五八キロ）もの金が必要であった。さらに一一八七年にも大仏再建のために同国から三万両（四二〇キロ）が徴発された。八世紀以降、金の産出量は日本における需要を満たし、なおかつ海外への支払に充てることもできるようになったと考えられる。

中国では、雲南、安南に金鉱があったものの、金はあまり産出しなかったといってよい。このうち現在のベトナムやカンボジアにあたる安南は漢時代に、雲南は八世紀には中国から独立し、ますます中国国内の産出量は減っていった。日本の金は支払の対価として中国へ流入するようになっていった。おおまかに見積もっても、中国では金は銀の七倍の価値があったのに対して、一二―一三世紀の日本で金は銀の四倍であった。日本の金は中国商人の目には安くうつったことであろう。

他の金属についてふれておく。銀は一六世紀まで対馬で採取されたものの、中国から輸入するものであった。陸奥の金と対馬の銀は中国にも知られていた。渡宋した奝然《ちょうねん》は九八三年にそのことを宋朝に述べており、『宋史』や一二二五年成立の『諸蕃志』に記されている。銅はもとより、鉄は六世紀以降に採掘されるようになったが、それ以前は朝鮮半島から入手していた。

外国商人は貴金属に加えて他の物品も日本で買い付けている。成尋の著した『参天台五臺山記』によると、成尋が渡海する際に協力した宋の商人が大量の水銀や硫黄を日本から買っている。成尋が渡航にあたって払った乗船代には水銀一八〇両を見ることができる。成尋は杭州滞在中に現地の貨幣を得るために砂金三小両、水銀一〇〇両を滞在先の家主に託しており、一一日後に家主は銭一三貫と引き換えている。さらに成尋に同行していた僧惟観《ゆいかん》は、薬用の真珠二〇〇粒を八〇〇文に替えている。水銀、硫黄、真珠は、一〇八〇―一〇九〇年代に日本から高麗へもたらされた品としても現れる。また、一〇八四年に明州知事（長官）は、一〇人の商人に対して総額五〇万斤の硫黄を日本から買得すべく指示している。

水銀は八世紀初頭から伊勢で採取された。水銀には液体の自然水銀と辰砂《しんしゃ》（水銀の硫黄化合物）を焼いて作る水銀の二種があった（コラム3参照）。辰砂（朱砂、丹砂ともいう）が日本各地の鉱山でとれたのに対して、自然水銀は伊勢で産出した。水銀は金鍍金に欠くことのできないものであり、金鍍金において金：水銀の比率は一：五であった。ところで中国では、水銀は主に薬物として用いられた。錬丹術が盛んであり、銀、鉛、水銀からいわゆる不老不死の薬が調合され、水銀に長寿の力があると信じられた。

硫黄は、『延喜式』によると、信濃、下野から、またよく知られた地域として薩摩の硫黄島

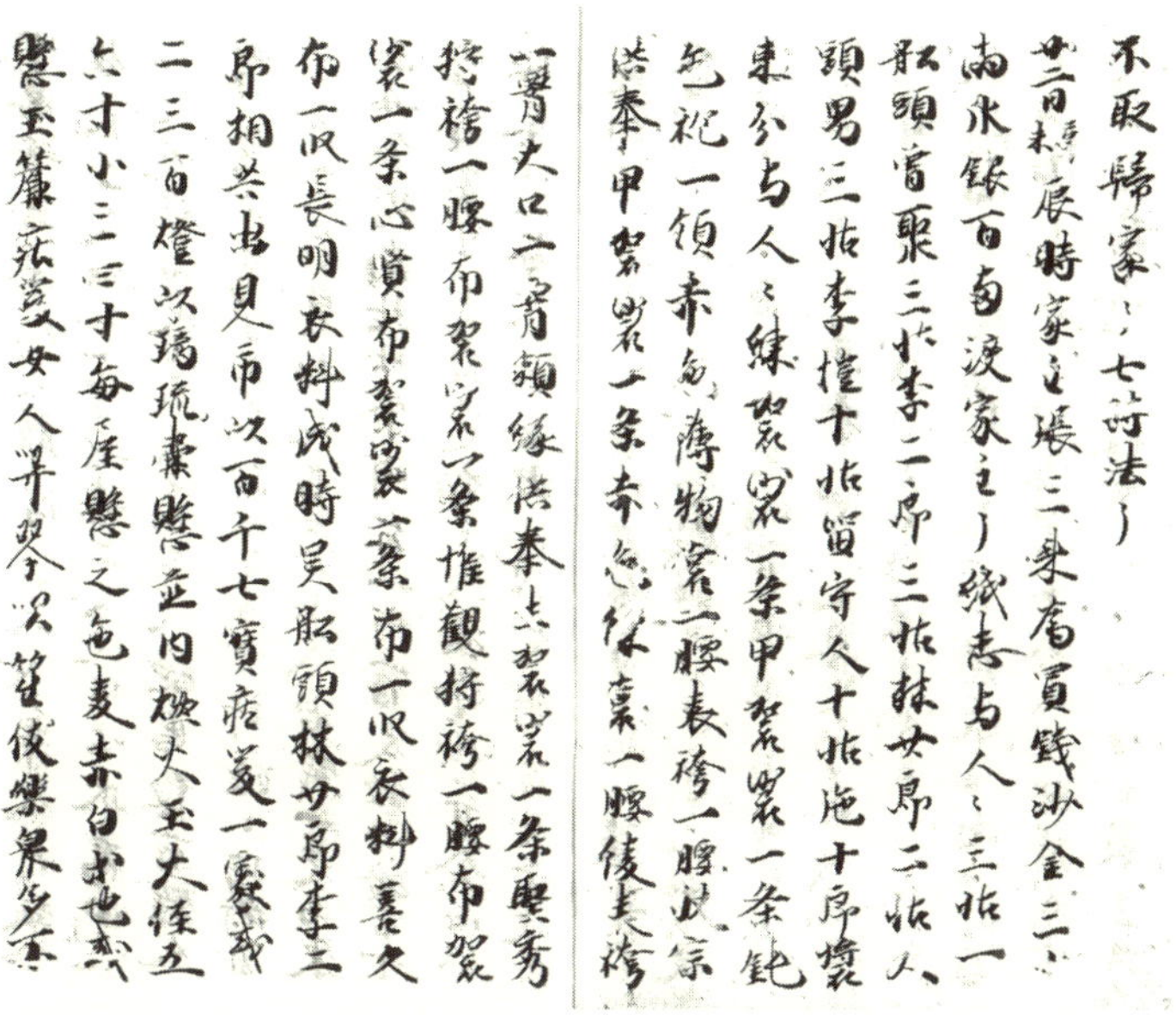

史料写真3 『参天台五臺山記』（東福寺本のファクシミリ本。著者蔵）

成尋の日記、『参天台五臺山記』。1072年4月22日に成尋は杭州に到着した後、銭を買うために張三郎に砂金3小両と水銀100両を渡した。5月3日に張三郎は砂金と水銀で購入した銭13貫（13,000文）を持って来ている。

廿二日辛未辰時、家主張三来。為買銭沙金三小／両、水銀百両、渡家主了。

から産出される。中国では医術や仙術において薬事成分として用いられ、有史以来、硫黄泉への入浴が皮膚病の治療としてよく知られていた。硫黄は医学的に使われ、後に火薬としても普及するようになった。中国は主に東南アジアから硫黄を入手していた。硫黄は『新猿楽記』では「本朝物」とされており、『延喜式』の各国調物には現われないものの、一一世紀の宋への輸出は薩摩硫黄島産の硫黄だったと思われる。

＊（追記）最近、山内晋次は古代史料にあらわれる「貴賀之島《きかいがしま》」に注目し、それを現在の硫黄島（鹿児島県）と関連づけた。そして宋では火薬として硫黄の需要が大きく、平安時代から中国へ硫黄島産の硫黄が博多経由で輸出されていた、と指摘している。

中世以後、日本からの輸出は増大するようになり、一五世紀には硫黄の輸出量が厖大な量に達した。

真珠

真珠は中国では数多くの伝説のテーマである。それは富や美、超常的な力の象徴であった。真珠をとることは原始から広東でおこなわれてきた。しかし、中国の真珠は他国のものと比べて質が劣っており、そのうち東南アジアや西アジアからの典型的な輸入品となっていった。一三世紀の史料によると、諸国の商人は税を取られるのを避けるため服の裏地や傘の取手に真珠を隠した。中国で真珠は儀式の調度品の装飾や男女の衣装のアクセサリーに用いられ、特に皇帝の冠に付けられた。一方で真珠は目のように円く満月のように輝くものであるため、医者や道士が白内障やその他の眼病に対して砕いて処方した。特に道士は真珠が長寿の力を持つとも考えていた。

日本から中国への真珠の貢献の記録は、六五四年と八三八年に見える。日本では島根近辺、対馬、そして現在の養殖で有名な伊勢で真珠が獲られた。真珠の交易は利益が大きいことで知られる。一一世紀の『雲州消息』には大宰大弐が伊勢守に、中国商人が月のように明るい真珠を欲して九州に来ていることを知らせている。また、一三世紀の『宇治拾遺物語』(巻十四の六)には、日本の商人が高価な真珠を絹六〇疋で購入し、綾五千疋で中国に転売している説話がある。

このように史料上、交易における輸出品として金、水銀、硫黄、真珠が大きな位置を占めていた。これらの品やその他のものは、一三世紀の中国の明州の地方誌である『宝慶四明志』に列挙されている。

日本とは倭国である。その地は最も東にあり、日の出るところに近い。特産品としては木材があり、数年で囲みとなるほどに成長する。その国の人は五色の紙を作るのに長けており、金を切り貼りして蘭や花とする。その技巧は中国の及ぶところではない。その多くは写経に用いられる。銅器も中国より精巧である。日本の商船は東北の風にしたがってやって来る。

その雑貨は次の通りである。

高価なもの――金塊、砂金、装飾用の真珠、薬用真珠、水銀、鹿耳（薬用の鹿の角）、茯《ぶく》苓《りょう》（薬用植物）。

安価なもの――硫黄、螺頭（夜光貝等の殻）、合蕈《ごうじん》（シイタケか）、松材、柏（杉材か）、羅木の板。

（『宝慶四明志』巻六）

紙

上述の中国側の話で日本人は「五色の紙を作るのに長けている」とされている。日本で作られた紙は、すでに八世紀には優品であるといわれていた（第一章「唐との交易」参照）。その後一〇〇八年に宋の知識人が日本の公卿からの手紙を見て、その紙墨が洗練されていることを賞賛した。成尋も渡宋にあたって紙を持参しており、宋で贈物や支払の対価として使っていた。

それでは和紙にはどのような特徴があったのだろうか。日本に伝わった唐の紙は麻や楮《こうぞ》が原料であった。精錬され薄くなったパルプを簀《す》の上に注ぎ、それを漉して乾かした。いわゆる溜め漉き法であった。日本人は雁皮も使用して独自の技術を完成した。『延喜式』によると、平安朝では麻を用いた造紙は少なく、多くは楮と雁皮《がんぴ》の紙が用いられた。さらに日本はいわゆる流し漉き法という新たな製法を用いるようになった。紙料という紙の原料の液体を簀に入れてから、簀を振るいながら表面の液を桶に捨てて、紙の厚さを調整する方法である。この技術によって、より薄い品質の良い紙を作ることが可能になった。正倉院に溜め漉きと流し漉きの二種の紙が伝わっており、後者は日本製であると思われる（詳細は〈コラム5〉を参照）。日本製以外にも、朝鮮半島の紙も高い評価を得ていた。しかし一四二九年に朝鮮王朝の世宗は「和紙はしっかりした作りでありながら柔らかい品質であり、我が国にも導入するために製法を学ぶべきである」と命じて日本の製紙技術を修得することを目的のひとつとして使節を派遣している（『朝鮮王朝実録』世宗巻四一）。

『宝慶四明志』でいうところの「五色紙」は、異なった色の紙を並べてつなげた巻物であった。現在、こうした巻物を用いた経典が大津の西教寺などに残されている。

建築材や螺鈿細工

中国に輸出された品目の中でも新たなものとして建築材がある。具体的には松、杉、羅木《らぼく》などであった。羅木は「倭人居処」（本章冒頭参照）や『諸蕃志』に見える。後者には、

（倭国では）杉や羅木を産している。その長さは一四―一五丈、直径四尺余り、土地の人はこれを切って板材として、大きな船で運搬して泉州に至り貿易をする。泉州の人が倭国に至ることはまれである。（『諸蕃志』倭国条）

とある。羅木は檜であると推測されることもあるが、それについては〈コラム5〉を参照されたい。平安時代以降の木材の取引についてのいくつかの例が知られる。例えば一三世紀に明《みょう》庵栄西《あんえいさい》、重源《ちょうげん》、円爾《えんに》が修繕事業を支援するために中国の寺院に木材を送っている。この時代以降、建築材はたびたび日本で荷積みされて中国へ送られたのである。

絁や麻布のような織物は、九世紀までは輸出において重要な位置を占めていたが、その後は輸出品目から姿を消した。日本の織物は、織物生産が高度に発達していた中国においてはおそらく関心をひくものではなかったのであろう。

以上の日本の産物の輸出以外に、私的あるいは公的な贈物も大陸にもたらされることもあった。それは主に高級工芸品であった。一〇一五年、一〇七八年、一一七三年に宋への贈物が、一〇七二年、一〇八七年、一〇八九年には高麗への贈物があったことが知られる（第二章参照）。『宋史』には奝然が九八八年に宋皇帝に贈った、青木の箱に納められた仏典、螺鈿花形平函に納められた琥珀、青紅白の水晶、紅黒の木槵子《もくかんじ》の念珠、螺杯二口を納めた毛籠、法螺二口、染皮二〇枚を納めた葛籠、髪鬘《はつまん》二個を納めた金銀蒔絵筥、藤原佐理《ふじわらのすけまさ》（九四四―九九八）の手書二巻や進奉物数一巻、表状一巻を入れた金銀蒔絵筥、金硯、鹿毛筆、松煙墨、金銅水瓶、鉄刀を納めた金銀蒔絵硯筥、檜扇二〇枚、蝙蝠扇二枚を納めた金銀蒔絵扇筥、赤木梳二七〇と龍骨一〇橛《けつ》をそれぞれ納めた螺鈿梳函、螺鈿書案、螺鈿書几、白細布を納めた金銀蒔絵平筥、貂裘（貂裘か）一領を納めた鹿皮籠、螺鈿鞍と轡、銅鉄鐙《あぶみ》、紅絲鞦《しりがい》、泥障《あおり》（馬具）、倭画屏風一双、硫黄七〇〇斤などの携行物がリストアップされている（巻末付録表B参照）。

ここに記された数多くの品物や先の物品リストのうち、そのいくつかは中国への輸出量を増大させており注目される。第一には螺鈿の木製品である。八世紀に大陸起源の螺鈿の品が日本にもたらされた。螺鈿の品は約二〇個――机、楽器、函、容器など――が正倉院に残されている。それらのほとんどが木地に直接文様形を彫って貝片を嵌める木地螺鈿であった。それ以外には鼈甲、琥珀、ガラスを嵌めたものもある。後に中国ではこの装飾技術が衰えたが、日本では逆に発展した。一〇世紀以降、唐風の木地の螺鈿技法と違って日本では螺鈿の輝きを引きだすために漆生地に貝薄片を装飾するようになった。例えば、上記の九八八年に奝然が宋帝に献上した木地螺鈿工芸品に対して、一〇一五年に藤原道長が宋へ贈ったものは漆地螺鈿の品々器であった。こうして日本の工芸技術は中国から賞賛されるようになっていった。一一世紀の終わり頃、宋の『泊宅編』三巻によると、「螺鈿はもともと倭国が起源である。その様式や多様性はすばらしく巧みであり、中国で手に入るものとは全く異なる」と評価された（森克己一九七五c、四一六頁）。螺鈿が中国起源であることがかすんでしまうほど、日本の技術は優れていたのである。同じ時代に高麗でも螺鈿細工が著しい発展を見せ、中国、そして日本にも贈物として輸出するようになった。日本の螺鈿細工は、この頃の漆器の数ある装飾技術のひとつにすぎなかった。他にも平脱という金、銀、錫など金属製の裁文を漆面に装飾する技法などがあった。

これらの技術は元々大陸の木器工芸に起源があり、正倉院宝物にその名残が見てとれる。

平安時代にもう一つの漆器の装飾技法である蒔絵が大きく発展した。日本に残っている最も古い蒔絵は正倉院にある中国刀の鞘と一九八六年に奈良で発掘された考古遺物である。中国に残っているそうした工芸品はわずかであり、蒔絵技術の進展についてはほとんどわかっていない。平安時代では藤原道長は螺鈿の漆器だけでなく、金銀蒔絵の漆器も宋へ送っている。

日本は特に次のような技法を活用した。第一に、乾いてからの漆生地にまだ液状の漆で描いた下絵に純金や銀の粉が下絵の通りに固着するように散りばめた。その後、金粉を撒いた箇所を乾かし、漆を重ね塗りして磨き出した。その装飾は平蒔絵という浅い磨出法である。第二に、重ね塗りの後、全体を研炭や砥石の粉を用いて蒔絵部分が表れるまで何度も磨く研出蒔絵である。この手法は一二世紀まで一般的であった。第三に、最初に描いた模様を、漆に木炭や砥石を混ぜた泥粉で盛り上げる高蒔絵である。金銀蒔絵の漆の工芸は、平安時代以降、貴族たちに高く評価された。そして、この優美な工芸品は数百年にわたって中国や朝鮮半島への贈物とされたのである。

扇子

その他の日本の製品としては、扇子が他国に好評を博した。それまで中国の古式な椰子の葉を円く固定した団扇が知られるのみであったが、八・九世紀に日本で摺り畳み扇子が創案されたのである。扇子には二種類あった。ひとつは檜の薄板に糸を通した檜扇であり、もうひとつは骨組みとなる薄板を減らし、和紙を折り込んだ蝙蝠扇である。

扇子は貴族の間で儀礼的にも実用的にも幅広く用いられた。朝廷儀礼や日常的な所持品として男女を限らず衣装の一部としてあらゆる場に及んだ。蝙蝠扇は暑い時に心地よい風をもたらすとして夏扇とも呼ばれた。女性にとって、扇子は絵が描かれるところからも嗜好品でもあった。一方、男性の間では絵のない簡素なものが使われていた。

蝙蝠扇は本章冒頭でも挙げた、一三世紀の『癸辛雑識続集』でもふれられている。ただし、それ以前にも奝然が檜扇二〇枚、蝙蝠扇二枚を宋の太宗に献上している。さらに、一一二三年成立の『宣和奉使高麗図経』には、画摺扇に「日本の風景、人馬、女子を描く」と記している。高麗から宋への外交使節も、日本から輸入した扇子を宋への朝貢品として贈るようになった。だが、中国では日本や朝鮮との交易において扇子を目にする機会は時折あったにしろ、一五世紀までは扇子の使用は上流階層に広まることはなく、椰子の葉を円く固定した団扇が使い続けられた。とはいえ、扇子はエキゾチックな品として早くから中国で評価されていたことは、次の記述からもわかる。

熙寧年間（一〇六八―一〇七七）の末、開封の相国寺に行くと日本の扇を売っていた。漆の柄に青い紙を付け、あおぐようにしている。淡い粉で風景を描いている。その景色はだれもいない庵に鷗鷺がたたずんでいる。八、九月の頃である。漁師が蓑を着て釣りをしている。空は曇り気味で飛ぶ鳥がかすかに見える。その筆遣いは絶妙で、中国で絵が上手な者でもなかなかそこまでいかない。ただ値段はとても高く、その頃（私は）貧苦にあえいでおり、買うことはできなかった。そのことは今でも悔やまれる。その後、再び市を訪れた時には、もう売っていなかった。

（『皇朝類苑』巻六〇）

この記述から、中国では特に扇子に描かれた絵に注目していたことが分かる。伝存する当時のものとしては国宝の扇面古写経が四天王寺等に残っている。烏帽子をかぶった若い貴族や、十二単を着て柳のもとに座る宮廷女性などが、金箔で美しさを増した藤色を下地として大和絵の手法で描かれている。平安時代の衣装を身につけたその姿と金の輝きをもつ優美なできばえの大和絵は、異国的な珍しさを際立たせていたに違いない。後に元の夏文彦《かぶんげん》の『図絵宝鑑』は「日本の風物や山水を描いている。色遣いはたいへん豊かである。金箔を多く用いている」と述べている。

大和絵は扇面にも同様に描かれた。絵が画かれている扇面は九八三年に奝然《ちょうねん》が宋に持参しており、他にも一〇七三年に王則貞が高麗国王に画屏を進めたことが確認できる。その頃の宋朝は日本の山水の風景図と風俗図の扇を所蔵していた。一五世紀になると朝鮮が日本の扇をモデルにした模造品を生産して中国に輸出したが、その背景には明代の知識人階層が日本の扇子に絶大な関心を寄せており、扇子は最も好まれる輸入品となっていたからである。

刀剣

日本の対外輸出で重要性を増していった製品として刀剣がある。一一世紀後半には日本商人によって高麗に密かに輸出されており、一一七三年になると平清盛が宋朝へ送った贈物のなかに見える。日本刀は一一世紀半ばにはすでに宋で知られており(後述)、商人がなんらかの機会に中国へもたらしたことは間違いない。唐代の頃から中国では、特に四川で刀剣を鋳造しており、対外的にも高麗の剣、北方の刀、あるいはペルシャから鑌鉄《ひんてつ》という上質の鉄を輸入するようになった。

日本では弥生時代に青銅の武器を用いており、紀元前一世紀頃に朝鮮からの渡来人が鉄器をもたらした。大刀、槍鉾、短剣などである。当時の鉄剣はまっすぐな直刀であった。七、八世紀の直刀としては、金銀鈿荘唐大刀等が正倉院に残されている。なお正倉院文書では、中国製の唐太刀と中国式の国産の唐様太刀を区別している。一〇世紀頃から日本で刀剣の生産は転機を迎え、中国式の刀剣生産とは異なる道を歩むようになったのである。

その後、日本の刀は刃部が湾曲して長くなるという形態変化を遂げる。一〇—一二世紀に柄頭が比較的大きくなり、手元で湾曲し、打撃点までの刀身はまっすぐになった。その全長は八〇センチメートル程度である。刀鍛冶は鎌倉時代後半にピークに達した。刀は大きくなったが、刀身は手元から打撃点まで均一的である。曲がり具合はそれ以前よりも目立たなくなり、刃の真ん中ぐらいまでとなった。主なタイプとしては、太刀と、湾曲していない短刀があった。一四世紀になると長い柄の長刀（槍）がそれに加わった。一方、同時期に刀剣において古式なものが再び現れるようになった。打刀という六〇センチメートル程度の中間的な大きさで刃は湾曲しており、すばやく抜くのに向いていた。一五世紀に戦国時代に突入すると中くらいの大きさが主流となった。したがってこの時代は刀鍛冶の活動が活発で、大量生産されたのである。そして中国にも膨大な数が輸出された。

日本の刀鍛冶は特に斬新な作刀技術を編み出した。もともと直刀は一種類の錬鉄を用いて作るものであり、折り重ねる鍛錬をくり返した。硬度を高めた鉄剣は切れ味がよくなるが折れやすく、一方、柔鉄ではなまくらで曲がりやすくなった。日本刀になると、錬鉄と鋼のあわせ鍛えによって鋼鉄の刀剣が製作された。柔らかい鋼の刀身（約五回鍛える）、しなやかな側面（約七回）、硬い刃（五〇―数百回）と工夫を凝らした。日本刀の鍛造は、焼入れした鋼を急冷させず徐々に冷やして表面を軟化させた。刀匠は不均一に鍛え、それによって鍛造の跡を残した刃文という模様が生み出され、美しい輝きをそなえるようになった。そのため日本刀は、曲がっていて複雑な構造で輝きをもつのを特徴とするようになった。一三世紀以降、その質はさらに改善され、その技能は比類ないレベルに至った。

平安時代には刀はまだ大量に輸出されてはおらず、武器というよりは装身具であった。一一世紀になると中国は日本刀に美を見出すようになった。欧陽脩（一〇〇七—一〇七二）が詠んだ「日本刀歌」という詩では、モチーフとして日本刀を取り上げ、日本刀の技術への賞賛と中国ではそうした文化が失われたことへの悔恨を同時に述べている。

昆夷との道は遠く、もはや通じていない。世に玉を切ると伝えるが誰がそうした力を極めるであろうか。宝刀は近いところでは日本で作られており、越州の商人が海東より入手してくる。魚の皮をはめ込んだ香木の鞘、真鍮と混じりあう銅。大金でなければ入手できず、身につければ妖凶を祓うことができる。その国は大島にあり、土地は肥沃で良い風俗であると伝えられている。その先祖は徐福が不死の仙薬を探すと騙《かた》って秦の民を連れて留まり、同行した童子が年老いていった人々である。百種の工人と五穀があり、今まで作られた玩器（珍物）は皆精巧である。唐朝への朝貢でたびたび来朝しており、遣唐使はいずれも詩作に長じていた。徐福が出発する時に始皇帝の焚書はまだ行なわれておらず、散逸した多くの書物が日本には残っている。しかし、厳として中国に伝えることを許さず、そのため世に古文を知る人はいない。昔の典籍は夷狄が所蔵するものの、広大な海のために往来する者もいない。ゆえに人は激して涙を流す他なく、それに比べて錆びた短刀がどれほどの足しになろうか。

（「日本刀歌」、石原道博一九六〇参照）

日本刀の美しさによって欧陽脩は中国で失われた様々なものを思い起こし、そうした文化の喪失を嘆いている。欧陽脩が日本の工芸技術の高さを述べているくだりは重要である。詩が賛辞によって過度に表現されているとしても、その叙述はある程度の事実に基いていると考えるべきである。大和絵や蒔絵への眼差しと同様に、時代は違えど同じフレーズで賞賛されている和紙、螺鈿細工、扇子への中国の高い評価を今でも読み取れる。これらの製品は日本人による新たな技術改良の成果であり、こうした精巧な製品に対する海外からの希求はそれに基いていた。日本製の物品の品質に対する名声はここにおいて確立したといえる。高度なレベルに達した品は、はじめは異国への贈答品として送られ、次第に対外交易の基盤となっていった。それらは一四世紀以降、日本より中国へ輸出された主要な品物として現れる。それゆえ平安時代は日本における交易の成立期と位置づけられるのである。

〈コラム3〉唐物への憧憬

平安時代に貴族は唐物を愛好し、宮廷生活において必需品として取り入れた。鎌倉時代になるとそれは武家社会の茶会で重要な役割を担うようになり、室町時代には幕府や大名の文化において中心的な存在になるほどであった。中国側もそのことを知っており、日本で「中国の綾絹は珍重され、……その地に香材がないので、たいへん貴重である」（第三章冒頭参照）と記されている。一六世紀に明の地理書『籌海図編』には「倭が好む物」という視点から中国から見た日本における唐物がリストアップされている。このように長い間、唐物は日本で憧憬されていたといえよう。『広辞苑』によると唐物（韓物）は一般名詞としては広い意味で、中国、朝鮮半島等の諸外国から舶来した品物である、と説明されている。だがさらに詳しく追究すると、唐物は日本の文化において特定の役割を果たしていたことが見えてくる。

近年、唐物は歴史や文学の研究者の注目を特に集めている。本書のフランス版では唯物論的な観点から唐物の種類や材質を論じた。しかし、皆川雅樹は唐物に付与された観念の背景について独自の視角から切り込んだ。また、関周一は社会に対する唐物の影響についててていねいに論じている。著者の研究では、これらの観点からのアプローチをあまりしておらず、こうした専門的な研究に依拠したい。本書にとっても、具体的なデータに全体的な優れた枠組みを提供してくれる。

まず、九世紀前半の時期について、茶道史では、嵯峨朝における喫茶文化が特質される。この時期の「唐物」について筆者は、「唐物」の初見記事である承和六（八三九）年の史料を中心に検討を加え、「唐物」は承和の遣唐使を契機として使用された語であり、「日本」王権が「外来品」の先買・独占を意識して使用した語であることを指摘した。また、その背景には、八三〇年代前後、唐・新羅等において「内」「外」に対する「外来品」への対応・活動を見てとれることと連動していることを指摘した。さらに、九世紀後半以降になると、「日本」王権が列島内において先買を行使する「唐物」使の派遣が開始される。「唐物」使は、外国商船の来着報告を博多の大宰府から受けた中央政府が、蔵人所から大宰府に派遣し、外国船の積載貨物を臨検し、（官司）先買権を行使して、公的貿易（決済は金・米等）を行うための使であり、十一世紀前半まで、「日本」王権が「唐物」を獲得する手段として存在した。
次に、「唐物」と規定した一三世紀前半という時期は、茶道史において大きな意味を持っている。それは禅僧の栄西が新製法の茶（点茶法）を『喫茶養生記』（一二一一年成立）に著して以降、喫茶そして茶の湯が広がっていくからである。また、栄西の「中国」渡航以降、禅僧による「中国」への渡航が頻繁となり、それに伴う貿易船の往来によって一四世紀前半には、博多や京都をはじめ、鎌倉でも「唐物」ブームが起こることとなる。その次に、一五世紀は、茶道史とも密接に関わりのある「唐物」奉行が室町幕府により制度化され、「唐物」の鑑定が幕府主導によって行われ、さらに幕府周辺において「唐物」の贈答が行われた時期でもある。「唐物」奉行は、将軍足利義教（在職一四四九―七三）の時代に同朋衆から任ぜられ、能阿弥（一三九七―一四七一）・相阿弥（?―一五二五）等がこの職務に当たった。また、能阿弥・相阿弥によって、義政の東山殿の座敷飾りに関わる「唐物」の鑑賞・鑑識について記した『君台観左右帳記』（一五世紀後半以降成立）や『御飾記』（一五二三年成立）が残されている。（中略）
以上のように、平安期から室町・戦国期の「唐物」をめぐる状況を見ていくと、「唐物」は、海を経て日本列島に舶来され、「日本」側の人々による働きかけ（先買・目利き等）によって認識・判別されるモノであり、それは常に権力者（天皇・幕府・大名等）によって掌握・利用されることがわかる（皆川雅樹二〇〇六）。

以上、「唐物」という概念の基本的な知識について皆川は概述している。そこで唐物の中身について見ておこう。辞書では唐物が舶来品あるいは輸入された品物の総称とするが、すべての輸入品についてそのようにいえるだろうか。例えば古代から中世にかけて中国からもたされた漢籍に対して唐物ということはあまりない。また仏画、仏典等の九世紀の入唐僧の将来品、あるいは朝鮮半島から日本に舶来された大蔵経の板版本や鐘、あるいは人参等の農産物、または明からの輸入銅銭等は「唐物」と呼ばれることはなかったようである。全ての輸入品が唐物というわけではなかった。

そして逆に、全ての唐物もまた輸入品であったわけではなかったようである。例えば、輸入品ではないにもかかわらず唐物と称されたものの中には、庶民の生活用具として水田や畑作で使う唐鋤、唐棹、唐臼等がある。貴族の生活においても、唐傘や唐織のような唐風日本製品があり、または唐櫃は日本で広く使われていた櫃であって唐とは無縁の調度品である。女性の朝服である唐衣《からぎぬ》もその一例である。唐衣は上半身の上着で、八世紀には「背子」と記されていた。

このように見てくると、唐物という観念の背景に特別な思考があったことが読み取れる。「唐物」とは「めずらしい」、そして「高級」な珍品として意識されているものであり、河添房江のいう「ブランド品」として認識されたものであった（河添房江二〇〇八）。そしてこのブランド品は貴族の生活で使用された。

唐物の国内流通についていえば、それが売買されることはあまりなかった。国内市場で商品として現れるものが一部あったとしても、唐物が日本国内の商業上において、その流通経済に大きく反映するものだったとはいえない。むしろ唐物は注文というかたちで輸入されることによって舶来され、直接注文者の手に入り、そして上流層の間で奢侈品として消費され、または贈答品として流通されたのである。関周一はそれを次のようにまとめている。

一一―一六世紀前半、宋商船や、寺社造営料唐船や遣明船などを通じて、中国大陸から京都に唐物が流入した。一五世紀には朝鮮王朝との貿易も開始され、特に同世紀前半には、明・朝鮮王朝・琉球王国の使節が京都を訪れて唐物をもたらし、唐物流入のピークを迎えた。

京都における唐物消費の事例としては、宴や儀式・法要の室礼や法会の捧物があげられる。贈答品の中にも唐物はみられ、天皇・院・足利将軍が臣下らに下賜する場合や、八朔のような年中行事において贈答される場合があった。贈答品の中には、伝世品も含まれていた。

一五―一六世紀には、独自に貿易を行っていた島津氏・大内氏らから京都に唐物がもたらされた。島津氏が、将軍・公家に対して、琉球王国・朝鮮王朝から入手した唐物を積極的に進上したのに対して、大内氏の唐物進上は、概ね、天皇・公家に対して、しかも特別な便宜を受けた場合に限定されていた。大内氏は、将軍への進上品については太刀・銭を基本としていた。また贈答品を流用・循環する事例もある。

一五世紀後半、京都における唐物流入が減少するのにあわせて、武家の贈答品は太刀・銭などにほぼ固定する傾向にみられるようになり、唐物の占める比重は小さくなった。

また貿易の拠点であった博多における贈答品の中には、唐筵・高麗木綿・胡椒などがみられた。鎌倉は、一四世紀前半、唐物ブームを迎えていたが、一五世紀以後も贈答などによって唐物がもたらされたと推測される（関周一 二〇〇二、八七頁）。

このように、唐物は日本国内において商品として市場で流通するよりは、一つ一つ貴重品として保有され、もしくは贈答品として貴族や武家の間で交換されるものであった。それは単なる奢侈品ではなく、宮廷文化や茶の湯文化と深い関わりを有する文化価値の高いものとして評価すべきものである。

第四章　自由貿易の高まり

一二―一四世紀

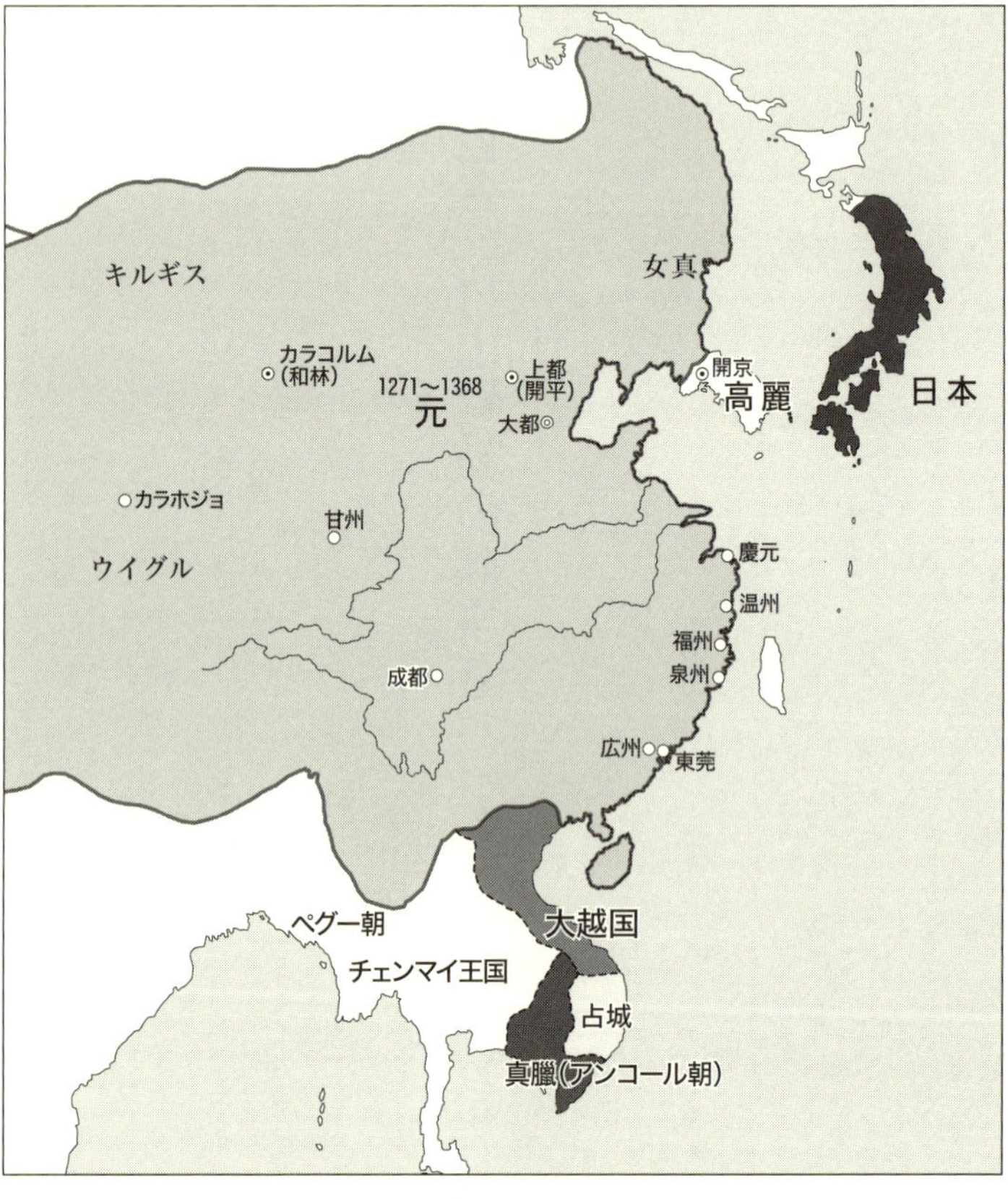

地図4　13—14世紀の東アジア

日本人は大勢が荒波を越えて船に商品を積載して売りに来ており、市舶司はこれを管理する。輸入税を徴収し、国のために専買品を買い入れる。しかし輸入品で国家に有用なものは硫黄と板木（木材）のみである。

（『開慶四明継志』巻八）

このように記す『開慶四明継志』は一二五九年に梅応発等が明州について記した地誌であるが、この記述は一三―一四世紀の国際貿易の進展を象徴している。

これ以前の平安時代には日本船の海外渡航は朝廷によって禁止されていたが、それにも関わらず荘園や大宰府に委託された商人が一一世紀後半以降、高麗に赴くようになった。さらに一一七五年以降は宋の明州において日本船の到着が確認される。日本側の史料はこのことについて沈黙しているが、『宋史』に明記されている。そこには次のような事件も報告されている。

一一七五年に日本船の船員である滕太明《とうたいめい》が中国人の鄭作《ていさく》を殴り殺した。皇帝の詔によってその裁判は船長である綱首に託されたのである。中国ではすでに唐代から、例えば広東に住むアラブとペルシャなど外国人の犯罪はその本国の法に照らして処罰するという条文がある。それが滕太明にも適用されたのであろう。

翌一一七六年にも日本船が明州に来航したが、漂流して食料がないと申告している。そのうち百人余りが南宋の都の臨安府（現在の杭州）にまで行っている。彼らは詔によって、日本から別の船がやって来て帰国するのを待つ間、毎日米二升（一キログラム以上）と銭五〇文が支給された。一一八三年にも七三人の日本の一団が浙江に漂着し、州の救荒用の銭や米が与えられている。ただし、おそらくはそれほど困窮していなかったであろう。こうした日本船は宋の沿岸の港や貿易について様子見に来たものと思われる。日本では高麗についての知識はあったが、宋の事情についてはまだよく知られておらず、その情報や物資について本国に伝えたことであろう。ここに挙げたこの時期の日本と中国の交流はそれだけではない。

一一七九年に九条兼実（一一四九―一二〇七）は、中国から流入してくる宋銭について国内経済によくない影響を及ぼしていることに不満をもらしている。『百錬抄』にも「天下の上下、病悩す。これを銭の病と号す」（治承三年六月二〇日条）と記している。この宋銭は日本人商人だけでなく宋商人を通じてももたらされたと思われる。例えば一一八〇年には、宋商人が大輪田泊に到来して京の公卿に薬を売っている。

さて、この時期には平清盛（一一一八―一一八一）が現在の神戸にあった大輪田泊（後の兵庫津）の修築という重要な事業を敢行した。清盛が力を持つようになる前は、外国商人は博多やその他の九州の港湾を出入りするくらいだった。これに対して清盛は、一一七〇年に独自に宋商人を大輪田まで呼び寄せ、上皇との面会も取り計らった。平安時代に私的交易は禁じられていたにも関わらず、公卿であった清盛はそれを公然と強行し、これが日本における一二世紀にわたる私的貿易の始まりとなった。

一二世紀後半には対外交易にも大きな影響を及ぼす、日本の権力構造の大きな変化があった。

いわゆる源平の争乱である。皇位継承と国家の主導権をめぐる対立によって上皇、摂関、皇子がそれぞれ源氏と平氏の武士団を引き込み、半世紀に及ぶ争いとなったのである。一一五六年の保元の乱と一一五九年の平治の乱において平清盛が勝利を収め、その後、国内三〇カ国と主として瀬戸内海沿岸の西日本における数百の荘園の支配権を掌握した。そして清盛は太政大臣として朝廷の要職に就き、一一六八年には出家して一門に後を継がせたものの、その采配を執り続けた。

しかし平氏政権の栄華は長くは続かず、一一八〇年の以仁王《もちひとおう》の挙兵以降、平氏は源氏との争いを繰り広げることになり、一一八五年に壇ノ浦の合戦で滅びた。源氏に目を移すと、源頼朝（一一四七—一一九九）は東国すなわち関東の支配権を確立し、一一八〇年に鎌倉に拠点を置いた。頼朝は後白河法皇（在位一一五五—一一六八）に接近し、一一八三年にはいわゆる寿永二年一〇月宣旨を受けて政治的・経済的支配を公認され、朝廷から東国九カ国の支配と年貢取立ての権限を得ている。残りの諸国は源義仲（一一五四—一一八四）と平氏、奥州藤原氏が支配していたが、頼朝がそれらを圧倒することとなる。

さらに一一八五年に平氏が滅亡すると、頼朝は全国の守護の任命権を獲得した。守護の職務は軍事と警察であった。また御家人にその所領や国衙領や荘園からの徴税等の権限を認める地頭職を置いた。頼朝は自らに仕える御家人にこれらの職を授けて鎌倉幕府を樹立、武士の統率と支配領域内の国衙領や荘園の管理を行なった。一一九二年には自身が朝廷から征夷大将軍に任じられ、公的な軍事権を掌握した。ただし将軍職自体に行政権はない。その後、幕府の行政・司法の権限は執権職を通じて北条氏の手に帰した。

日本では地方の武士が中国のように皇位を奪取することも、王朝を打倒することもなかった。むしろ朝廷の弱体化で力を伸ばすようになると、王権にその権利を認めさせようとした。これによって幕府と朝廷は、鎌倉時代から江戸幕府が滅ぶ一八六八年まで共存することとなった。

こうした権力の新たな展開は、日本の経済や対外交易にも新局面をもたらした。租税や荘園の年貢からなる収益の再分配は経済を多角化するものであった。そもそも平安時代には年貢の集まる拠点は京都と仏教都市であった奈良だったが、第三の核として鎌倉が出現したのである。輸送体制も拡充し、市は集積と消費の中心である京、奈良、鎌倉といった主要都市のみならず地方でも増えていった。新たな市は、ちまた、港湾、国府、寺社の門前などに設けられた。こうした市は常設ではなく月に三回程定期的に行なわれ、寺社、国司、荘園領主などが運営し、津料（市場税）を徴収した。しかし交易はまだ循環的な交換取引の段階を脱していなかった。国家財政や荘園経済の基盤はまだ課役や年貢の徴収から成り立つ体制であり、それが根底からくつがえることはなかった。

とはいえ一二世紀末の新たな権力構造、つまり幕府と朝廷の共存という体制では全国的な統制力は弱かった。その結果、対外交易でもその管理は弱まらざるを得なかった。日本の港において事実上、外国人の来着は制限されることなく受け入れられた。来航に三年間の間隔を空ける年紀や日本人の渡航を禁じる渡海禁制はもはやこの時代には表れなくなった。ただし、それは朝廷が対外交渉を公認したためではなく、規制しようとする意思を貫徹できなかったことによるものである。一方、幕府は対外交易に関心を払っていたが、九州における支配力は平氏に比べて弱かった。鎌倉幕府が対外交易において強力な立場を確立するまでにはさらに数十年を待たねばならなかった。

一一八五年の壇ノ浦での勝利の後、源義経（一一五九—一一八九）等は、九州で得た唐錦一〇端、唐綾羅絹等一一〇端、南廷（銀錠）三〇枚や唐墨、茶垸具、唐筵等を頼朝や北条政子（一一五七—一二二五）に贈っている。これらは全て宋から入手したものであった。

この時代、日本の権門勢家等から委託された多くの商人たちが日宋間を往来した。当該期の貨幣の流通状況について述べた『宋左史呂午公諫草』には、宋沿岸の州県の状況が語られている。それによると南宋孝宗（在位一一六三—一一九〇）の代以来、日本や高麗からの貿易船が毎年明州に来着して物々交換を行なっていたが、当該期には貨幣での支払を求めるようになったという。それは宋から日本への貨幣流出を引き起こすこととなった。

一一八六年前後には珍しい事件が発生している。頼朝が御家人の忠久なる者を、九州の治安維持を担う鎮西奉行に任じた。同じ頃に宋の商船が薩摩の坊津に来着した。坊津は近衛家の荘園である嶋津庄に属していたが、その交易品を朝廷が従来定めていた決まりに則って大宰府官人が押収しようとした。これに対して嶋津庄の荘官が近衛家の立場から大宰府に不満を述べている。その上、近衛家は幕府に宛てて書状を送っている。それによると、坊津での交易は常に嶋津庄が管轄していたにも関わらず大宰府が先例を犯している旨を開陳している。幕府はこの訴えを受理し、幕命に従うよう大宰府に命じた(島津家文書二九八号)。近衛家は坊津の事件によって、従来、朝廷が違法であると見なした私的交易に関する慣習的な特権を幕府に認めさせたのである。この一件に朝廷は直接関与していないが、この事件は朝廷が任命する大宰府と幕府が任じた鎮西奉行の衝突を示すものでもある。幕府と朝廷はこうした衝突をくり返す中でそれぞれの支配権の範囲を再構築していった。

一方、商人は権力側の規制に捉われずにたびたび日本にやって来た。宋船は一一一九年、一二〇〇年、一二一一年にそれぞれ来到している。一一九一年の来着地は平戸、一二〇〇年は石見国であった。このうち一一九一年に来た船頭の楊栄とその仲間の陳七太は宋から逃亡した犯罪者であった。宋朝は書状において、両者が宋で犯罪を犯したが、楊栄は日本生まれであることから彼らを大宰府が処罰すべきことを述べており、大宰府は京の朝廷にその処置についての指示を求めている。これに対して日本船の宋への来航も中国側の史料に記されている。一一九三年にいわゆる漂流民が江蘇の泰州と浙江の秀州に漂着しており、現地の役所からの食料供給を受けた。同様のことは一二〇〇年と一二〇二年にもあった。その中には身元が判明する者もおり、その名は庄次郎といった。

この時期の日本は宋との貿易は盛んであったが、一方で高麗との関係についての情報はあまりない。とはいえ、一二二三年には「倭、金州を寇す」とあり、二年後の一二二五年にも倭船二艘が高麗南部の慶尚道沿岸を荒らした。一二二六年にも同地域において、倭の海賊が一〇艘の一団で略奪、焼打ちを行なっている。高麗軍は賊を数名捕らえたが、その他は逃げていった。こうした海賊活動は一四世紀になると悪化し、それ以来、高麗の史料で「倭寇」とよばれるようになる。

海賊の出現

一二二〇年代の海賊の実態はいかなるものだったのであろうか。海賊は対馬、壱岐や九州北部の松浦から来た。彼らの出身について不明なことが多いが、松浦地方の海賊については様々な説が考えられる。肥前国は大宰府に海産物等を税として納めていたが、松浦地方で徐々に中央支配から逃れる土豪が現れるようになる。そうした原因のひとつとして田の開発が挙げられる。開墾を主導した有力な土豪が小領主のような権限を掌握し、地域支配において力を振るったのである。そのなかで身を守るため等、様々な理由で船団を組んで武士団を結成した。それは、源平の争乱において西日本に勢力を張っていた平氏に刺激された可能性も大いに考えられる。平氏滅亡後に松浦の武士たちは源氏の御家人となり、私的な護衛の役目を負ったり、あるいはこの地方の支配階層に従属するようになった。松浦の小領主達は一体的な連合体を形成することはなく、その場の状況に応じて連携をとって行動したのである。一二二六年の高麗襲撃の時もこのようなかたちをとっていたようであり、日本の史料では松浦党とよんでいる。朝廷はあからさまに松浦党を非難している。公卿等は、高麗との関係が悪化すると高麗沿岸に漂着した入宋交易船を救助してもらえないため、日宋交易が阻害されることになると論じている。こうした貿易船の救済処置に限られる論調を見る限り、朝廷側は高麗を貿易相手国とは見なしていなかったことがわかる。

その後も海賊の活動は止むことはなかった。一二二七年にも再び二艘の倭賊が金州を襲撃しており、高麗は日本に対して不満の意を伝えている。高麗全羅州の按察使は、大宰府に宛てた牒状で海賊の活動を非難している。この書状によると、長年「対馬からの倭人」が高麗に方物を持ってきており、高麗も特別な客館で接遇していたが、倭人の乱暴が起きると両国の友好関係が中断されることになり、それは望ましくないとの旨を述べている。大宰少弐武藤資頼《むとうすけより》（一一六〇―一二二八）はこの高麗の牒を幕府に送り、一方でその写しを朝廷に進めている。その一方で、上からの指示を待たずに賊九〇人を使者の目の前で処刑し、謝罪の返牒を高麗に送っている。だが朝廷はこのことについて厳しく譴責している。朝廷からすると資頼の行為は恥ずべきものであり、返牒の作成も越権行為と捉えたのである。

朝廷に仕える者として大宰少弐の資頼は朝廷の命に従わねばならなかったが、罰せられなかった。それではどのようにしてその罪を免れたのであろうか。理由は資頼が幕府に忠誠を誓う御家人だったことである。特に一二二一年の承久の乱で朝廷が敗北して以来、幕府の西日本に対する威光も徐々に高まっていった。承久の乱で首謀者の後鳥羽・土御門・順徳上皇は、それぞれ流罪、仲恭天皇も廃位となり、朝廷の広大な荘園も大幅に没収、そして幕府は朝廷の監視役として京に六波羅探題を置いた。一二二六年に幕府は、すでに九州で最も有力であった資頼を大宰府の実質上のトップである大宰少弐に任命した。幕府は、外交を管轄する大宰府の人事権を掌握して事実上、対外関係を押さえたのである。

一二三二年に幕府は御成敗式目を定めた。海賊を処罰の対象とする第三条では、夜討、強盗、山賊、海賊の取締りが守護の職務であると規定している。同年、松浦党の一党が高麗を襲った時、この規定が適用される機会があったと思われる。

こうした交流のなかには両国の関係を良好にする出来事もあった。一二四三年、一二四四年に日本側は方物を送るとともに高麗の漂流民を帰国させている。高麗との交易関係を樹立もしくは改善する目的で大宰府か対馬国司が行なったものと推定される。一方、高麗も漂着した日本の貿易船から綾、絹、銀、真珠等を略取した州境の役人を処罰している。

だが良好な関係は永く続かず、再び襲撃が目立つようになる。一二五一年に高麗は倭賊の来襲に備えるため金州沿岸の防備を固めたが、それでも一二六〇年代に数回の襲撃があった。高麗は日本に再び不満の意を伝えている。『高麗史』巻二五によると、海賊が日麗間の隣好関係と貿易、従来の管理交易をも阻害することを一二六三年の書状で述べている。その書状には、毎年日本から派遣される進奉船という二艘の船からなる儀礼的な使節と両国「和親の義」についてふれられている。この「和親の義」は、大宰府あるいは肥前、対馬が高麗と交易関係を作り上げ、海賊を討とうとしていることを窺わせる。ただし、残念ながらこのことについての詳しい情報は残されていない。

宋銭の輸入

再び中国へ目を向けよう。中国については渡宋した僧侶の残した数多くの史料が、一三世紀における日宋間の恒常的な往来を示している。推定でも七〇人以上の僧侶が海を渡り、その大多数は日本から派遣された交易船に便乗した。あるいは九州に住む宋人の商船の場合もあった。こうした宋人居留民は一二世紀から住み着いていることが多かった。一例としては博多に住んでいた宋商の謝国明が、円爾《えんに》（一二〇二―一二八〇）という僧が承天寺を開山するのを支援したという例を挙げられよう。

一三世紀中頃には宋の沿岸部の観察使が、毎年四〇―五〇隻の日本船が宋に到来し、宋銭を持ち帰っていることを報告している。一二四二年には西園寺公経（一一七一―一二四四）が貿易船を宋に発遣している。公経は頼朝の姪を娶っており、朝廷の要職を握っていた。そして朝廷と幕府の緊密な関係を維持することに意を注いでいた。公経の貿易船は檜の木材で造った三間の家屋一宇を積載しており、それは宋の皇帝の見るところにもなったが、中国側の史料にはその記録が残っていない。この船は陰暦七月に帰国しており、その際、銭貨一〇万貫、鸚鵡、水牛を持ち帰っている。総計すると一億にも及ぶ額の銅銭は、一見するとありえないように見えるが、それは下記のことからも裏付けられる。

一二世紀中頃から本格的に始まった中国の銭貨の輸入は、日中貿易における新しい要素であった。九条兼実は一一七九年に社会が宋銭の流入に冒されて物価が混乱しているのを危惧したが、同時期の宋でも静江府の官司が日本や高麗への宋銭の大量流出を憂えている。そして、一一九九年に宋朝は、日本、高麗への銅銭帯出禁令を発したのである。ただし、日本や高麗だけがこの問題で禁令の対象とされていたわけではない。宋銭の海外流出は、一〇世紀以降、常に問題化している現象であった。銭貨の輸出に対する禁令は宋朝（九六〇―一二七九）の初期から発せられており、一二世紀半ば以降もくり返し出されている。他国の貿易船が宋を出航する時には、その積荷を検査するという処置を採るようになった。

くわえて雲南や広東にあった銅の鉱床が枯渇し始めたことも、銭貨鋳造が困難化する要因であった。それは極めて深刻な問題であり、一一五八年には宋朝は銭貨鋳造のために金属器や銅製品の接収を命じるほどであった。一二一九年になると、対外貿易における支払手段として銭貨の代わりに絹、陶磁器、漆器を用いるようにという処置が採られている。だが、そうした方法でも銭貨の流出をくい止めることはできなかった。そこで中国は、現在の紙幣のような交子、会子という手形に頼らざるを得なくなった。元代（一二七九―一三六八）になると、交鈔《こうしょう》という紙幣が国内流通における主要な取引手段となったのである。

さて、宋銭は他国でも用いられた。シンガポール、ジャワ、西南インド、さらにはソマリアやザンジバルといったアフリカからも宋銭は発見されている。そのため『宋史』巻一八〇に「銭は本《も》と中国の宝貨にして、今は乃ち四夷と共に用う」と述べられるほどであった。

日本もそうした国の一つであった。宋銭の輸入の初見は、中国の記録によると一〇九二年である。契丹が建国した遼から来た商人が日本に中国銭をもたらした。ただし、この時は銀貨だった。一一七一年になると、宋では明州が「南は閩広《びんこう》から諸国に通じ、東岸部は日本、高麗に接しており、北は山東に接している。銅銭を船に積載することを禁じ、違犯を厳しく罰するべきである」と上奏している。その後、宋朝は一一九九年に日本、高麗を対象とした銅銭帯出禁令を発した。一二一四年にも同様の禁令がくり返し出されている。

西園寺公経が派遣した貿易船が一二四二年に帰国した際に、宋銭一〇万貫（一億文）をもたらしたことは先述した。一二四九年にも沿岸を監視する宋軍が、慶元つまり明州（現在の寧波）で日本船を拿捕し、宋銭二〇万貫を押収している。こうしたことから日本が法を犯してでも銭貨を得ようとしていたことが窺えるのである。南宋の包恢《ほうかい》の述べるところによると、毎年一〇〇人以上の船員が乗っている日本船四〇―五〇隻が浙江の泰州、温州や福建、広東の港に到来しているが、当地には貿易船を管轄する市舶司はない。日本は、木材、螺頭（夜光貝の殻）、硫黄を売って銅銭を得ている。そして、検査官に賄賂を贈ったり、二重底にした船底や小船、小島に一時的に銅銭を搬出して隠すことによって官憲の検査の目を逃れたのである。上に挙げた毎年中国に着岸する日本船四〇—五〇隻の大半は、宋人の商船あるいは高麗船も含んでいると思われる。

＊（追記）なお榎本渉の研究によると、宋側で日本船や日本商人と見なされるものも必ずしも日本人ではなく、実際は日本から来た宋商人であることも多かった。宋元の対日貿易についての榎本渉の研究をあわせて参照されたい。

また数字に誇張があるとしても、こうした記事は事実を含むものであり、それは考古学的調査からも明らかになっている。一九八〇年代から、北は北海道から南は九州まで数十カ所の遺跡で数百万に及ぶ銭貨が出土しており、その七五％以上が北宋時代（九六〇—一一二七）の銅銭であった。

それでは中国銭はどのようにして日本に受容されたのであろうか。六国史によると七〇八—九五八年の間にいわゆる皇朝十二銭が鋳造されたことが記されており、それ以前にも七世紀に作られた貨幣（富本銭等）が出土している。ただし、そうした貨幣を流通させるための施策が八世紀以降採られたものの、いずれもうまくいかず、貨幣の流通は微弱なままであった。結局、古代社会においては物々交換が主流であり、米や絹が物々交換の対象であった。そして皇朝十二銭以後、日本では江戸幕府の一六三六年の寛永通宝の発行まで公的な銭貨鋳造がおこなわれることはなかった。
さて日本における中国銭の使用は、一一五〇年、一一六二年、一一七六年の文書にはじめて見えるようになり、その用途は土地、田地の売買であった。一一五〇年のケースでは東大寺近辺の敷地が二七貫文で売却されている。一一七六年には橘元清なる者が私領を五〇貫文で売っている。その後一三世紀中頃になると、土地取引には米よりも銭貨が用いられるケースが増えていく。土地売買が銭貨へシフトするということは、日本における貨幣経済の進展と評価できるだろう。だが、一二世紀には朝廷はまだ宋銭の流通については慎重な態度をとっていた。九条兼実（一一四九―一二〇七）は自らの日記である『玉葉』において「基広が銭の売買のことについて申し述べてきた。近年中国人からもたらされる銭が、日本で勝手に売買されているという。（法によれば）私鋳銭は八虐に処す。たとえ私鋳銭ではなくとも行なっていること（宋銭の売買）は私鋳銭と同じである。禁止すべきであろう。」（治承三年七月二七日条）と記している。公卿会議でも宋銭の使用を禁止する旨を定めている。そして、その違反は銭貨私鋳と同じ処罰の対象とされた。一一八七年には三河国において宋銭流通を禁じており、その後も一一九二年、一一九三年に同様の禁令が出されている。『法曹至要抄』所収の一一九三年の宣旨を引用しておこう。

今より以後、恒久的に宋銭の使用をやめるべき事。

左大臣は以下のように述べる。勅を承るに云々。銭貨の取引を禁止しなければ人々は争って交易し勝手に価格を決めてしまうことであろう。よって検非違使、京職に、これより以後宋銭使用を禁じる事を命ず。（巻中、出挙条）

このように禁令を出すのは、宋銭の使用によって物価が混乱するためであった。物価は京の市を管轄する京職によって定められており、需要と供給の関係によって変動することを国家は認めなかった。一〇世紀初頭に対外交易が規制された時にも、物価の統制は朝廷の主たる懸案であった。一一九三年になっても朝廷の関心は商業を統制し続けることであり、経済問題に向かうことはなかった。銭貨と米の交換についても交換比率の流動性を認めず、一二三〇年代の京都で銭一貫文は米一石（八〇リットル）と定められていた。朝廷は数百年前の固定物価を堅持する古い政策にこだわり続け、新たな改革をしようとはしなかった。

ただし、宋銭使用の禁令がたびたび出されたということは、その違反がくり返されていたということでもある。例えば一二〇〇年には商人と宋銭をもつ神社の社官の間で私的交易が行なわれていたが取引をめぐって傷害事件が発生し、検非違使はそれを隠蔽しようとしたものの、比叡山が告発するという事件が起こっている。

一二世紀後半から一三世紀初頭になると、銭貨は年貢の支払にも用いられるようになった。また、荘園から納める品物と交換できるようにもなった。一二二一年には、伊予の下難波郷が本所の領主に四八〇貫文を納めている。山城の草島荘では松尾社に燈油代として二〇〇文を進めている。幕府も一二二六年に布帛《ふはく》の代わりに銭貨で年貢を徴収することを定めた。幕府は朝廷と異なり貨幣の流通を認めたのである。ただし、それは主として幕府の直轄領においてのみ行き渡るものであった。

その後、貨幣による年貢の支払は広く行なわれるようになる。一二五〇年以前では六例が確認できるに止まるが、一三世紀後半には三〇例を越えるようになり、一四世紀前半にはさらにその三倍になる。銭貨による支払は年貢の輸送を容易にするものであり、特に物品の受け手にとってそのままの現品で消費されず、現地の市場で交換する場合に好ましいものであった。

一方、幕府は悪銭、すなわち質の悪い銭貨の流通という問題に直面することとなった。一二三九年に悪銭の禁令が出され、一二六三年にも再び発せられている。また悪銭だけでなく私鋳銭も行なわれた。それは一四世紀になるとさらに増加した。なぜ日本では中世に公的な貨幣の鋳造を行なわなかったのであろうか。実際、資源としての銅は日本にもあり、丹波と備中に銅鉱があったことが知られている。

＊（追記）だが、一三世紀になると銅が不足していたことは次の例から見て取れる。一二三五年には鎌倉五大堂の鐘を作るために銅銭を用いている。鎌倉大仏を作る際にも銭を集めている。つまり輸入銭は貨幣以外に地金として使われたこともある。このことについて二〇〇八年には銅の流通に関する研究が発表され、それによると経筒の原料も中国銭の可能性が高いという（平尾良光二〇〇八）。

こうしたこともあって中国銭は日本で普及しはじめた。いまだに米との交換率が定められており、日本国内で自由に使用されるものではなく、流通も地域的に限られていた。しかし、朝廷と違って幕府の姿勢は宋銭の普及を促す傾向にあった。それによって銭貨輸入の必要性は増加し、中国との貿易に対する依存率も高まったと想定される。

さて一三世紀半ばになると、中国との貿易は様々な様相を見せるようになる。一二五四年に幕府は大宰府があった筑前国に対して二つの命令を出している。ひとつは筑前の荘園を管理する地頭の責務に関するものであり、もうひとつは唐船（中国へ渡る貿易船）に関するものであった。幕府は鎌倉に停泊する唐船を五艘と定め、それ以上の船を禁じてその破壊を命じた。一〇年後、幕府は一一八三年以来支配していた東国九カ国において、博多から中国に船を派遣することをやめるように命じた（『追加法』巻四二二）。この時期の貿易に関する史料はほとんどないため、この二つの命令の解釈はきわめて難解である。おそらく乱用などもあったであろう。あるいは幕府が国際貿易を独占するための手段だったかもしれない。いずれにせよ一二八〇年代以後、幕府自身が唐船の派遣に関わるようになる。しかしその前に、日本は蒙古襲来という歴史的事件に直面することになる。

一二六八年一月、驚くべき知らせが伝わってきた。高麗の使節潘阜《はんふ》が来日し、モンゴルに降伏することを勧告するフビライ＝ハン（一二一五―一二九四）の書状をもたらしたのである。一三世紀初頭から大陸を席巻してきたモンゴルに対して、日本が初めて対峙した瞬間であった。

そもそもモンゴルは、本拠地のカラコルムからチンギス＝ハン（一一六七―一二二七）が北アジア・モンゴルに勢力を広げた国であった。支配領域の拡大はさらに続き、北京の金王朝、内陸アジアのホラズム・シャー朝、果てはコーカサス、ウクライナ、ポーランドにまで及んだ。チンギス＝ハンの死後、その跡を継いだ子孫も征服を続行した。そして、東は朝鮮半島、西はモスクワ、ハンガリー、ペルシャ湾にわたる巨大な帝国が構築されたのである。この帝国は一三世紀後半になると四人のハンによって分割統治されるようになり、フビライ＝ハンはその一人であった。フビライは北京を大都と称して都に定め、高麗の攻略に乗り出した。そして一二五九年に高麗は降伏した。フビライは一二六〇年に世祖として即位し（在位一二六〇―一二九四）、一二七一年に王朝名を定め、それ以後、大元（元王朝）と称した。

一二六六年に日本に使節を派遣したが日本に到達せず、結局何の成果も得られなかった。そして一二六八年に高麗の潘阜を使人として再び使者を派遣したのである。潘阜は高麗王とフビライの二通の書状を持参したが、九州の少弐資能《すけよし》（一一九八―一二八一）はすぐさま二通とも鎌倉に送っている。朝廷と幕府は、ここにいたって事の重大さを認識するようになった。その後も元から高麗を通じて四度、日本に使者が派遣されてきた。朝廷は恐れおののき、国中で敵国降伏の祈祷を行なった。一方、幕府は九州に戦闘の準備を命じたのである。

たびたびの使節派遣にも関わらず日本からはかばかしい返事を得られなかったことから、フビライは日本遠征を決意し、高麗にもその準備を命じ、一二七四年に三万以上のモンゴルと高

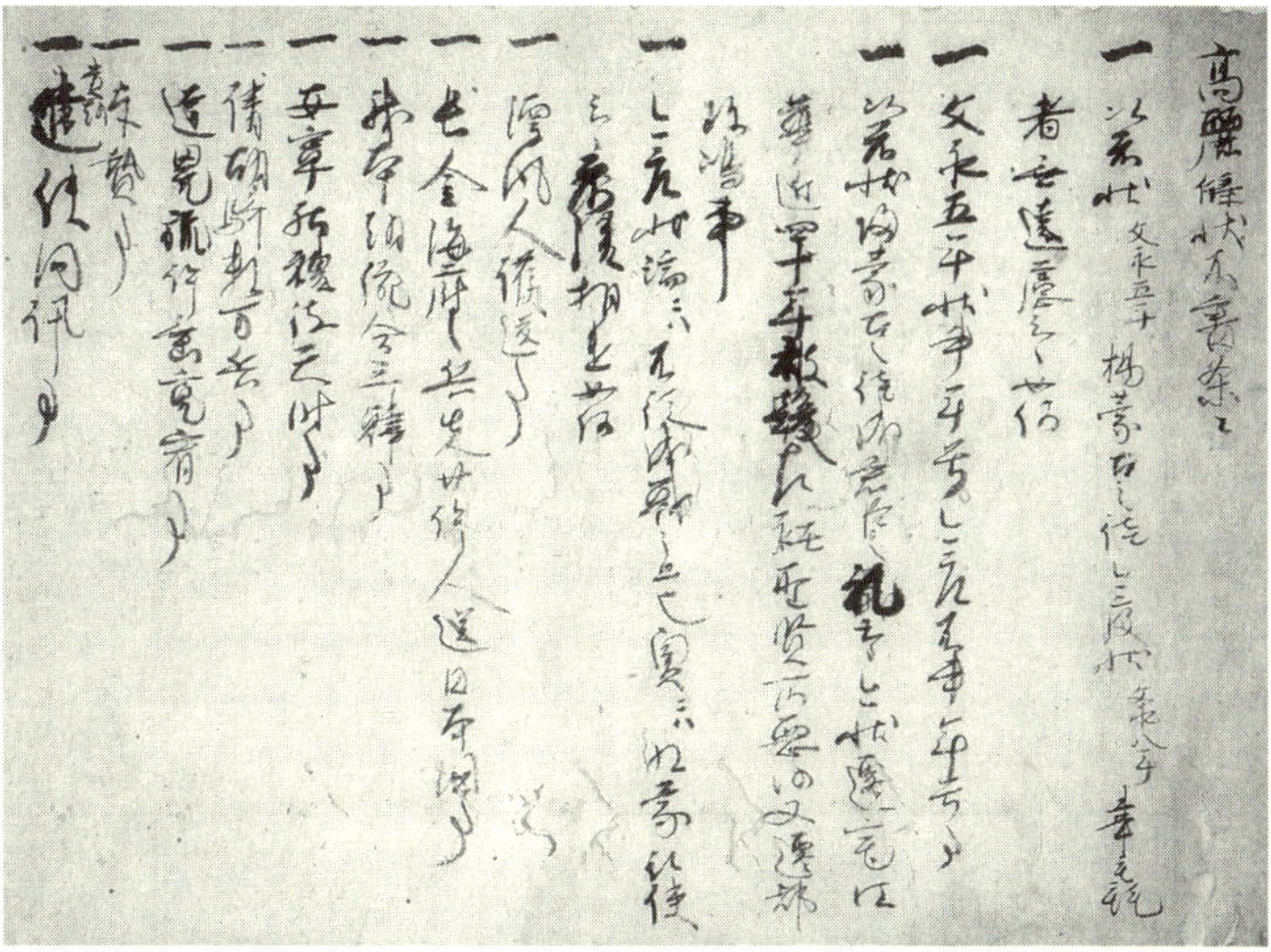

史料写真 4—a 『高麗牒状不審条々』（東京大学史料編纂所蔵）

この文書は元寇以前の高麗と日本の関係を示している。三別抄という高麗の政治集団が 1271 年に日本に書状を送ってきた。それによると、モンゴル軍や高麗王と戦うために、同盟して軍を送ることを要請する内容であった。この書状が鎌倉幕府や京の朝廷に達すると、京では政治的判断を下すために、書状の問題点を列挙したこの文書を作成した。この文書は京の朝廷が書状の目的を理解していないことを如実に表している。そして 3 年後、モンゴルは九州に襲来する。

高麗牒状不審条々
一、以前状文永五年、揚蒙古之徳、今度状文永八年、韋毳／者無遠慮云々、如何
一、文永五年条、書年号、今度、不書年号事
一、以前状、帰蒙古之徳、成君臣之礼云々。今状、遷宅江／華近四十年、被髪左衽聖賢所悪、仍又遷都／珍島事
一、今度状、端ニハ不従成戦之思也、奥ニハ為蒙被使／云々、前後相違如何
一、漂風人護送事
一、屯金海府之兵、先廿許人、送日本国事
一、我本朝統合三韓事
一、安寧社稷待天時事
一、請胡騎数万兵事
一、達兇旒許垂寛宥事
一、奉贄事
一、貴朝遣使問訊事

麗の軍が九州に上陸した。いわゆる文永の役である。優勢に軍を進めるかに見えたモンゴル軍であったが、わずか一日で軍を引き返した。台風が直撃しモンゴル・高麗の船団に大打撃を与えたとも、威力偵察だったためともいわれている。この日本遠征は失敗におわったが、それとは別に元は中国江南地域の南宋への攻撃を継続していた。一二七三年に襄陽、一二七六年に都の臨安（杭州）が陥落すると南宋は実質上滅亡、その後一部が広東に拠って抵抗したものの、これも攻め落として一二七九年に南宋は完全にモンゴルの支配下に入ったのである。モンゴル人は、華北の中国人を漢人、江南を南人とよび、自らをその上の身分に位置づけた。

南宋を滅ぼした元は再び日本に眼を向けた。フビライは一二七五年に杜世忠、一二七九年に周福を派遣したが、二人とも九州到着後に斬刑に処されている。日本のこうした対応をみて、フビライは一二八一年に二度目の来襲を行なった。しかし、これは来寇を想定して準備を整えていた日本側の抵抗と台風によって船団が大被害を受けたことによって失敗した（弘安の役）。一四世紀の『神皇正統記』では、この台風のことを「神風」と呼んでいる。日本が外国の占領から免れたのは、こうした「神明の威徳」によるものと見なされるようになった。その後も元から使節が派遣され、日本側の警戒も続いた。三度目の来寇の計画もあったが、一二九四年にフビライが死ぬとそれも取りやめになった。

ところが、二度にわたる元寇の間も貿易活動は続けられており、むしろ元朝の方針によって活性化していた。たとえば南宋の臨安占領後、慶元（明州、現在の寧波）、澉浦《かんぽ》（杭州湾の北）、上海、泉州などに対外交易を管理する市舶司を置いた。明州は一三―一四世紀を通じて日本や高麗からの貿易船の窓口となった。フビライは外国商人に丁重に対応するように命じており、宋朝が奨励した対外貿易をさらに振興する政策をとった。一二七七年には、日本からの貿易船に対して金を売って銅銭を買うための上陸を許可している。翌年にも、フビライは日本との貿易を活発に行なうよう沿岸の官司に命じている。だが一方で、貿易をすることなく帰国する日本の商船もあった。そうした船のひとつが、南宋の滅亡と元による占領を日本に最初に知らせることとなったのである。その後一二七九年に、二千人の日本人を乗せた四隻の船が慶元に到着し、交易する許可を得ている。

中国への巡礼僧も続いていた。鎌倉幕府の執権であった北条時宗（一二五一―一二八四）は熱心な仏教徒でもあり、元寇をはさんだ一二七一年から一二七八年にかけて何回も僧侶を派遣している。その際に派遣僧の徳詮《とくせん》、宗英《そうえい》に中国僧の招聘の書状を託している。これによって禅僧の無学祖元（一二二六―一二八六）が来日し、時宗の後援を得て鎌倉に円覚寺を建立したのである。

貿易に乗り出す幕府

この時代の貿易手続については不明な点も多いが、それでもいくつかの出来事を通してその概要を窺うことができる。以下、それを概観する。

一二八七年に対馬国司の源光経から朝廷に宛てていくつかの要請に関する書状が出されており、そのひとつに元朝から帰国した船に関する案件があった。光経は国司の権限が守護に侵食されるのを恐れており、そのひとつに到来した船への手数料の徴収という問題があった。守護は自ら手数料を課そうとしたのである。これは一種の通行料であり、国内各地の市で徴収される津料（市場税）のようなものであろう。

三年後の一二九〇年、筑前に雷山千如寺を建立する際には、貿易船を派遣して貿易から得た利益を建築の経費に割り当てることを決めている。幕府はその貿易船の造営を筑前守護に「唐船点定銭」でまかなうよう命じている。これが津料として徴収されたものか、他の賦課金であるのかははっきりしないが、いずれにせよ、この「唐船」はいわゆる寺院の「造営船」であった。このような寺院造営船は他にも十数例が知られている。

青方文書《あおかたもんじょ》に記される、一二九八年に起こったもうひとつのエピソードを紹介しよう。五島列島の海俣《かいまた》島（この反対側に青方村がある）から唐船が出発した。しかし、出発から数キロのところで樋島《ひしま》に漂着し、そこの住民がかなりの積荷を奪い取っていった。鎮西探題の北条実政（一二四九―一三〇二）と対馬国司は五島列島を管轄する肥前の御家人に、略奪した積荷を返却させるよう命じた。その後どうなったのかということはわからないが、この一件を記す青方文書には積荷の内容や所有者に関する貴重な情報を含んでいるのである。

まずこの船は藤太郎入道忍恵という人物が船主であった。忍恵とともに他の僧侶も同行しており、そのなかには幕府の発遣した僧侶もいた。この僧侶の積荷から奪われたものは、砂金一三七切、金塊二〇〇切、水銀、銀剣、そして布や具足であった。また北条氏によって建立された鎌倉の浄智寺から来た道覚房という僧侶は金塊と砂金一二四切五両、金蒔絵の鞘付きの銀剣一〇腰、真珠、水銀四〇貫分が盗まれた。他にも順性、恵存という僧がおり、両名は葛西殿、大方殿という北条氏の有力な女性から積荷を委託されていた。恵存は、砂金九三切、金塊三五切、水銀一七筒、銀剣五腰、白布二九端、白帷二つ、唐紗製の袈裟一条、衲衣《のうえ》一着を預かっていた。順性は、砂金二四〇両、金塊六〇切、細絹一〇三端、水銀二樽、金胴、腹当、金を透かした鞘付きの大刀、短刀二本、茶垸、たらい、硯箱八、茶の入物をおく臺、蒔絵の硯箱、小袖四着であった。これらの多くは漆の装飾武器具、蒔絵の漆器、金、真珠、水銀、そして織物であったが、それすらも積載品の一部にすぎないはずである。

こうした状況からいくつか読み取ることができる。対馬と肥前、五島列島では船舶の通過を監督する役割を担っており、現地で通行料を徴収していた。しかし、その実態が朝廷側の国司なのか幕府側の御家人なのか、はっきりしたことはわからない。少なくとも対外貿易を公的に管理する朝廷の官司は存在しなかった。一方、大宰府や鎮西探題は幕府の立場から地方の御家人に指示を出した。さらに元寇を通じて国や荘園の武士を編成した軍が作られ、鎮西探題の力は強化された。もともと九州の御家人の裁判機関として設置されていた鎮西探題は、一三〇〇年頃には対外交渉の権限を付与されるまでになった。

対外貿易を行なおうと積極的に企てた人たちについては、その名前が史料上には明記されていないことが多い。一二四二年の時には西園寺公経が唐船派遣の責任者であったが、公経自身が貿易の実務を取りしきったり、船頭であったわけではない。上述の一二九八年の件では、藤太郎が唐船の所有者であり、執権北条貞時（一二七一―一三一一）、北条師時（一二七五―一三一一）、浄智寺、北条氏の中でも地位の高い女性やその他の人々が共同で出資して貿易品を準備して、使者にそれを託して派遣したのである。

同時期の元王朝は、外国商人が与えられた特権を乱用したり港の役人が詐欺をしたとして、対外貿易の統制を強化する処置に出ている。一二九三年に、元は貿易について市舶則法という法令を出した。この法によると、泉州、上海、澉浦、温州、慶元、広東、杭州の七カ所の市舶司が対外貿易に従事することを定めた。そして、輸入において高級品は一〇分の一、一般品は一五分の一を関税として徴収した。この税率は宋代に比べて安いといえる。

船頭は公憑《こうひょう》という通行証の保持が義務付けられ、その写しは市舶司に保管された。公憑には、船の特徴、船主、船頭、船員の名前、目的地と荷物の内容などの情報が記された。商人は渡海した後、帰国の際には出発と同じ港に戻るよう命じられた。こうした公憑等はもともと中国商人に付与されたものであるが、それが外国人商人にも発給されるようになったのである。また、役人が商人と共謀して脱税をしたり権力を乱用するのを防ぐため、様々な罰則を定めた。中国の輸出において、禁制品は貴金属、銭貨、奴隷であった。

ところで、一二九二年に慶元で日本船の船底から武器が見つかるという事件があり、これを承けて元朝は都元帥という沿岸防備の官司を設置した。同年、フビライの命で元への朝貢を促す書状を持った高麗の使節の金有成が来日している。ただし、日本からの返答はなかった。この時の元の派遣は、日本船から隠していた武器が見つかったことから元が日本の襲撃を警戒してなされたものであろう。とはいえ、貿易自体は平和に行なわれたようである。しかし、一三〇四年になると杭州湾の慶元の北の定海に監視を置き、日本船が来るのをチェックするようになった。翌年、日本船の入港を禁じ、個別に交渉した後に入港を許可するようになったが、輸入税は割増した。

一三〇六年には、日本の商船が元朝への贈物として金と鎧を献じている。これらの品は、鎌倉もしくは京都からもたらされたとしか考えられない。おそらく北条貞顕(一二七八―一三三三)の書状にも記されている、北条氏の所領にあった武蔵の称名寺の修築のための造営船であろう。一方で、一三〇七年には問題も生じている。日本の商人が到着地の慶元の官司と衝突し、放火、略奪に及んでいる。その二年後にも同様の事件が起きた。その時は日本商人が沿岸防備の都元帥府、録事司などに放火する際に硫黄を用いている。一三一一年、浙江省の州府は外国商人の扱いと海賊の略奪行為について新たな処置をとり、元の朝廷でも日本人の不法行為の処置に関する会議を行なっている。ただし、問題を起すのは日本人だけではなかった。その後も元は市舶司の廃止と再置をくり返し、短期間ではあるが対外貿易を禁止もした。

日本人商人についてみると、市舶司が廃されている時でも元へ渡海した僧侶の伝記や文書から読みとる限り、ほとんど連年往来していた。唐船のなかには北条氏が用意した貿易品であふれていた船もあった。薩摩の御家人であった比志島家の文書のうち一三二六年の文書によると、同国守護代の酒匂本性が比志島忠範に、勝長寿院、建長寺を造営するための唐船に積載されてきた品物を運送するように命じている。勝長寿院は源頼朝が一一八五年以前に、建長寺は北条時頼が一二五一年に、それぞれ鎌倉に開基した寺院であったが、たびたび火災に見舞われていた。唐船派遣による利益の一部は、こうした寺院の再建事業に充てられたのである。

一三二九年頃に元執権の北条貞顕(一二七八—一三三三)が書いた書状には、関東大仏造営料唐船、すなわち関東の大仏を改造するための資金を集める目的で中国に派遣する船についてふれている。いわゆる高徳院の鎌倉大仏である。大仏は全長一五メートル以上であり、周知の通り現存する。

一三三二年、摂津住吉神社造営料唐船が元に向けて出発した。数百年の歴史を誇るこの神社は、護国、航海の守護、そして和歌の神として位置づけられていた。貿易の利益は、神社の改修費用として運用された。この事業は幕府が保護したものと思われる。

一三三九年に足利尊氏(一三〇五—一三五八)によって建立された天竜寺の造営船の派遣については、さらに詳細な史料が残されている。後醍醐天皇が死去すると、その慰霊のために尊氏は天竜寺を建立するよう定めた。二年後の一三四一年に尊氏の弟の足利直義(一三〇六―一三五二)は造営中の同寺を後援するために、その開山となる夢窓疎石(一二七五―一三五一)に対して二艘の唐船を派遣することを許可し、船頭を推挙するように指示した。直義はこの決定が様々な衆議に基づくものであり、新しい幕府による最初の事業であると述べている。夢窓疎石はまず一艘を派遣すべきとして、その綱司として至本という人物を推薦している。その返答を承けて直義はすぐに至本を任命している。至本は即日了承し、貿易における利益の有無に関わらず帰国後に五千貫文を支払うことを約した。こうしたことからすると、至本は船頭および船主を兼ねていたようである。

一二四二年の西園寺公経の派遣した唐船が一〇万貫を持ち帰ったり、他にも二〇万貫の例があることを考えれば、至本の申し出はさほどリスクを負っているとはいいがたい。支払う約束の五千貫は、おそらく貿易の利益全体からすれば、ほんのわずかなものにすぎなかったのであろう。その利益は幕府や至本のもとに、あるいは名前が残っていない他の出資者のところにいったのであろうが、この問いに答える史料は残っていない。誰が唐船の建造に出資し、誰がそれを借り、誰が貿易品を調達したのか、わからないままである。ただ天竜寺造営事業が唐船派遣の唯一の目的ではなかったことは推測できる。なぜなら天竜寺造営自体は唐船派遣の二年前からはじまっていたからである。その後、一三四二年冬にこの唐船は慶元近辺に着いたが、入港許可をなかなか得られなかった。中国側の官司はこれを海賊船と誤解し、数週間も沖で待機させてから、ようやく入港を許した。しかも船員の一部だけしか貿易に従事できなかった。しかし全体的にはこの唐船は成功したようである。それは『太平記』の「売買の利益は百倍におよぶ」という記述から分かる。

これより以前の一三二三年頃に別の唐船が元に行っているが、これは京都の東福寺絡みの派遣だったようである。東福寺は一二三六年の開基であり、一三三〇年代には京都五山のひとつとして栄えた。この船は文献史料では全く知られていなかったが、海中で発見されて考古学的に有名になった。いわゆる新安沈船である。沈船は一九七六年に韓国新安郡の沖合いで発見された。韓国政府の八年間にわたる調査によると、船の全長二八メートル、幅六・九メートル、容積量一五〇―二〇〇トン、船内に膨大な量の遺物が残っていた。

まず、ひもでまとめられた宋銭の貫緡銭（千文）が二八トンもあり、これらには木簡がつけられていた。貫銭の上に貨物を入れた箱が積まれていたが、無傷は三箱のみであった。見つかった貨物の中身は、紫檀の木材一万本、金属食器や銅製工芸品七〇〇点、陶磁器二万一千点などであった。陶磁器の半分以上は龍泉窯製の青磁であり、他に景徳鎮製の淡緑の陶磁もあった。また白磁も三分の一ほどあった。残りは鉄粉釉薬の陶器と天目という黒い茶垸であった。こうした陶磁器のほとんどは中国製で、しかも一九七八年に博多で見つかった大量の陶磁器片（第三章「輸入品」参照）と同じ窯製であった。これに対して、積荷のうち高麗製のものは七つだけであった。日本製のものとしては陶器、銅鏡、漆器、刀の柄があった。

商品は適当に箱の中に入れられていた。異なる種類の品物が一緒に箱に入れられ、箱に墨書で品名や記号が書かれていた。しかしコショウだけはその内の一つの箱に満載されていた。その他に中国の鎧、香木の束、日本の将棋の駒、下駄が見つかっている。これらのものを見ると、船員のなかには日本人もいたと推定される。貫銭や箱に書かれた墨書銘はいくつか判読できるが、その多くには「綱司」と書かれており、これは先述の至本と同じ肩書きである。他に「勧進聖」と書かれているものもあり、寺院の修築費用を集める僧侶のことを指している。「東福寺」は京都の寺院、「筥崎宮」は博多近在の筥崎宮のことであり、「釣寂庵」は博多にあり、東福寺に属する承天寺の塔頭のことである。また、僧侶二〇人、俗人一〇人ほどの人名や「帥府公用の物」という記述も判読されている。帥府は都元帥府のことで、一二九二年に日本船から武器を摘発した際に慶元に設置された沿岸警備の官司である。一三二三年に沈んだ船のなかから見つかった品物に「帥府」と書かれたものがあることから、都元帥府が日本人に何らかの品物を預けたと推測される。このように、この船での貿易に関わっていたのは、綱司、船主、東福寺、承天寺、筥崎宮、そして木簡に名を書かれている使者が属していた寺社や、慶元の都元帥府であった。判読できないもののなかには朝廷や幕府の関係者の名前もあるかもしれない。

この時代、特に一三五〇年代以降、倭寇の高麗襲撃が盛んになっている。倭寇の活動は以前の海賊より激しく、数十隻の船団を組んでほとんど毎年のように高麗沿岸を荒らすようになった。倭寇の襲来は一四世紀の終りまで続き、結果として日本と高麗の政治的関係は悪化していった。両国の公的な外交関係以外に商業活動や地域的な友好関係が続いたかどうかは知ることはできない。

本節の最後に次の出来事を紹介しておく。一三六七年、京都に療養院を作ろうとした但馬道直（入道道仙）は、唐船造営にあたって家ごとに一〇文を賦課することを朝廷に求めて認められた。道直は中国と貿易を行い、その利益によって療養院を建設しようと試みたものであった。これは寺院の造営船と違って個人によって始められ、公権力にその許可を求めるという試みであった。だが、その計画が実現されたか否か、不明のままである。

この計画の実現の可否はともかく、これが元の時代における最後の対中国貿易であった。その翌年に元朝は倒され、漢民族の王朝が再び成立した。新たな明王朝（一三六八―一六四四）の初代洪武帝（在位一三六八―一三九九）は多くの周辺諸国と外交関係を取り結び、その中には日本もあった。その後、明朝において、貿易は公的な外交の管理下に再び置かれるようになった。それは、幕府や朝廷の支援による私的な貿易の終焉を意味していたのである。

輸出入の品物

さて、一三―一四世紀において取引された品物はどのようなものであっただろうか。価値を基準とするならば、日本からの輸出品で最も高価なものは金であったと思われる。金は一二七七年に元に送られており、一二九八年に藤太郎の船の荷にも積まれ、一三〇六年には元朝への贈物として用いられた。この時代、マルコポーロがフビライの宮廷の客として数年間、元に滞在していたといわれている。マルコポーロは、イタリア帰国後に日本の金が無尽蔵であるという伝説を『東方見聞録』において述べている。ここで抜粋してみよう。

ジパングにある金が無尽蔵であることを述べよう。この国の島々から黄金が見つかる。[しかし、ジパングの国王は輸出することを許さない。その上、]大陸からはるかに離れているので商人が訪れることもほとんどない。それゆえその金は減ることなく豊富にあり続けるのである。(中略)次に国王の宮殿のすばらしさについてふれておこう。国王は純金の屋根をもつ大宮殿に住み、ヨーロッパの教会の屋根が鉛で覆われているように金で覆っている。その価値は測り知れない。さらに宮殿の舗道や部屋の床も、指二本分の厚みをもつ石板のような金が敷きつめられている。窓も同様であり、その宮殿の豪華絢爛たること信じられないほどである。(中略)真珠も豊富に産出し、特にバラ色の真珠は白真珠と同じくらい貴重である。

(Cordier 1993)

＊(追記)ただし、一九九〇年代以来、マルコポーロは中国に行かなかったという説が相次いで出された。それによると、これらの話は当時東南アジアを巡った船員から聞いたものであり、それを日本(ジパング)に当てはめたとのことである。つまり現在ではこの話は日本ではなく、太平洋の島のこととされている。

前述の一二九八年の時には、藤太郎の船に金以外に水銀、真珠、工芸品が積載されている。工芸品には金蒔絵の鞘付きの銀剣や蒔絵の硯箱等の漆器という美術品が含まれていた。このような高級工芸品はその他の幕府の造営船が持って行った商品のなかにもあったであろう。こうした高級工芸品を高麗にも送ったようである。『太平記』巻三九の「高麗人来朝事」によると、一三六七年頃に到来した高麗の使者に対して鞍馬一〇疋、鎧二領、白太刀三振、綾一〇段、彩模様の絹一〇〇段、扇子三〇〇本を授けているが、それらは国王への贈物であろう。

一方、それ以前の一三世紀中頃に中国に毎年のようにやって来た日本の商船は、その多くが西日本の地頭等の御家人や領主が派遣したものと推定される。しかし、こうした地方の人々は輸出用の高級品を自由に生産できるような力はなかった。当時、高級美術品の生産は限られており、公家や有力な武士といった上流階層が注文するものであった。したがって地域の人々は原料品や簡単な作りの工芸品を輸出したものと考えられる。

この時代に日本人は元へ、金、材木、硫黄を売りに行っていた。そのことは至正年間（一三四一―一三六七）に明州地方のことを記した寧波の地方志『至正四明続志』巻五に見える。明州で交易された各国からの二七六品目に及ぶリストがあり、その中に品名に「倭」とついている日本の製品もあれば、日本で生産されたり、あるいは日本を経由してもたらされたものもある。そのうち倭金、倭銀、生珠（真珠）、水銀、鹿茸（鹿角）、茯苓《ぶくりょう》が高価なものとされ、その次に倭枋板枋（材木）、倭條（他の木材か）、倭櫓（羅木か）、倭鉄、螺頭（夜光貝等の殻）、硫黄等が一般品として挙げられている。銀は対馬の銀、鉄は備中の砂鉄であろう。こうした内容は一二二六年に記された寧波の地方志『宝慶四明志』とも一致する。

日本の輸入品については、韓国沖での新安沈船の発見が参考になる。この船で見つかった銅銭二八トンは、前述のように宋銭が最も需要の高い輸入品であったことを示している。他に珍重された輸入品は中国陶磁である。これも新安沈船から見つかっており、その数は二万一〇〇〇点を数える。その他にも文献史料には中国からもたらされた品物が多く記されており、その中には麝香や香木もあった。ところが、平安時代に主要な輸入物であった綾、錦等の絹織物は一三世紀以後は見えなくなり、北条貞顕の書状にもふれられていない。とはいえ、この時代の史料の不足と絹が残存しにくいということを兼ね合わせて考えると、絹織物の輸入需要がなくなったと断定的な結論を導き出すことは控えるべきであろう。

さて、日本は中国から多数の漢籍を購入した。一二六〇年に花山院師継は、一一世紀には印刷されるようになった『太平御覧』一千巻を三〇貫で入手している。この額は大雑把に見積もって、その百年前の奈良や京都の土地の価格と同額であった。なお『太平御覧』は一二四七年にも貴族の間での贈答品として現れており、鎌倉時代に輸入された宋槧本《そうさんほん》は今日でも東福寺と宮内庁に残っている。

他にも多くの典籍が金沢文庫において伝来されている。金沢文庫は当初、金沢(北条)実時(一二二四—一二七六)個人の蔵書であり、武蔵国六浦荘に設置された。執権の一族である実時は輸入漢籍を入手する機会が多々あり、その蔵書は実時の死後もその子孫が引き継ぎ、特に孫の金沢貞顕（一二七八―一三三三）の時に完成した。現在、金沢文庫には元代以前の二三五点の仏教関係の経典と八九点の仏教以外の典籍を収めている。その半分が筆写本であり、残り半分が版本である。

金沢文庫では、仏教以外の典籍においては古典や日本で古くから知られていた史書なども見ることができる。宋代（九六〇―一二七九）の著作も六六点ある。特にそのなかには以下のような注目すべき書籍が蒐集されている。中国とその周辺の地理を記した『太平寰宇記』（九八四年楽史撰）、六―一〇世紀の詩文を集めた『文苑英華』（九八七李昉撰）、逸話を収集した『太平広記』（九七八年李昉編）などである。著名な詩人の文集は、欧陽脩（一〇〇七―一〇七二）の『欧陽文忠公集』、蘇軾《そしょく》（一〇三六―一一〇一）の『蘇東坡全集』、王安石（一〇二一―一〇八六）の『王文公文集』の三点を挙げておこう。六三一年に魏徴が撰し、古典や七世紀までの書籍から政治に関する内容を引用した類書の『群書治要』も目をひく。同書は宋代以後、中国では失われたが、唯一の写本が金沢文庫に残っていたのである。それゆえ『群書治要』は一六一六年に徳川家康の指示で編集、印刷され、一七世紀に中国に逆輸出されることになった。一一八七年に成立した朱熹《しゅき》（一一三〇―一二〇〇）の門人による『小学』等の儒教の注釈書もこの時代に輸入された。

京や鎌倉の僧侶はこうした典籍を携えて往来した。そのうち一二世紀以降、中国に向かった

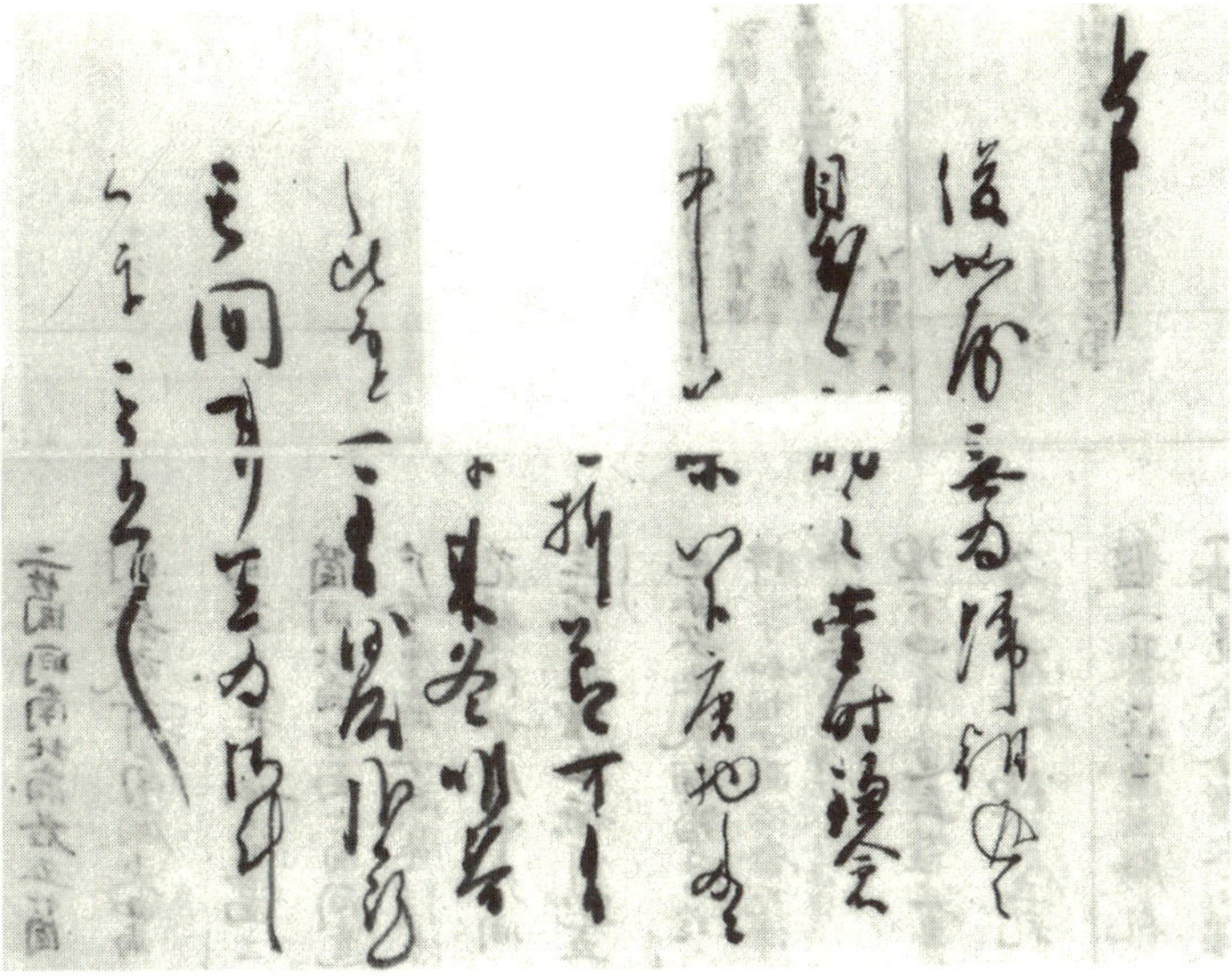

史料写真 4—b　倉栖兼雄筆「金沢貞顕書状」

（国指定重要文化財。称名寺蔵〔神奈川県立金沢文庫保管〕）

金沢貞顕書状。2～3行目にかけて「当時鎌倉中茶以下唐物多々」とあり、鎌倉で茶道具その他の唐物があふれていると記されている。

日本僧約三〇〇人と日本に移り住んだ中国僧約二〇人の名が知られている。その中には朝廷や幕府から篤い崇敬を得た僧侶もいた。そうした僧侶は大寺院を建立し、執権や天皇家に対して禅宗の講師となった。禅宗は北条時頼以降、執権北条氏の庇護を受けたのである。こうして禅の宗教的・芸術的・文学的文化は日本に広まっていった。この時代において寺院こそ中国文化の媒介者として評価すべきである。

中国から新たにもたらされた文化で大きな影響を及ぼしたものに喫茶がある。茶は日本ですでに知られていたが、臨済宗の開祖明庵栄西（一一四一―一二一五）が中国からの帰国後、長い瞑想の間に喫茶することを日本の僧に伝えた。この喫茶の習慣は、寺院以外にも急速に広まっていった。そして茶会の流行を巻き起こしたのである。

茶会は儀礼的に決まった手順で催された。当時の茶礼では、はじめに乳餅、饅頭など米や小麦で作った餅類、素麺、冷麺などの麺類、納豆、松の実、栗、棗《なつめ》や異国の果物などからなる点心が勧められる。その後、点茶となるが、その際に主人が日本や中国のいろいろな茶を出して、客がその種類を当てる闘茶が行なわれた。闘茶ではしばしば金を賭けるようになり、ついにはその額が莫大になるに及んで茶会が禁止になるほどであった。点茶の後には酒と音楽を伴う会席となる。

こうした茶会は館の座敷において催された。建物や景色も重要な役割を果したといえる。また、室内の飾りについても決まりがあった。正面には仏画が掛けられ、その前に花瓶、香炉、燭台などが置かれた。脇面には中国の山水画や花鳥図、肖像画が掛けられた。主人の近くの隅の屏風の前に茶壺、茶碗、茶入等の名器が置かれた。

茶道のさきがけであるこうした茶会は、一三世紀後半以降に武家の間で大流行し、茶会の主として所有する異国の品々を見せる良い機会となったのである。そうした風流では、絵画、茶碗、その他の道具、茶全てにおいて舶載品が最上と評価された。室町幕府の初期に六カ国の守護であった佐々木道誉《どうよ》（高氏《たかうじ》、一三〇六―一三七三）は、茶会の折に自らが収集した中国の品を見せびらかすことを好むことで有名であった。道誉はバサラと呼ばれ、贅沢な遊興にふける新しいスタイルの支配者層であった。

金沢文庫を設立した金沢実時の孫の金沢貞顕の書状にも貴重な情報が記されている。それによると、茶がとても流行して中国伝来のものが珍重されており、また時には蒐集した唐物をもって鑑賞会を行なったという。貞顕は、称名寺を造営するために派遣した唐船が中国から戻ってその積荷が鎌倉に下ろされた時、人々が先を争って輸入品を求め、そのため唐物が鎌倉にあふれたことを記している。さらに貞顕の書状には、中国から伝わった品として天目茶碗やその他の茶碗、唐瓶子、唐紙、唐秤、唐絵、唐筆、硯、唐木念珠、麝香、沈香、唐納豆が挙げられている。

＊（追記）こうした唐物、唐絵は「財」として認識されていた。唐物の一部は舶載された時点で寺院も関与して市場に出されることもあったが、それらに優品は少なく、量的にも大量に流通することはなかった。

唐物は主に貴重品として財産扱いされ、持主はそれを愛蔵してあまり売ることはなかったようである。唐物の用途は鑑賞や茶礼や「唐絵合」などへの展覧であり、まれに贈答品として他人に譲られることもあった（神奈川県立歴史博物館二〇〇七、一六九―一七一頁、古川元也執筆、参照）。

円覚寺の宝物殿の蔵品リストである『仏日庵公物目録』からは、さらに詳細な状況を窺うことができる。この目録では一五〇点以上の物品が列挙されており、その多くが中国から舶載されたものである。その冒頭には中国の高僧や賢聖の肖像画が四七鋪《ほ》挙げられている。続いて宋元画が四三鋪、その中には牧渓（一二三一―一二七九）等と画家名が明記されているものもある。また、墨蹟として中国の書跡が一七点、日本の書跡が二〇点列挙されている。他に法衣、袈裟、陶磁器、とくに青磁花瓶や天目茶碗、古銅の花瓶、香炉など色々な具足、堆朱《ついしゅ》の漆器、唐筵、木椀なども列記されている。

以上の事例から考えると、銭貨、陶磁器、嗜好品、美術品、書籍、香料などがこの時代の輸入の中心であった。だが、朝廷に仕えた卜部《うらべ》家出身の吉田兼好は、同時代のこうした唐物の希求を無意味なものと冷ややかに見ている。

唐物は薬の他はなくても事足りる。書籍はすでに広まっており、それを書き写せばよい。中国へ行くのも大変であるのに、役に立たないものを船に所狭しと山積して持ってくるのはとても愚かなことよ。「遠くからもたらされるものを珍重すべきではない」とか「入手しに

くいものをありがたがるべきでない」と、ものの本にも書いてある。（『徒然草』一二〇段）

こうした文物や物品以外にも、知識や技術も日本に伝わっている。たとえば大仏様とか禅宗様とよばれる中国風の建築様式を挙げることができる。それは、一一九五年に東大寺を修築する際に、あるいは一二八二年に鎌倉の円覚寺を建立する際に僧侶によって伝えられたのである。また芸術にも革新をもたらした。五山と呼ばれた禅の主要寺院の僧侶等を中心に、中国の仏教文芸が復活の狼煙を上げ、五山文学が栄えるようになった。宋元画の受容によって日本に水墨画という新たな様式が生み出されることになる。また、宋元の青磁、白磁は、瀬戸焼や常滑焼の生産に大きな影響を及ぼしている。中国から堆朱、堆黒という技法で作られた漆器が伝わり、日本でも彫刻した木器に漆を塗る鎌倉彫が出現した。印刷技術も広まっていった。新たな技巧は特に一四世紀以降盛んになり、室町文化の開花に大きく貢献した。こうした知識、技術の導入が鎌倉時代以後の文化を支えていったのである。

本章で扱った時代の研究において抱える問題のひとつに、外国貿易に関する史料や古文書の不足ということがある。平安時代には貴族が書き記した日記が一二世紀までの対外交易を比較的浮き彫りにしたのに対して、鎌倉時代になると朝廷は貿易に対する主導権を掌握できなくなったため、我々が知りたいことを記した記事は少なくなってしまうのである。一方、武士には詳しい日記を書く習慣は広まらなかった。さらに金沢貞顕の書状を除いて、執権関係の文書のほとんどは鎌倉幕府滅亡時に灰燼に帰してしまっている。かろうじて朝廷中心の『百錬抄』と幕府中心の『吾妻鏡』の二つの記録が残っているが、いずれも一三世紀中頃で記述が止まっている。こうした事情により、出来事を年代順に列記するにあたってそれは飛び飛びにならざるを得ず、時には数十年という間隔さえ空いてしまうのである。

それでもいくつかの特徴をあぶりだすことができる。一二世紀後半に対外交易の管理はすでに朝廷の管轄ではなくなり、その一方で幕府はまだ政治的意思を西日本まで貫徹する力は有していなかった。そうした政治的間隙を突いて、九州の富豪たちは貿易において事実上独自の行動をとることができたのである。彼らはその財力を使って、一三世紀以降も連年商船を中国に派遣していた。一方、日本への中国商船の来航については、一三世紀半ばからはほとんど史料上に表れない。中国との貿易は日本側が担うようになっていたようである。そのことは、一二二五年の『諸蕃志』に「泉州の人で倭国に行った人はいない」と記されていることからもわかる。一方、鎌倉幕府は中国への商船団の派遣を後押しするようになる。その名目はおおよそ寺社関係の造営のための唐船と称したが、その利益はその修築費をはるかにしのいだと思われる。かくして莫大な宋銭や工芸品の輸入が可能になったのである。

高麗に関しては、一一世紀後半以降、日本からの商船が高麗に渡航するようになったが、九州や対馬の領主や国司との恒常的な経済関係は続いていたようである。ただし、高麗は一二二〇年代から松浦や北九州の海賊に悩まされもした。海賊問題は、日本と隣国との交流を次第に悪化させる原因となっていった。しかし、この時代において高麗は、朝廷や幕府から公式的な貿易相手とは認識されなかった。朝廷は、中国に向かった唐船が朝鮮半島に漂着して、それを高麗が助けた時のみ交渉相手として意識するにとどまった。幕府も、高麗に対して公的に貿易船を発遣しようとしなかった。理由のひとつとして、日本が中国の物品、特に銭貨を重視したことが挙げられよう。

この宋銭の輸入によって初めて対外交易が国内経済に影響を及ぼすようになった。それ以前は、輸入した物品は蓄積され、ぜいたく品として輸入した人のもとに所蔵されるため、基本的に国内市場で商品として流通することは通常なかった。それに対して、銭貨は流通性の高い交換物であった。それゆえ鎌倉時代になると、国内において土地の購入や一部の年貢の納入を貨幣でやりとりするようになったのである。

上記のように捉えれば、一三世紀をモノの交流における転換期と見なすことができる。輸入銭貨は、国内の物々交換の経済形態から貨幣経済システムへの進展を促した。それゆえ国際貿易が国内経済に直接的に反映するようになったのである。

〈コラム4〉倭物に対する称賛

日本における新羅物、唐物への憧憬について〈コラム1・3〉で紹介したが、逆に中国や朝鮮において日本の工芸品もたいへん高く評価され、中国史料で「倭」のものとして特筆されている。「倭物」という語は日本側では国産品として認識され、たとえば前筑後守仲能という元受領に対して、その「蔵は唐物と和物」で溢れていると『長秋記』長承三(一一三四)年五月二日条に記されている。以下、ここでは倭物について述べることにする。

唐宋時代においては、「倭国」からの特産品は高級工芸品が珍重されていた。「繭のような光沢をもち、中国でそれに勝るものはない」とまでいわれた日本の紙、「中国の技巧が及ばない」ほどの美麗な五色紙や「精巧な銅器」、中国と全く異なる倭国で開発された多様ですばらしい螺鈿細工、「中国の上手な絵師でもなかなか描けない」ような美しい日本扇、奝然《ちょうねん》が宋皇帝に贈った「倭画屏風」、そして「魚の皮を嵌め込んだ香木の鞘」をもつ宝刀と称された「日本刀」などである。いずれも中国史料で称賛のことばが連ねられ、一一世紀の欧陽脩以来、日本の工芸品は「精巧」という評価を得ていた。そのことについては第三章ですでに述べた通りである。

ところが鎌倉時代になると、「倭」の特産物として金、銀、鉄と木材が特筆されるようになる。宋・元代明州の地方志に日本からの輸入品のリストとして次のように記されている。『開慶四明継志』巻八（一二五九年成立）には倭金と倭板、『至正四明続志』巻五（一三四一―一三六七年成立）には倭金、倭銀、倭枋板柃、倭鉄、倭條、倭櫓（欋か）が取り上げられている。

明代になると、中国の朝廷で室町幕府から贈られた美術工芸品が高く評価された。伊藤東涯（一六七〇―一七三六）の『名物六帖』（一七一四年成立）の第三帖には明時代の史料を引用して日本の工芸品が挙げられている。倭国造紙と倭研（文房具）、倭扇（折り畳みの紙扇）、倭製摺畳剪刀《すりたたみばさみ》、そして倭香盒《わこうごう》（香箱）、砂金倭盒（金梨子地《きんなしじ》漆の香箱）、倭撞（遊行用の杖か）等があった。さらに明代の『七修類稿』（一六世紀）という百科辞典でも「倭国物」として蒔絵、梨地漆器、折り畳みの屏風、扇子等が特産品として列挙されている。それについては第五章を参照されたい。

さてそれら倭物の一つである木材の輸出は一三世紀における独特の交易品であった。この問題について榎本渉は、中国の僧から円爾に宛てられた板渡の墨蹟という手紙から新たな事実を引き出した。ここではそれを紹介したい。

木材は平安末期から鎌倉時代の日本の主要輸出品だった。一二五八年に慶元のトップを務めていた呉潜は、皇帝理宗に奏上して、「倭商は毎年大規模な貿易を行いますが、すこぶる国計の助となるのは倭板・硫黄のみです」と述べている（『開慶四明続志』巻八）。南宋の文人陸游は子孫に厚葬を禁じ、倭船が慶元・臨安に来れば良質の柩を三〇貫で購入することができるとしており（『放翁家訓』）、日本産木材は宋産よりもコストパフォーマンスに優れていたらしい。とくに大寺院造営の場合、良質の木材を大量に確保することが必要で、ちょうど円爾というつてもあったため、日本の木材が注目されたのだろう。この少し前にも、重源が慶元阿育王山に、栄西が慶元天童山に、それぞれ木材を送っている。

円爾が送った欏木は、当時中国で建材として用いられた木である。一二九一年成立の周密『斉東野語』巻一五、腹笥の条には、湖州景徳寺について、「大殿はみな欏木で作っている。数百年経ってもほとんど傾いていない」とある。一二二五年成立の趙汝适『諸蕃志』巻上、倭国の条は、日本に「杉木・羅木」が多く生え、泉州に運ばれてくることを記し、一二二七年成立の『宝慶四明志』巻六、市舶の条は、日本からの輸入品リストに「松板・杉板・羅板」を挙げる。「羅木」「羅板」は欏木に同じだろう（榎本渉二〇〇八、五四—五五頁）。

ここでいう僧円爾（一二〇二—一二八〇）は、鎌倉寿福寺の僧で一二三五年から一二四一年まで宋に滞在し、臨安（杭州）径山の僧、無準師範《ぶじゅんしばん》の法を嗣ぐ。帰国後に師から手紙で径山火災の情報を得て、早々に木材を送っている。

円爾とほぼ同じ時期の一二四二年に、西園寺公経（一一七一—一二四四）が唐船を派遣したが、その唐船は「檜木材を以て三間四面の奥一宇之を造り、渡さしむるの間、異朝の帝賞翫《しょうがん》の余り珍宝等と云々」（森克己・田中健夫一九七五、二〇三頁）と言われている。

一宇を立てるほどの木材は、すでに一二世紀にはその輸出が知られている。早い例を森克己の研究から紹介しておく。

一一二三年高麗へ使した北宋末の徐兢の著わした『宣和奉使高麗図経』によれば、当時日本の杉材が高麗方面に輸出されていた（中略）そしてそれが宋の方面に輸出されたのは一一六二年から一一八八年まで在位した南宋の孝宗が、日本の松材をもって一堂宇を造営し、翠寒堂と名づけたという（森克己一九七五、一三一頁）。

また、一二五〇年代に明州の翠岩寺が火災にあった後、その僧無文道璨《ぶぶんどうさん》（?—一二七一）

は日本の僧宛てに手紙で木材の勧進を依頼している（『善隣国宝記』上、後深草院条・光明院条）。依頼を受けた僧の名は知られていないが、あるいは湛海《たんかい》（生没年不詳）かもしれない。湛海は京都の泉涌寺の僧で、入宋して明州白蓮教寺の荒廃を聞いたが、一二五五年頃に帰国した後に明州の寺を復興するために良材数千片も送ったとされる（木宮泰彦一九七七、三三二頁。ヴェアシュア二〇〇二、四一九頁などを参照）。

木材輸出について『正続院仏牙舎利略記』に伝説が伝わっている。それによると、将軍源実朝は、一二一〇年代に南宋に良真僧都等を発遣し、杭州臨安の径山に金銀貨財とともに材木を載せた（『善隣国宝記』上、順徳院条）という。

さて、最も多く史料で取りあげられている材木は「羅木《らぼく》」というが、それはどんな木だろうか。それについて宋末、元初の周密の書『癸辛雑識続集』下倭人居処で「倭人の所居は悉くその国所産の新羅松をもってこれを為す。即ち今の羅木なり」（第三章冒頭参照）とされており、このことから羅木は新羅松であることが分かる。牧野富太郎『新日本植物図鑑』によると、新羅松は Pinus Koraiensis Sieb.et Zucc であり、日本中部の山林で混生しているチョウセンマツ（チョウセンゴヨウ）の漢名である。そしてチョウセンマツという名は外来種を示すのではなく、朝鮮に多いことから名付けられている。木村陽二郎『図説草木名彙辞典』によると、「新羅松」という名前は、日本で五葉松（ゴヨウマツ、ヒメコマツ）にも当てて使うことがある。ゴヨウマツ（学名 Pinus pentaphylla Mayr var. Himekomatsu

Makino）は、全国の山地に生えるマツ科の常緑樹で、『古今和歌集』、『源氏物語』、『徒然草』、『伊呂波字類抄』等に登場する。なお、古代日本の住居は、弥生時代から奈良時代の遺跡では、支配者層はヒノキ、一般の住居はマツやスギ等からなっていた（森浩一 一九八七、一五三頁）。

さて、一二二五年に著された『諸蕃志』によると、杉木と羅木は「長さ十四、五丈直径は四尺余りになる。土地の人は木を割き枋板にして、大きな艦で泉州に運搬し貿易する」（藤善真澄訳）とある。木材は、古代世界の各文化圏でも重要な資源として重視され、その貿易はすでに紀元前からフェニキア等によって行なわれていた。総合地球環境学研究所の植物民俗学研究者メヒトルト＝メルツによると、チョウセンマツは現在でも中国で建築材としてステータスがたいへん高いと評価されている。その特徴は、幹が直立し、高さ三〇メートル、直径一メートル、木材質は腐敗しない耐久力があり、長久型の建物の建築材に適している。中国では北方の黒竜江や吉林に植生するだけであり、それ以外では全く生えない。そして宋・元時代に「羅木」材を日本に要請したのは、それが生えない浙江地方の杭州や明州の寺院であった。

以上、「倭」の特産物の一つである木材についてのべた。その具体例は、一二世紀から一三世紀中期におよび、明州の地方志では一四世紀まで「倭板」としてとりあげているが、その後、木材は貿易上から姿を消す。羅木は経済的に高価なものでもあったが、それ以上の価値を有していた。一二—一四世紀は日中の禅宗交流の時期にあたる。日本の高僧重《ちょう》源《げん》、栄西、円爾《えんに》等のイニシアチブによるこの建築材の宋への寄進は、普通の貿易品というだけでなく、当時の日中の寺院を結ぶ「化縁の義」(『善隣国宝記』上、光明院条)という象徴的な意味をもっていた。この意味で、羅木は日本と中国を結ぶ文化財の一つとして考えられるのではなかろうか。

第五章

増大する輸出

一四世紀後半―一六世紀

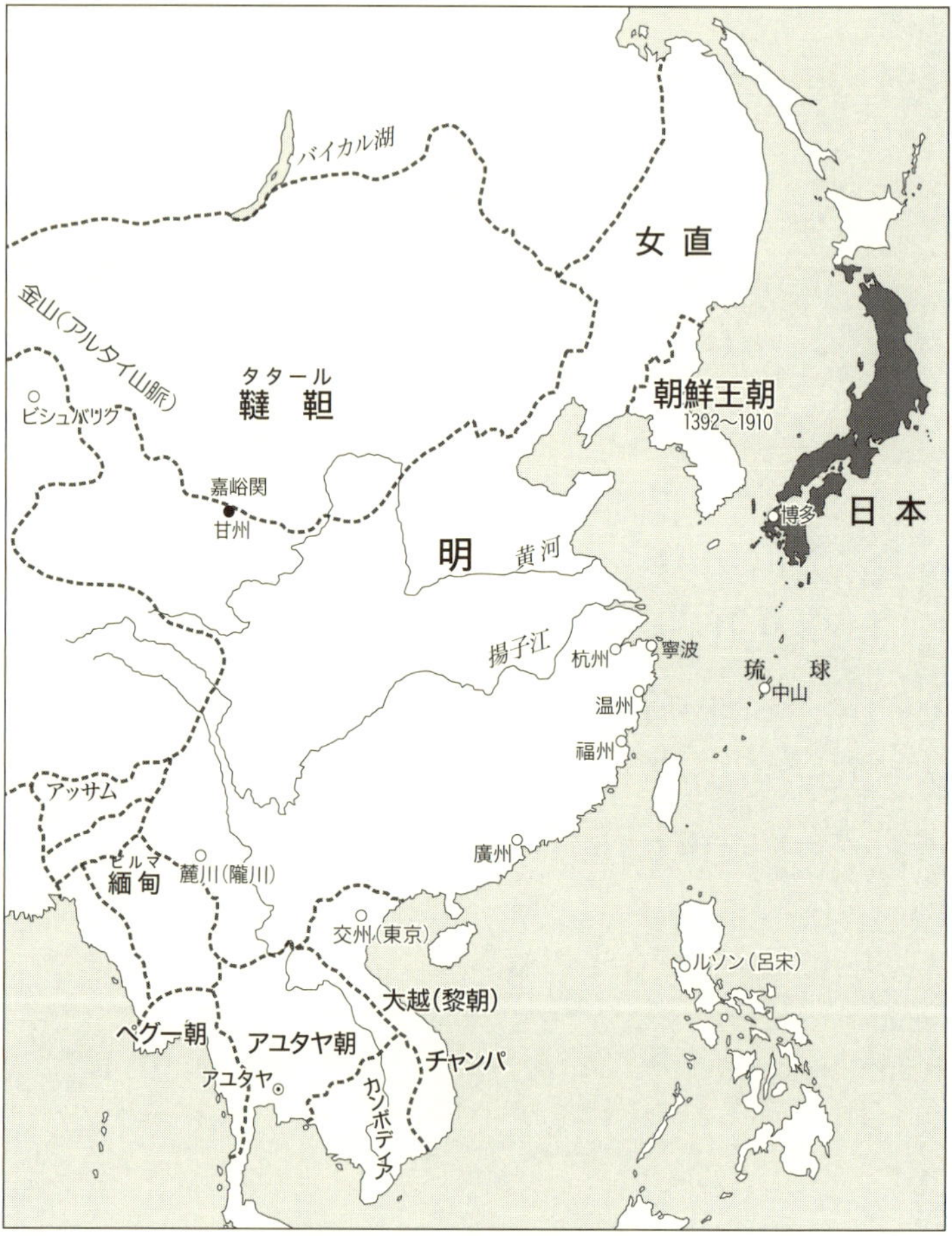

地図 5—a　15 世紀の東アジア

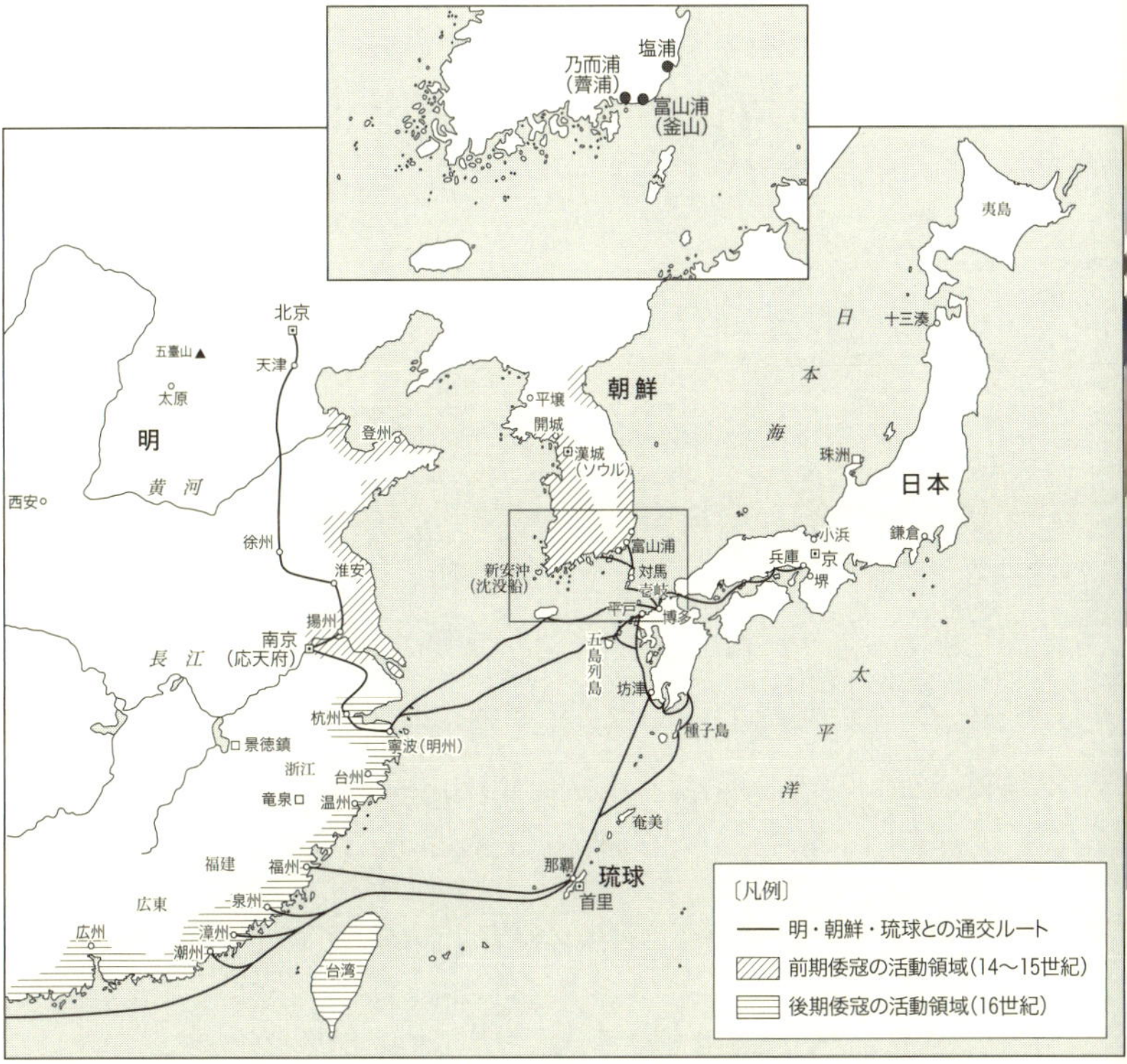

地図 5—b　14—16 世紀の航路

明への国書

書状を大明皇帝陛下に奉る。日本は建国以来中国への使者の派遣を欠かすことはなかった。私は幸いにも日本の政治をとり、国内に問題はない。特に古くからの形式に則って肥富《こいつみ》を祖阿《そあ》に同行させ、好《よし》みを通じて方物を献ずるところである。金千両、馬一〇匹、薄様の紙千帖、扇一〇〇本、屏風三双、鎧一領、筒丸一領、剣一〇腰、刀一柄、硯筥一合、文台一箇。日本に漂流した人を何人か捜し当ててこれも送還する。誠惶誠恐、頓首頓首、謹んで申す。

(『善隣国宝記』応永八年条)

この書状は、一四〇一年に室町幕府の三代将軍足利義満（一三五八―一四〇八）から当時の明の皇帝建文帝に宛てて出されたものである。義満は中国や朝鮮に使者を派遣することによって、日本の対外貿易に新たな時代を切り開いた。公的な外交関係は、三カ国が内外において政治的に不安定であったために複雑化した試行錯誤の後にようやく回復したのであった。

朝鮮半島は、中国沿岸や西日本から来る倭寇の襲撃に絶えずさらされていた。高麗王朝はモンゴルから国土を奪還したものの、国内の深刻な対立に苦しみ衰えていき、一三九二年に新たに李成桂が王朝を建国した。この朝鮮王朝は一九一〇年まで続くこととなる。中国ではモンゴ

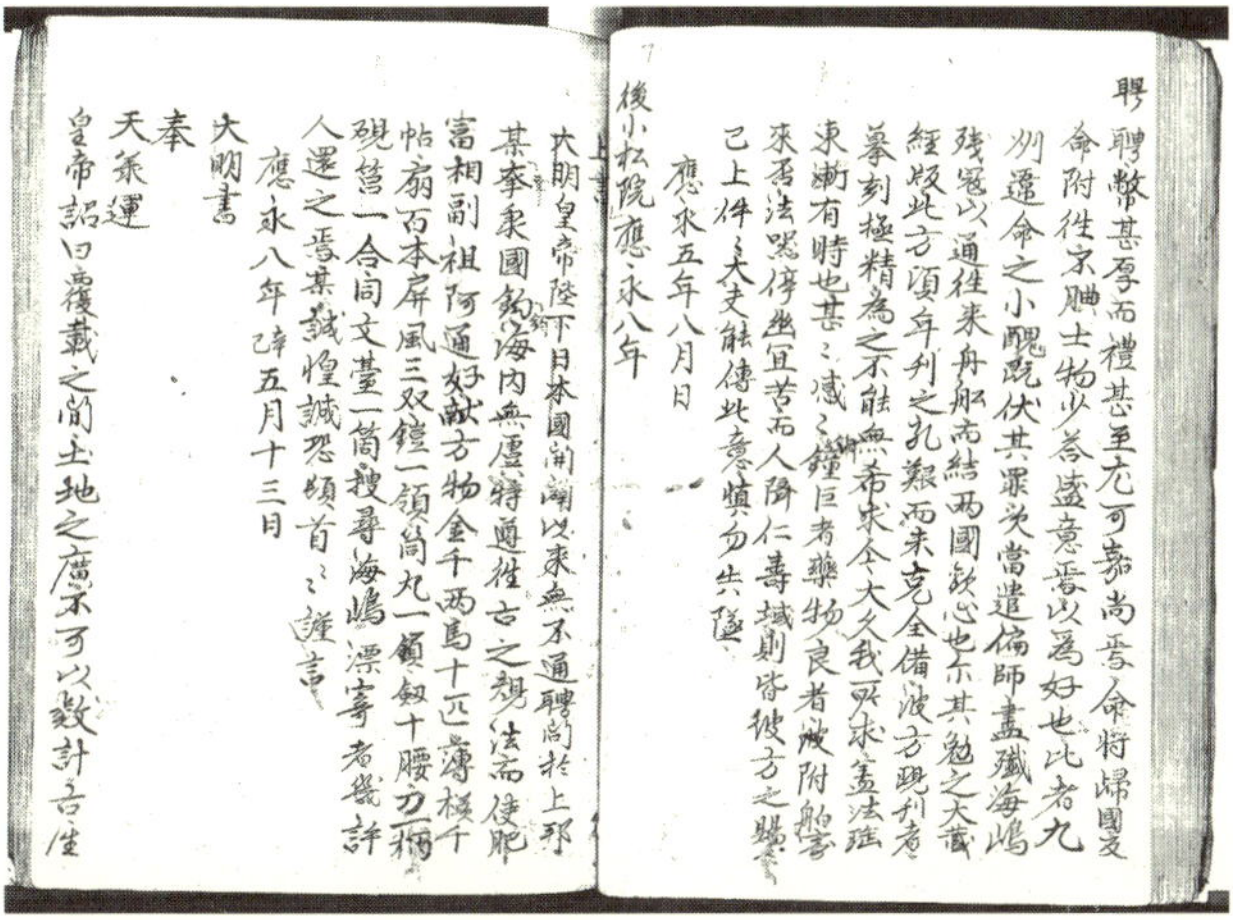

史料写真 5—a 『善隣国宝記』（ケンブリッジ大学図書館蔵）

足利義満が 1401 年に明の建文帝に送った書状（『善隣国宝記』巻中、ケンブリッジ大学図書館所蔵本）。『善隣国宝記』は瑞渓周鳳（1391-1473）著で、1470 成立。瑞渓周鳳は足利義政の外交顧問として 1464 年に明朝宛の足利義政の書状を起草したこともあり、7 世紀以降の日本の対外関係の記録を編集した。『善隣国宝記』は外交に関する最初の包括的な歴史書といえるであろう。写真はケンブリッジ大学図書館所蔵のもの。奥書に永禄十一年（1568）の年記が明記されており、日付が明記されている同書の写本の中では最も古いものである（Verschuer2007, pp. 276）。

上書
大明皇帝陛下。日本国開闢
以来、無不通聘問於上邦。
／某幸秉国鈞、海内無虞。
特遵往古之規法、而使肥／
富相副祖阿通好献方物。金
千両・馬十匹・薄様千／
帖・扇百本・屏風三双・鎧
一領・筒丸一領・剣十腰・
刀一柄・／硯筥一合・同文
台一箇。捜尋海島漂寄者幾
許／人還之焉。某誠惶誠恐、
頓首頓首、謹言。
応永八年五月辛巳十三日

ルの独占的な支配に対する反乱が国内の各地で発生した。そうした反乱軍の指導者の一人であった朱元璋が他の地域の軍閥を圧倒し、ついには一三六八年に元の大都（北京）を占領した。そして朱元璋は即位して明王朝（一三六八―一六四四）を打ち立てたのである。この初代皇帝の洪武帝（在位一三六八―一三九九）は都を南京に構えた。

この時代の日本は南北朝に分かれていた。後醍醐天皇（在位一三一八―一三三九）は朝廷に権力を取り戻そうとして、公家の支持を得た。さらに鎌倉幕府の御家人にも幕府に見切りをつける者が現れる。その一人が足利尊氏であった。尊氏や新田義貞は、一三三三年に鎌倉幕府を倒し、京都に後醍醐天皇の建武政権が発足した。しかし後醍醐天皇と尊氏は対立するようになり、一三三六年に尊氏の支持によって光明天皇（在位一三三六―一三四八）が即位すると後醍醐天皇は京から逃亡する。その二年後に尊氏は光明天皇から征夷大将軍に任じられた。一方、吉野に逃れた後醍醐天皇は近臣とともに南朝を建てて京都の北朝に対抗した。その後、南北朝の争乱や足利氏内部での抗争（観応の擾乱）、さらには将軍と守護大名の対立などによって内戦が続いた。三代将軍の義満が南北朝合一の和議をまとめ、一三九二年にようやく暫定的な和平が成立した。しかし、室町幕府は鎌倉幕府が有していたほどの支配権をもつことはなかった。

一四―一五世紀は、国内の社会的経済的構造の変化のうえでも特徴的である。領国内の軍事・警察の権限を与えられていた守護は、広域的な行政権を掌握するようになり、地頭に代わって徴税をも行なうようになった。こうした守護権力の進展は、軍費調達のために戦乱中に一時的に与えられた年貢の五〇%を徴収する権限（半済）によって促進された。守護は荘園の年貢のほとんどを独占的に収奪するようになり、それによって従者を集め、被官として組織化することが可能になった。

ここに国内交易システムをも徐々に変化せしめたような地方分権化を見て取ることができる。数人の守護が京都に居住しており、地方から京や奈良といったセンターに集積された税が再分配されるという特徴の垂直構造がまだ広く行なわれていた。これに対して、特に九州のような京から遠く離れている所では、地域内や地域間における水平的な交易構造が発展した。幕府は、一四世紀には内乱のために商業活動を抑制することはできなかった。むしろ各地で生じた戦いによって兵士や物資の輸送が促進されるようになり、商業活動は刺激されたのである。さらに米麦の二毛作が普及したこともあって農業生産力は徐々に増大し、その剰余生産物が売買されるようになった。

室町時代の経済の主要な特徴として、運輸、商品の貯蔵、卸売り、為替、信用取引といった業種の急速な拡大を挙げることができる。まず年貢米の代銭納化が始まる。代銭納の成立の画期は一三世紀後半であり、一四世紀前半にはほぼ全国化した。京都やその他の都市では土倉《どそう》という倉庫業も発達した。土倉とは土を塗った倉のことであり、社寺に属する場合が多かった。金融取引にも関わるようになり、典物、すなわち質を土倉に納めて保管した。この関係から高利貸のことを土倉と呼びはじめ、南北朝以降は借上に代わって土倉の語が高利貸を意味するようになる。さらに酒の卸売りも高利貸を行なうようになり、例えば一四二六年の京では金融の仲介に従事する酒屋が三四七もあった。こうして高利貸の数がしだいに多くなり、その方法も複雑になっていった。

土倉は商業集落のいたるところに発生した。奈良では一四九九年に衆中の集会で徳政不許可の旨を評議したとき、この触れを大小二〇〇カ所に出している。大津、坂本の土倉は、すでに鎌倉の末期に三八カ所を数えた。京で最も早くから土倉の密集していたのは、平安京の市の区域にあたる七条付近である。室町時代に京都で酒屋を営むものが三七〇軒に及ぶことからみて、土倉の数も三〇〇—四〇〇にのぼるかと想像される。

幕府はその財政的基礎が薄弱であり、その収入の多くを土倉や酒屋に対する課税によらねばならなかった関係上、酒屋、土倉の統制に特に心をくばった。すなわち政所執事代の管轄のもとに、洛中洛外の酒屋、土倉のなかから一〇名を選んで納銭方一衆とし、その下に各々二〇—三〇軒ほどの酒屋、土倉を統轄させた。守護の被官がこれを行ない、港湾の近くのような要衝で物品の賃料や収入を得た。程なくして特定の剰余物品も市場に出回るようになった。賃料は現金でやり取りされ、時折、為替手形を用いたりもしたので、被官は時には主に代わって行動し、取引を行なうこともあった。

かくして商人の成長の土台としてかなりの商業が進展し、あるいは専門化されていた。輸送や工芸品の生産にも同様な発展が見られる。行商人が巡回する交易がいまだ主流であったが、市を開く場所は増え続け、その頻度も増していった。しかしそれは常設の市場ではなく、月三度の定期市が一般であった。南北朝の後半期、常陸の国衙の市が六斎市であったというのは、この頃に地方でも有力な集落には六度の市が現れていたことを示すものではあるが、月六度の市が各地で一般化するのは応仁の乱（一四六七―一四七七年）以後と考えられる。定期市には、仮屋と称する固定の設備が設けられていたが、市の開かれるときだけ利用されるにすぎなかった。しかし鎌倉末期には、そこに居住する商人も現れてきた。商人といっても、付近に耕地をもつ農民であることがほとんどだった。市に集まる商人のなかには、この市日をめざして余剰農産物や加工製品を売りにくる農民が多く、市はそれらの人々でにぎわった。

市に集まる商人はここに借家を持ち、座銭を払って、販売の市座を確保した。一三三四年の新見荘の「地頭方検見納帳」によると一貫二百文の紺借家并座役銭を計上している。他の地域においても地頭領主は市場を全面的に管理しており、座銭はかれらの収入元のひとつであった。加えて、座という職人や輸送業者の同業組合も重要になっていった。座は一般に領主、寺社の管轄下で課役免除などの特権を得た。例えば一四世紀半ばに、祇園社は当時六四人が加わっていた絹座から年に二〇〇文を上納させ、そのかわりに京における絹の独占を保証した。

天皇家や室町幕府ですら、旧来の荘園からの収入のみでは経済的に成り立たなくなったため、そうした商業活動に関わるようになった。幕府は一部の寺社や貴族に対して荘園の収入から幾ばくかを差し出すよう要求し、卸売業者には貯蔵税のような税を課し、一五世紀半ば以降には多くの関所を設け、関料を徴収した。一五世紀になると対外貿易も重要な収入源と見なされた。こうした幕府の商業活動は『老松堂日本行録』を書いた朝鮮の使節の宋希暻を驚かせるものでもあった。一四二〇年に宋希暻は、京に滞在中に次のように記している。

日本には国家の倉というものはなく、（その財政は）ただ金持ちからの支持と上納によって成り立っている。

（『朝鮮王朝実録』世宗二年一〇月八日）

日本各地で商業集落が形成され、対外貿易を行っていた守護大名の大内氏の居所である山口や今川氏の府中（静岡）はそうした商業の拠点であった。しかし、それよりも人口増加を促したのは港だった。九州の博多や坊津、大輪田泊と呼ばれた瀬戸内海の神戸、日本海に面した敦賀などが古くからの港であったが、その近辺に新たな港が出現した。そのひとつが敦賀の近くの小浜であった。小浜は当初守護大名の山名氏が利用しており、市や卸売りの集積地にもなった。瀬戸内海沿岸の新たな港湾町も非常に増えた。室津や尾道も山名氏が掌握していた港であるが、特に中国との貿易において重要な役割を果たしたのは堺であった。

堺は、一三世紀の荘園文書から現れるようになる。摂津と和泉にまたがって位置する堺は二つの荘園から成り立っており、東寺や相国寺、住吉大社などにそれぞれ別々に領有されるようになった。そして、瀬戸内海の荘園から荘園領主であった奈良の寺社や高野山に運ばれる年貢の積み替え港としての役割を担った。他の都市と同様、倉庫や交易が発達していった。例えば一三八〇年には周防にある東大寺の荘園が二〇貫文の年貢を、堺で貨幣に交換する手形のかたちで送るようにという命を受けている。また、安芸の太田荘が高野山の寺院に年貢を送っている。一五世紀半ばになると、この荘園では、堺で年貢の貨物を現金に替えることが年六回もあった。

また堺にも市があったが、その活動について史料ではあまり明らかになっていない。多少の座も存在した。油座一座と帽子座二座が知られる。ただし、堺における中心的な活動は倉庫や為替であり、金融取引が活発であった。それによって得られる手数料は、荘園ごとに数百貫にのぼった。当時流通していた貨幣は中国銭であり、それをふまえると堺が中国との貿易に乗り出すのは必然的であった。一三九九年以降、室町幕府は堺を直轄領として支配して、貿易においても特権的な地位を築いた。一五世紀半ばになると、堺商人は足利氏が派遣する唐船に出資したり、その船の貿易実務を担当した。対外貿易における利益は、時には他の活動から得られる利益に匹敵し、堺の繁栄に大きく寄与したと見なされる。堺は一六世紀初頭には人口が三万人を越え、京都や奈良とともに日本の三大商業都市のひとつに数えられるようになった。なお、堺に対して京や奈良の急速な商業的発展は、貸し付けや工芸品生産、座の活動などによるものであった。

一四世紀以降は交易が荘園経済の枠組みに収まらなくなっていった。地域間の交易が増大し、地方から中央へという年貢を中心とした一方通行型の貢納経済から市場経済へと進んだ。だが、中世の商人はその営業の保護を受けるため、公家、武家や社寺に対して従属しながら営業活動を行なった。公家に対しては供御人等、神社に対しては神人、寺院に対しては寄人、聖、坊人、公人と、それぞれ名称は異なるが、いずれも荘園領主と特殊な関係を保っていた。独立した商人階層はまだ存在していなかった。宋代以降の中国で発達したような士農工商の社会が支える自由市場経済システムが日本で展開するには、江戸時代を待たなければならない。

足利義満の外交時代——一三六八〜一四〇八

日本と明の外交の始まりは一三七〇年頃であった。その年、一三五〇年代から倭寇が中国沿岸を荒らしまわったことを非難する洪武帝（在位一三六八—一三九八）からの国書を持った楊載が九州を拠点とした懐良親王《かねよししんのう》（?—一三八三）のところに派遣された。その国書において倭寇対策を行なわなければ明は制裁を加えることを警告してきたのである。

また日本への使節派遣は、明から周辺諸国への通達の一環でもあった。洪武帝は一三六八年に明を建国すると、安南、占城、高麗、日本に新王朝設立と皇帝即位を知らせる使者を派遣した。古代から中国が「天下」を支配するという観念があったので、このような行為は「蕃国」の国々から朝貢を受けることによって新王朝の正統性を強調しようとする狙いを持っていた。

翌年には朝貢使が訪れ、その後も陸続と来るようになる。なかでもよく朝貢したのは、東南アジアの安南《アンナン》・占城《チャンパ》（南ベトナム）、暹羅《シャム》（タイ）、真臘《しんろう》（カンボジア）、爪哇《ジャワ》、西洋《さいよう》（東南アジア）、高麗（朝鮮）、日本、そして琉球王国であった。

洪武帝の目論見は、対外貿易を公的朝貢使節に限定し、また明に来朝する外国使節の回数を減らすことによって、彼らへの応対や回賜品の授与による経済的な負担を削減しようとするものであった。一三七一年には、中国人が海外へ出ることを禁ずる海禁令が出された。洪武帝はモンゴルの残党が沿岸部の海賊と結ぶことを恐れたのであり、海禁令を通して内陸部と沿岸部の接触を断ち切ろうとした。そのうえで沿岸の防備も固めたのである。

対外貿易を管理する市舶司は一三七〇年に寧波、広州、泉州に置かれたが、一三七四年には廃止になり、私的な貿易は違法とされた。この措置は、後に明の国内市場における輸入品の取り扱いに関する禁令によって強化されている。洪武帝は、数世紀にわたって栄えていた外国との自由貿易にピリオドを打って公的貿易に一本化したのであり、それは一五六七年まで続いた。さらに一三七四年には高麗の朝貢使節の来朝を三年一貢に制限し、その後、安南、暹羅、真臘、爪哇に対しても同様の処置をとった。琉球王国は二年一貢と定められたが、後に毎年の朝貢が許された。高麗も一年に複数回の朝貢が認められるようになる。これらの国々にとって、朝貢品の貢献は公的な外交における商業的取引として利益をもたらすものであった。

洪武帝は、日本に対して朝貢の奨励と倭寇の根絶という点において関心を払っていた。一三六八年に明から派遣された使者は、途中で行方がわからなくなった。一三六九年に倭寇に関する内容を含んだ国書を持った使者楊載は懐良親王に捕らえられ、京に着くことはなかった。懐良親王は吉野の南朝の後醍醐天皇の子であり、征西将軍に任命されて博多の近くの大宰府を拠点としていた。懐良は外交の経験がほとんどなく、明の使節を三カ月にわたって拘留して、そのうち五人を斬り、残った楊載等を明に追い返している。翌一三七〇年に、明は中国で捕虜にした一五人の倭寇を趙秩に帯同させて帰国させた。この時、懐良は馬や方物などの贈物で友好的に対応し、祖来という日本僧を派遣して中国使者を送らせた。祖来は翌年に帰国したが、明の使者として僧侶が同行し、懐良は文綺紗羅という絹を受け取っている。

その後も日明間で外交使節の往来が続いた。一四世紀の末までに一五回の往来が見えるが、そのほとんどは征西府との交渉であった。その国書は強硬な姿勢のものもあれば、懐柔的なものもあった。

＊（追記）橋本雄二〇〇五によると、懐良の使者と称する者の中には、実は九州の大名島津氏等の偽使だった者も多かった。幕府の名義の使節でも一四―一六世紀を通じて、明や朝鮮に偽使が訪れている。

日明間の初期の交渉は、吉野の南朝から九州を任された懐良親王が独占していた。これに対して時の将軍足利義満にとって自らの幕府が外交関係を担い、かつ日本の本当の支配者であることを明に認めさせることは重要な課題であった。それは一三九〇年代になってようやく達成された。幕府の有力な武将であった今川貞世（了俊）（一三二六―？）が九州探題として派遣され、日明貿易から懐良の影響力を削《そ》ぐことに成功している。九州探題は将軍に忠実かつ強力な守護大名の職務として一六世紀まで続いた。

遠江の守護であった今川貞世は、一三七一年に義満によって九州に派遣された。当時の九州はいくつかの勢力に分かれて、その支配をめぐって争っていた。特に有力であったのは、薩摩の島津氏、肥後の菊池氏、豊後の大友氏、筑前の少弐氏、筑前から周防、長門に勢力を張った大内氏であった。これらの諸氏は朝鮮との交易を活発に行なったことで知られるが、そうした貿易に最初に着手した人物こそ今川貞世だったのである。

一三七七年、九州探題であった貞世は九州に到来した高麗の使節に応対した。貞世は、倭寇によって囚われの身となった高麗人を送り返した上で倭寇の取り締まりを求める、時の高麗王辛禑《しんぐう》の要求に応じて高麗人を送還した。その後、一四〇二年までに日本と朝鮮半島の間に一五回の往来があったが、その主たる課題は倭寇であった。一三九五年に貞世が京に呼び戻された後は、大内義弘（一三五六―一三九九）が対外関係を担う幕府の代表として活躍した。義弘は、義満の家臣として、堺、西日本、北九州の守護職に任じられた。義満は一三九四年に将軍を退いて出家したが実権は握ったままであり、一三九七年には大内義弘を通して朝鮮王朝に倭寇禁圧について前向きな返事をしている。一三九二年に朝鮮王朝が成立した当初は、その初代王太祖からの国書に対して消極的であったものの、これが日本と朝鮮王朝の最初の交渉となった。朝鮮からの返事を受けた後、一三九九年に義満は初めて直接、幕府の外交使節を派遣した。その三年後にも使節が往来している。義満は外交権を掌握し続け、一四〇八年に死去するまで公的な使者が毎年のように日本と明、朝鮮の間を往来したのである。

それでは日明貿易においてどのように取引が行なわれていたのだろうか。そのルールは明が定めていた。明の二代皇帝建文帝は一四〇一年に義満から国書を受け取ると、すぐさま日本の使節を招請するために天倫道彝《てんりんどうい》と一庵一如《いちあんいちにょ》という二人の僧を派遣し、幕府への国書、大統暦や賜物として錦綺二〇匹を送った。大統暦は日本の暦と異なっていた。中国の暦の使用は正朔を奉じるといい、中国の周辺国が中国に忠誠を示す行為であり、その頒賜は明への臣従を促す意味を持っていた。一四〇二年に明の使者が到来すると義満は会見のために兵庫浦まで行き、その後、現在金閣となっている北山の居所において明からの賜物を受け取った。義満は一四〇三年に天倫道彝等が帰国するのにあわせて三人の僧を同行させている。その正使には天竜寺住持の堅中圭密《けんちゅうけいみつ》(生没年不詳)が任じられた。

明への国書の中で義満は「日本国王臣源――」と記している。足利氏は、清和源氏の一流に属したので源と称したのである。「日本国王」という称号は、義満の同時代の公家からも、後世の人々からも厳しく批判された。それは「王」という称号が中国に朝貢する国に与えられ、中華帝国への服属を意味したからである。七世紀後半に天皇制が成立して以来、日本は中国に冊封を受けるという姿勢はとらなかった。それだけでなく、古代の日本も自己の帝国主義的外交を打ち出し、新羅等を属国視した。だが明が朝貢国に対してのみ応対する態度を示したために、義満は形式上「臣」と称したのであり、以後の将軍もこれに倣うこともあった。義満や以後の足利将軍は、明に対する外交方針について妥協し、それによって明との貿易を果たしたのである。

一四〇三年の国書の末尾には日本から明への方物が列挙されている。しかし、朝貢が日本からの使節の唯一の目的ではなかったことはいうまでもない。京の吉田社の吉田氏が残した『吉田家日次記』という史料には、「様々な兵具などを明に持って行った。派遣のついでに貿易をするのである。諸大名も同じようにしていた（種々の兵具以下、之を遣わさる。此の次、また商売を為す。諸大名の沙汰、之を遣わす。）」（応永十年二月一九日条）（湯谷稔一九八三、四七頁）とある。実際に派遣された使者に目を向けると、堅中圭密は三〇〇人もの人々を引き連れており、その全てが外交使節であるとはいえない。義満は明の朝貢システムを貿易ルールとして活用したのである。その背景には守護大名等の要求もあったに違いない。

明との貿易

当時の日本側が朝貢品とは別に、商売を目的として膨大な刀剣、槍を明にもたらしたことが知られる。こうした武器の輸入は明朝内に激論を引き起こした。一四〇三年に礼部尚書（大臣）の李至剛《りしごう》は、「蕃国の使者が中国に入国する際には私的に武器を持ち込むことは許されていない。ところが（日本人は）民衆に売っている」として、船中を捜索して武器の類は没収すべきことを論じている。しかし、時の皇帝永楽帝（在位一四〇三―一四二五）は次のように命じた。

外国の夷狄が中国を慕って朝貢するにあたっては、危険な海を渡り、遠く万里を踏破してくる。その道は遠く、費用も膨大である。持ってきたものを売って路銀の足しにするのは認めてもよい。どうしてそれが禁令の対象になろうか。（中略）民間で売買はできないものは、政府が中国での価格に準じて購入せよ。法で禁ずることにこだわってはならない。（明の）朝廷が寛大さを失って遠国の中国を慕う気持ちを阻害してはならない。これは重要な政務である。

（『明実録』永楽元年九月己亥条）

ここに朝貢を奨励した永楽帝の方針を見て取ることができる。日本の使節が明を訪れた一四〇三年、永楽帝はそれより以前に市舶司の置かれていた寧波、福州、広州などの港に朝貢使節の来朝を担当する官司を設置した。永楽帝は、マレー、ジャワ、スマトラ、さらにはインド西海岸のコーチンにも使節を派遣した。そうした外交使節の派遣の他に、一四〇五―一四三三にかけて鄭和に武装船団を率いさせて、ペルシャ湾、アデン湾、そしてアフリカ東海岸のモガディーシュに七回にわたって派遣した。いわゆる鄭和の大遠征である。これらの遠征は明の勢威を表して外国に朝貢を促すものであったという見解もある。その渡航地域は、安南以外は軍によって占領されることはなかった。

当該期の明への朝貢使の来朝が増加していることに鑑みれば、明朝の努力は功を奏したといえる。一方で朝貢を奨励する政策という「恩寵」によって、日本人は武器輸出で利益を上げることができた。永楽帝は日本からの使者を接待し、日本の使者は翌一四〇四年に帰国の際に、義満への賜物として冠服、錦綺《きんき》、沙羅および「日本国王」の印章を託された。さらに明からの使者八〇人が同行して来日した。この明使のトップであった趙居任等は、日明関係が新たに君臣関係になったことを幕府に示した。

永楽の初めの時に日本に命じて、朝貢は一〇年に一度、使節の人数は二〇〇人まで、船は二艘まで、武器を持ってくることは禁止、違反すれば賊として扱うとした。そして船二艘を賜い、朝貢用とさせた。（『明史』巻三二二）

この時、明使は義満に「日本」と記した勘合の半券を一〇〇道（通）渡している。それに対応する勘合は明が手元に置いた。日本の貿易船は勘合を与えられ、明側の勘合と一致することで政権から公認されていることを証明しなければならなかった。こうした形式の貿易管理は、一三八三年にシャム、チャンパ、クメールの外交使節に与えられたのが始まりである。一四〇四年には、勘合を与えられた国は一二カ国に及んだ。他国は日本に比べて好条件であった。たとえば使節の人数は限られたものの、使節の派遣間隔は一—三年であった。このような貿易管理によって、明は公的な使節と私的な密貿易船や倭寇などを区別し得たのである。幕府にとってもこのシステムには、外交使節が輸出品をもたらすことが認められ、明との貿易を独占できるという大きな利点があった。室町幕府から明に派遣された遣明船の年次を挙げると、一四〇一年、一四〇三年、一四〇四年、一四〇五年、一四〇七年、一四〇八年、一四一〇年、一四三三年、一四三五年、一四五三年、一四六八年、一四七七年、一四八四年、一四九五年、一五一二年、一五二三年、一五四〇年、一五四九年となる。

足利義満は明から勘合を受け取ると、すぐさま堅中圭密や祥庵梵雲を派遣して馬や硫黄、瑪瑙、金屏風などを送り、その返礼として絹や紙幣を受けた。外交と貿易のルールが新たに定められてから最初の派遣であり、規定の上では次の派遣は一〇年後の一四一四年となるはずであった。ところが続いて明使が来日した後、義満は一四〇五年、一四〇七年、一四〇八年と立て続けに派遣している。これらは明らかに派遣年次に関する取り決めに違反していたが、明では好意をもって受け入れられ、付き添いつきで帰国してきた。時には倭寇から解放された中国人を送還することもあったが、それは礼儀にかなった行為と考えられていたためである。しかし『明史』巻三二二には、日本の使節が入貢の規制を遵守していないため規制を強めたことを記しており、同書巻八一や『明実録』巻一〇五にも同様に日本人が取り決めを守らないことが記されている。

史料には、義満の派遣した遣明使が行なったと見なされる商業取引について、具体的に記していない。ただ、朝貢と贈答について若干のやりとりを窺うことができる。一四〇三年に日本が贈った朝貢品は、『善隣国宝記』応永九年条、『大明会典』巻一〇五等によれば、次の通りである。

生馬二〇匹、硫黄一万斤、瑪瑙三二個（二〇〇斤）、金屏風三副、槍一〇柄、太刀一〇〇把、匣入の鎧一領、匣入の硯一面、扇一〇〇把

こうした品目は一六世紀までの七回の使節でも概ね一致しており、太刀や槍の数量に変動があるものの、大方の遣明使で同様であったと思われる。ところで、注目すべきは金である。一四〇一年に義満が洪武帝への遣使において金千両を送っていたが、その後には金が朝貢品目から消えている。なお、一四〇三年の朝貢品の国内価格は、一四三二年の日本の物価に照らした場合、合計で銭六〇〇―七〇〇貫と見積もることができる。その他にも、一四〇一年、一四三三年、一四五二年、一四六八年、一四七五―一四七七年、一四八三年、一四九三年、一五三八年の明への朝貢品の品目は日中の史料に挙げられている（『善隣国宝記』応永八年、宣徳九年、景泰二年、成化十一年、成化十九年条、『戊子入明記』応仁二年条、『蔭涼軒日録』明応元年二月六日条、『妙智院文書』渡唐進貢物諸色注文、『大明会典』巻一〇五参照）。

一方、明は、一四〇五年に答礼として、織金《おりきん》文綺紗、羅（うすもの）、絹三七八匹、銅銭五〇

○緡《びん》（一緡当り約一〇〇〇文）、鈔《しょう》（紙幣）五千錠（一錠当り一五〇─二〇〇文）を贈った。これらをもたらした明使は、他にも白金千両、織金の色つきの綵幣《さいへい》二〇〇匹、綺繡《きしゅう》の衣六〇件、銀の茶壺三個、銀盆四個、紗帳、衾褥《きんじょく》、枕席《ちんせき》、器皿《きべい》（陶磁器）などを二隻の船に積み込んできた。

一四〇七年の明からの到来品については記録がきわめて詳細で、それは「日本国王」である義満とその妻に対して白金一二五〇両、銅銭二万緡、綿、紵絲《ちょし》（繻子の一種）、紗、羅、絹等計四九四匹、僧衣一二襲、帷帳《いちょう》、衾褥《きんじょく》、器皿《きべい》、仙人の手の形をした玉、宝石や真珠を八個嵌め込んだ廂（箱か）、白氈やその他の褥子（クッション）五牀《しょう》、被（マット）一床、紵絲の枕一箇、絹のカーテン二つ、組み紐六つ、銅製の茶瓶二個と銚《ちょう》四個、堆朱漆の盤二〇個と香盒三〇箇、円眼（竜眼か）と茘枝《れいし》という果物四篭等が贈られた。一四〇八年には、遣明使として明に来ること四回目となった堅中圭密に、鈔一〇〇錠、銭一〇万文、綵幣五匹、僧衣一襲が授けられた（『明実録』永楽四年正月己酉条、同五年五月己卯条、『妙智院文書』大明別幅并両国勘合永楽五年五月二六日）。また『大明会典』巻一一一には、諸国の朝貢国の国王や使節に対して与えられる品目の興味深いリストも載っている。

明から輸入された品目についてみると、そこには銭貨、高級絹織物の入手のほかに、義満が宴を催すためにその器具を買い求めた様子が窺われる。義満は一四〇一年に北山の居所の一画に金閣を建て、そこにおいて茶会や香会、花会、歌会、宴、また猿楽、田楽の演劇などが行なわれた。これらの会では室内の装飾が重視され、中国や朝鮮のものが用いられたり飾られたりした。だがその一方で、輸入品目の中に茶道の専用具がまだこの時には含まれていない点も注目すべきであろう。

その後の足利義満、義教、義政の歴代のコレクションについて、芸道に秀でていた能阿弥が、将軍家が蒐集した書画の鑑定を行なった。この仕事は『御物御絵目録』として結実し、美術的価値によって分類を示した初めての中国の芸術品の鑑定書となった。目録には、三一人以上の宋・元時代の画家の作品二八〇幅が列挙されており、仏画、肖像画、山水画、花鳥図などが主題となった。最も作品が多いのが牧渓の一〇三点であり、梁楷二七点、馬遠一七点、夏珪一七点（いずれも生没年不明）、徽宗《きそう》（在位一一〇一―一一二五）一〇点と宋代の著名な画家が続いている。このうち牧渓は当時の中国ではあまり人気がなかったが、日本では高く評価された。こうした絵画が金閣に飾られていたのであろう。

＊（追記）橋本雄二〇〇五によると、これは牧渓が臨済宗の僧であり、かつ日本で最も尊崇されていた僧無準師範の弟子であったからである。

朝鮮との貿易

明と同様に、朝鮮王朝との貿易も毎年のように行なわれた。一四〇四年以降に将軍義満が朝鮮国王への国書で「日本国王」と称したことは注目に値する。近年の研究では、古代には新羅は日本の朝貢国とみなされたのに対して、義満は朝鮮国王と対等の立場であることを表明したものと考えられるようになりつつある。一四〇四年に日本と朝鮮の間で交わされた贈物については、詳細はわかっていない。ただ、その前回にあたる一三九八年に、義満は大きな銅鐘と大蔵経の版本を要請していることが見える。

大蔵経は仏教の主要な経典を網羅したもので六千巻以上に及び、その木版印刷が一〇八七年に高麗で初めて完成したのであった。その後、モンゴルの朝鮮半島侵攻により版木は焼失したが、一三世紀半ばに版木を新彫して再版した。その版木の数は八万一〇〇〇枚に及び、現在でも海印寺に韓国の世界文化遺産として保管されている。大蔵経の日本での印刷は一七世紀まで行なわれず、室町時代には日本において朝鮮の物品として需要が最も高いものであった。日本が一六世紀までに朝鮮に大蔵経を求めることは六〇回に及んだ。ただし、一三九八年の義満の要請に朝鮮国王が応じたかどうかは明らかではない。一方、日本から朝鮮への贈物は、朝鮮史料にはその具体的な品目についてふれることはない。

両国の外交使節は、外交上の公的な贈答のほかに商業取引を行なっていた。一三九九年に幕府は、使者を通じて貿易用として紗、羅とともに綾を送っている。逆に日本に輸入された品目については一四〇二年、一四〇六年のものが判明しており、それによると樽、やかん、瓶、鍾(これらは全て銀製)、その他にも金鍍金《めっき》した銀の杯、皮靴、竹帽子、虎や豹の皮、様々な敷物、紙、人参、松の実などがあった(田村洋幸一九六七、四二三頁)。このうち銀については、一四世紀になると対馬の銀山からの銀の産出量が減少し、日本でも銀製品が珍重されるようになったのである。

この時代の対朝鮮貿易は都に限られるものではなかった。西日本の守護大名や地域の勢家が貿易に関わった。『朝鮮実録』には、一三九二年の建国後、数多の日本の交易使節が到来した記事を載せている。一四〇八年までに一二〇―一三〇もの使節が、九州や対馬等各地からやって来たのである。

鎮西探題の今川貞世や西日本で有力な守護大名だった大内義弘も貿易に着手した。北九州に勢力を張った少弐貞頼もそれに続いた。南九州では、薩摩、大隅、日向を勢力に収めた島津氏や伊集院氏が朝鮮との貿易を担った。そもそも島津氏久（一三二八―一三八七）は一三七四年に明へ使者を派遣し、皇帝に馬、茶、絹、刀剣、扇を献上しようとした。ところが、島津の使者は勘合や幕府からの国書を有していなかったため明に入国できなかった。このように明では私的な貿易は禁じられていたため、九州の有力者の目は朝鮮に向けられるようになったのである。

朝鮮の貿易システムは国家によって外国人の私貿易を認可するものであった。朝鮮の朝廷は商人のような公的ではない集団にも来朝の許可を与えたが、貿易は朝廷関係の官司のみが行い得た。朝鮮王朝は海賊を排除し、自国民と外国人の接触を阻もうとした。さらに九州から来る使者の多くは、倭寇に捕らわれた朝鮮人を連れて来た。そのため西日本からの使者は、商業的な性格と外交的な性格の両面を併せ持っていたといえる。

この時代には、特に肥前、壱岐、対馬の商団が数多く朝鮮に到来した。壱岐の領主の源良喜は松浦地方の出身であったが、志佐家として壱岐に土着化して壱岐全域を支配するようになった。史料から壱岐の交易品の詳細も判明する。たとえば一四〇五年には志佐氏は、朝鮮に馬二匹、太刀、薬材、器用を送っている。翌年、朝鮮から銀鐘、銀盤、苧《からむし》と麻の布各五匹、虎と豹（黒貂か）の皮各二張、松の実一〇〇斤、米・豆各一〇〇石がもたらされている。同年に派遣された肥後や丹波守の使者は、朝鮮に蘇木、胡椒、玉帯、槍、剣、水牛角をそれぞれ持っていっている。一四〇八年にも米一五〇石、黄豆五〇石を受け取っている仇沙なる人物がいるのが見える（田村洋幸一九六七、二八三、二八四頁）。

一方、対馬と朝鮮の公的関係は一三九七年に始まったが、私貿易は一三世紀から行なわれていた。ただしその頃の交易品についてはほとんどわからない。当時、高麗は対馬を倭寇の拠点と見なしており、倭寇問題こそ対馬と朝鮮の交渉が生じる要因であった。一三九七年に倭寇が朝鮮の豪族を捕らえて対馬に逃亡した。そこで朝鮮の公的な使節が書状を持参して対馬に派遣された。結果として翌一三九八年に八人の朝鮮人の帰国が叶い、九人の日本人が人質として朝鮮に赴いた。

その翌年、宗貞茂《そうさだしげ》（？—一四一八）が交渉に着手した。貞茂は朝鮮に朝貢品を送り、朝鮮国王宛の文書において対馬島都総官と名のった。この時に貞茂が朝鮮から受け取った品は、麻布と苧布《ちょふ》各三匹、虎の毛皮などであった。その後も貞茂やその一族は、毎年一—二回の使者を派遣し、その際に方物を持って行き、その見返りの品を要求するようになった。

一四〇二年に宗貞茂は、人参二〇斤、黒麻布三匹、白苧布三匹、米四〇石、豆二〇石を得ている。一四〇四年にも苧布、麻布を各三匹、焼酒一〇瓶、蒜《ひる》一〇斗、虎皮、豹皮を各二領、乾柿子一〇束、黄栗一〇斗を、さらに三年後の一四〇七年には米・黄豆を各一五〇石、松子一〇〇斤、乾し柿六〇束、焼酒一〇〇瓶、清酒三〇瓶、天鵞《てんが》一首、銀魚一缸《かめ》を授かっている。その上、貞茂は一四〇六年以降、ほとんど毎年二〇〇―三〇〇石の米・豆を得ており、朝鮮との関係は対馬の領主にとって利益の多いものであったことを示している（田村洋幸一九六七、一八〇頁）。

それと同時に対馬は倭寇を抑制する戦略的な拠点であったことから、朝鮮王朝にとっても有益であった。かくして九州、壱岐、対馬と朝鮮の貿易が栄えたのである。

＊（追記）上述の史料は田村洋幸一九六七に引かれている。本章では中村栄孝一九六五、田中健夫一九五九・一九七五、長節子一九八七の研究を参照した。本書で日・朝の貿易品目のリスト等について田村一九六七を引用した。同書は、対馬、壱岐、松浦地方、南九州についてテーマごとに四つに分けて年代ごとに論じている。史料については同書で年代順に列記されており、本書では史料の引用は割愛した。

ところで西日本の対外貿易については興味深い史料がある。一四世紀頃に書かれた教訓書『庭訓往来』には、四月状返条に「筑紫の穀、異国の唐物や高麗の珍物は雲霞の如くである。交易の利益は京都の四条、五条の巷以上であり、そこに出入りする人々は貴族から賤しい者まで京都や鎌倉に劣らない」と記す。また『太平記』巻三九「大内介降参ノ事」によると、周防から勢力を伸ばした大内弘世（?―一三八〇）は、在京の間に銅銭数万貫や唐物を自分の従者や遊女、能役者等に気ままに授けた。弘世は、明らかに九州での貿易を通じてその富を蓄えていたのである。

この時代に日本は、初めて東南アジアの国とも直接接触したようである。一三九一年に高麗に来た暹羅斛《シャム》国王の使者は、日本に一年滞在したと述べている。別のシャムの使節は一三九三年に朝鮮の使節に随伴して日本に出立した。しかしこの使者は倭寇の手に落ち、積荷の全てと一部の人員の命が失われることとなった。一四〇六年には爪哇《ジャワ》からの船が朝鮮に到来したが、同様に被害を被った。倭寇は、蘇芳、胡椒、龍脳、沈香、鸚鵡、孔雀などの積荷を奪い取った。倭寇との戦闘で二一人が死に、六一人が捕虜となり、かろうじて四〇人が朝鮮に逃げ延びることができた。一方、対馬の島主であった宗貞茂は、同年に朝鮮に蘇芳、胡椒、孔雀を贈っているが、これらはジャワの使節からの掠奪品であると公言してはばからなかった。さらに松浦地方の領主や南九州の豪族であった伊集院頼久も、朝鮮に蘇芳と胡椒を献じている。一四一一年にジャワの使節は博多にもやって来ている。とはいえ、基本的には室町時代の東南アジアとの貿易は、琉球王国を通して行なわれていたのである（和田久徳一九八六、一一七―一二〇頁、田村洋幸一九六七、一七八、二八三、三三四頁）。

義持の時代から義政へ——一四〇八〜四九

足利義満は一四〇八年五月に死去した。それと同時に室町幕府の積極的な対外貿易も停滞期に入った。義満の息子であり将軍を嗣いだ義持（一三八六—一四二八）は、父のような貿易政策をとらなかった。明に喪を告げて弔問の使節を受け入れるなど儀礼的な外交を交わした後、幕府の新政権は明との外交について否定的な姿勢を示すようになった。『善隣国宝記』応永二十九年条には、明からの朝貢の要求に対する義持の返書が掲載されている。それによると「（義満が死ぬ前に）神の託宣にいうには、我が国は古来外国に対して臣と称することはなかった。近年ではそれまでのしきたりを変えて中国の暦を受けて印綬を授かり、拒否しなかった。このことが（義満が）病気にかかる原因となったのである」と記している。一方、義持は外交文書において日本の暦と日本の年号を用いた。義持は、一四二〇年に朝鮮からの外交文書にも明の年号が記された際には怒りを表した。義持が死ぬまでの間に、日朝間の交渉は一一ないし一二回にまで及んだのである。

そうした事情があるにせよ、朝鮮に往来した使節のやりとりは幕府側に有利であった。一四二二年に義持は、貿易において書籍、白い練絹、銅、沈香、蘇木、白檀、胡椒、甘草等を輸出している。一四二五年には銀扇、刀、練緯が確認できる。これらのうち植物系の物資は、東南アジアからきたものであることがわかる。そうした品々は一般には琉球や朝鮮系由で日本に入ってきたが、スマトラからもたらされることも幾度かあった。スマトラのパレンバン地方の豪商が派遣した商団が、一四〇八年に日本海岸の小浜港に来ている。『若狭国税所今富名《いまとみみょう》領主代々次第』という史料によると、「日本の国王への進物として象一匹、山馬一隻、孔雀二対などをもたらした」とある。パレンバンからは一四一二年にも商団が到来し、その時には幕府から進物の注文があった。その後、スマトラの他の地方からも二回商人がやって来ている(和田久徳一九八六、一一四、一一五頁。田村洋幸一九六七、四二二頁)。一方、一四一一年に義持から朝鮮に贈物として象一頭が贈られた。この象は、日本に輸入された後に朝鮮に送られ、香薬等他の東南アジアからの品々と同様の扱いを受けていたことが想定できる。義持が朝鮮から輸入した品としては大蔵経を挙げることができる。義持の時代には、少なくとも五回にわたって高麗版の大蔵経が京都にもたらされた。その一方で、それ以前から九州の領主層が入手したような品物も輸入された。具体的にいえば苧《からむし》、麻布、敷物、毛皮、人参の類である。ただし、幕府と違って領主たちの輸入品には銀器が見当たらないことが注目される。

足利義持が一四二八年に死去すると、次の将軍の義量《よしかず》以降は対外貿易に対して積極的な姿勢を示した。一方、明では宣徳帝(在位一四二五—一四三六)が貿易問題に取り組んだ。宣徳帝は、即位後に日本との関係に関する取り決めを改めた。幕府の公的な使節は、船数で二隻から三隻に、人数で二〇〇人から三〇〇人に増やすことが認められた。ただし、一〇年に一回という派遣期間についてはそのままであった（『明史』巻三二二）。明朝のこうした取り決めの改定は琉球王国を介して伝えられた。まもなく六代将軍となった足利義教（一三九四―一四四一）は明の働きかけに対応し、一四三二年に龍室道淵《りゅうしつどうえん》を正使とする外交使節を派遣した。当初、派遣される三隻の船は、幕府、京の相国寺、有力守護大名の山名氏がそれぞれ手配する予定であったが、さらに一三の守護大名や社寺が共同で派遣する一隻と皇室関係の三十三間堂が受け持つ一隻の計二隻が増派されることとなった。翌年、幕府の派遣した使節団のうち二二〇人が北京に向かい、他は到着地の寧波に残った。幕府側の使節に関しては、朝貢においてやりとりされた物品や幕府船が取り仕切った貿易について詳しい記録が残っている。

＊（追記）一四三二―一四三三の使節や以後の一四五一年、一四六八年、一四七七年、一四八三年の使節については、中国史料では『明実録』、日本史料では日記類としては『大乗院寺社雑事記』や一四六八年に入明正使であった天与清啓（生没年不詳）が著した『戊子入明記』、『看聞御記』、『満済准后日記』、史書としては『善隣国宝記』において外交で交わされた贈物や貿易品について挙げている。本章では、関連の史料について湯谷稔一九八三を引用した。その他に鄭樑生一九八五や Wang Yi-t'ung; 1953 を参考にした。

義教が明に贈った進貢物の類としては、馬二〇匹、黒漆鞘柄太刀一〇〇把、撒金鞘柄太刀二把、長刀一〇〇柄、硫黄一万斤、鎧一領、瑪瑙二〇塊、硯一面および匣、金屏風三副、扇一〇〇把、槍一〇〇柄であった。これらの進物は発遣前に幕府が銭六九五貫で買い揃えたものであった（『善隣国宝記』宣徳九年、『戊子入明記』）。

表5―a　15世紀における対外貿易制度

	明	日本	朝鮮
貿易の性質	管理貿易（朝貢制）	対明：幕府の管理貿易 対朝鮮：自由貿易	管理貿易（文引制）
政府のスタンス	外交の一貫、制限をかける	積極的―日本人が海外へ赴く	受動的―商人の到来受入
貿易規定	勘合船2・3隻、200～300人、10年ごと		通行者と船数の制限
貿易管理主体	国家	対明：幕府 対朝鮮：宗氏（対馬）等	国家
出入国	出国禁止（海禁）	出入国自由	出国禁止（海禁）
入国規制	明から幕府に授けられた勘合		朝鮮に公認された文引を持つ者
貿易相手国	朝貢国全て	明、朝鮮、琉球	日本、琉球、明、東南アジア
輸出入税	なし	対明：輸入にかかる 対朝鮮：派遣に対してかかる	なし
主要公認港湾	三、四ヶ所	堺、博多他	三浦
商人の位置づけ	遣明使扱い	幕府その他が派遣する	公使扱い
貿易バランス	輸入が多い	輸出過剰	輸入が多い
価格設定	国家が定める（輸入）	自由（輸出）	国家が定める
支払手段	銅銭、銀、織物	物々交換	布、木綿、絹など

※日中交易の大勢は11世紀と15世紀では逆転する（表2、p. 83参照）

その見返りとして明皇帝は、「日本国王」および「王妃」に白金（銀）三〇〇両、花模様の錦六匹、紵絲綾という各種の綾三〇匹、羅二八匹、紗二八匹、彩絹（染絹）三〇匹を与えた。他に特賜物として錦三三〇匹、轎《きょう》（輿《こし》）、折りたたみ椅子や折り畳みの床（いずれも金漆塗りで錦のクッション付き）、傘二把、酒壺、茶瓶等の銀器二〇個、花形装飾品四個、漆塗りの棚二座、金鍍金《めっき》青銅の花瓶二対と香炉二個、象牙彫の容器二個と香箱一〇〇個、金漆塗りの碗四〇個、灯篭四対、墨二〇本、紙五〇〇枚、筆三〇〇本、模様紙一〇〇枚、蛇、猿、虎、熊、豹の皮計二六〇張、苓香《れいこう》一〇箱、鸚鵡二〇羽が授けられた（『善隣国宝記』宣徳八年）。いずれも細工品等の最高級品であった。

進物と答進物の交換以外に貿易も行なわれた。幕府の使節は、多くの品物、特に蘇芳、硫黄、銅、刀剣、その他の工芸の優品を中国に売るべく任されていた。使節の派遣の前に幕府は、太刀八五〇振、扇二二〇〇本、銅製の銚子一〇〇具、延べ金一〇〇両、蘇芳二〇〇〇斤、赤銅、砥石を合計銭一四五七貫文で買い付けている（『戊子入明記』渡唐御荷物色々御要脚）。しかし、実際に幕府の名で明朝に売りつけた品物の数はそれより多かったので、幕府は社寺や大名など貿易に加わった者にそれ以外の物品を支出させたのであろう。

明で得た売上は、上記の太刀から蘇芳までの五品目で銅銭にして六万九八一〇貫文に及んだ。『明史』によると、幕府を名のって売った品の総額は、銅銭二一万七七三二貫文、つまり銅銭二億枚に達したようである（鄭樑生一九八五、二一〇頁）。この額は、一二四九年に明州に着港した日本船が貿易で得た売上の総額に相当している。

さらに幕府だけでなく、他の遣明船を手配した人々も明で取引を行なった。この点については数度にわたって入明使の一員として明に渡った楠葉《くすば》西忍《さいにん》（一三九五―一四八六）という堺の商人の活動が参考になる。西忍は、東南アジアあるいはアラブ系の移民（天竺人）の父と日本人の母の間に生まれた。彼は興福寺大乗院の代表商人として、一三の有力者が共同で派遣する寄合の遣明船に乗っていた。西忍によると、船の借賃、船員の俸料や食料に銅銭約一五〇〇貫文がかかった。この船を主宰した一三名は、交易による取引の一〇分の一を納めることと引き換えに、私的な商人一〇人を船の乗合客として同船させた。西忍が語ったところによると、商人一人当り銅銭一万貫文の取引に対して一千貫文を徴収したのであった。すなわち一〇人の商人は、一三の船主に対して総計一万貫文を支払い、それは上述の出船経費一五〇〇貫文の七倍にのぼった。彼ら商人は、これだけの支出があっても利益を得ることができたのである。西忍を含めて堺商人の活動が増えるようになると、堺の港は博多と同様に日明貿易の重要な拠点となっていった。

貿易品について、西忍は晩年、次のように語ったことが書き残されている。

生糸の交易ほど利益のあがるものはない。唐糸は一斤が銀二五〇匁であり、日本では五貫文になる。また備前・備中の銅一駄は一〇貫文である。これを明州・雲州（温州）の糸に替えると日本では四〇―五〇貫文になる。また、金一〇両は三〇貫文であり、これを生糸に替えると一二〇、一五〇貫文になる。蘇芳も日本では一斤五〇―一〇〇文であるが、中国では七五〇文―一貫五〇〇文で売れる。

（『大乗院寺社雑事記』文明十二年一二月二一日条）

右の西忍の証言は、中国での取引が幕府だけでなく個人的な民間商人にも、どれほど大きな利益をもたらすものであったかということを示唆している。

さて五隻の遣明船は龍室道淵等正使と明朝の使者に伴われ、一四三四年に帰国した。明皇帝は、明の使者を介して足利義教に贈物の入った辛櫃《からびつ》五〇合、異国の鳥の入った鳥籠一〇個、鵝眼（銭）三〇万貫を贈っている（『看聞御記』永享六年六月五日条）。この額は高額であり、幕府が輸出した品の対価も含まれていたと思われる。明の正使は、約一〇〇道の勘合を古いものと取り替えるために幕府に授けた。かつ幕府が倭寇を禁圧し、連行された中国人を帰国させるよう求めて帰国した。

翌年、新たな日本の遣明船が明に出発した。この時は、前回と同じ船の主催者に新たに大乗院がしつらえた船を加えて六隻であった。使節は一四三五年に明に到着したが、派遣の年限や船の数の取り決めを遵守していなかった。ちょうど宣徳帝の死後数カ月であり、弔問を口実にして派遣されたものであり、結局使節は受け入れられたようである。使節は将軍からの進物として概ね二年前と同じ品を贈り、一方で明の朝廷からの回賜物を託された。この使節も貿易で莫大な利益を得たであろうことは推測に難くないが、史料には詳しい記事を見ることができない。ともあれこの使節が、足利義教が将軍であった時代の最後の遣明使であった。

義教は朝鮮とも関係を結んだ。明との貿易で利益を上げた一四三二年、朝鮮にも使節を派遣した。この時に義教は、仏像、銅、大刀、槍、屏風、朱漆盆、玳瑁《たいまい》（ウミガメの甲羅）や漆の托《たく》子《す》、魚皮、生糸、水晶、甘草、胡椒を送った。こうした公的な贈物と見なせる進物に対して、将軍は、朝鮮国王から麻布、苧布、絹、綿、中国板印大蔵経、綿布（木綿）、様々な席《むしろ》、動物の毛皮、たくさんの松の実や人参を受け取っている。この時期には、他に五—六回の日朝の使者が海を渡っており、一四三二年にやりとりされた品と同様のものを交易している。全体的に見ると、一四〇〇―一四五〇年の間に幕府から朝鮮に派遣された使節は二〇回に及んでいる（田村洋幸一九六七、四二二―四二四、四三〇頁）。

足利義政の時代――一四四九～九〇

一四三五年から一四五三年まで遣明船はなく、幕府の朝鮮派遣も少なくなった。この間、足利義教は、一四四一年に嘉吉の乱で赤松満佑に殺されている。その男子である義勝が管領《かんれい》細川持之の補佐を受けて八歳で将軍になったが、二年後に死んでいる。そのため管領たちは、義教のもう一人の息子である義政を将軍にすえた。義政（一四三六―一四九〇）は、一四四九年に十三歳で将軍となり、一四七三年に将軍職を退いた後も、将軍家当主の「公方《くぼう》」として四〇年間にわたって政治的実権を握り続けた。この時代は芸術と文化の花が咲き誇ったといえるが、一方で内乱も起こった。一四六七年から一四七七年まで続いた応仁の乱は、有力守護大名の対立を一因とする将軍の跡目争いであった。

義政の代には、明へ四回の使節が派遣され、日・朝の間には二二回の使節が交換された。一四五三年には、九隻の船で合計一二〇〇人の使節団が明に到来した。それは天竜寺、伊勢の法楽社、九州探題、島津氏、大友氏、大内氏、多武峰《とうのみね》（談山神社）等が派遣した船であった。奇妙

表 5—b　1432 年における幕府の遣明船の輸出品

品　目[1]	単 位	輸出量[1]	単位価格（明）（鈔貫）[1]	単位価格（日本）（銭文）[2]
蘇芳、蘇木	斤	10,600	1 貫	100 文
硫黄	斤	22,000	1 貫	
紅銅	斤	4,300	300 文	67 文
衮刀		2	10 貫	1,700 文
腰刀（太刀）		850 ＋ 3,050	10 貫	1,500 文
鎗	條	?	3 貫	
扇	把	2,200	300 文	200 文
抹金銅銚	筒	100	6 貫	1,100 文
蒔絵漆器	筒	?	800 文	
蒔絵硯箱并硯銅水滴	副	?	2 貫	
花硯	筒	?	500 文	
小帯刀	把	?	500 文	
印花鹿皮	張	?	500 文	
火筋	双具	?	300 文	
金	両・匁	100 両	?	3,000

※明による支払総額：銅銭 217,732 貫 100 文[1]

（注 1）『明実録』『戊子入明記』（湯谷 p. 170、171、200、鄭 p. 210）。
　　※衮刀二把は龍御太刀二振と同じであろう（湯谷 p. 202、442）。
（注 2）『戊子入明記』（湯谷 p. 200、脇田 p. 92）。
　　※各合計出資分をベースに、Verschuer が計算した。

なことにこの船団の中に幕府を名のる船はなく、その一方で天竜寺が三隻、法楽社が二隻も派遣している。おそらく義政はまだ幼かったために、義政の周囲の人々がこの使節を企図したのであろう(『蔭涼軒日録』文明十九年五月一九日条)。堺商人の楠葉西忍は、多武峰船の商官としてこの時使節に加わっている。西忍は、後に船の調達、発遣準備、船員の雇賃や食料に計一八二〇貫文を要したことを述べている。西忍が寧波、南京、杭州に赴き、そして一〇%の手数料を、相国寺の一塔頭であり幕府と密接な関係にあった鹿苑院《ろくおんいん》に支払ったことが史料から窺われる(『大乗院寺社雑事記』文明十七年八月三日条、『鹿苑日録』明応八年八月六日条)。

明において幕府の名で贈られた儀礼的な進物やその回賜品は、一四三〇年代の使節が交換した品と同じものであった。一方、貿易された輸出商品は、少なくとも品数が明確になっている五品に関しては、その貿易量は一四三三年の一五倍に及んだ。明朝は私的な海外貿易を認めなかったので、幕府の使者がもたらした商品を買い上げるほかなかった。そうしなければ日本からの朝貢が途絶えたり、違法な海上交通が活発化するおそれがあったのである。

一四五三年に日本がもたらした主要な貨物は、一四三〇年代の価格で計算すると、総額にして六一万五千貫文、一四三三年の約九倍に及んだが、明にはその対価を支払う意思はなく、価格は引き下げられた。また支払の一部に、銅銭一貫文当たり銀一両のレートで銀が用いられた。その総額は銀三万四七九〇両、刀剣は銅銭五万四九〇〇貫文となり、その他、若干額が不明なものもある。しかし明朝は、結局銀以外に銅銭五万一一八貫文のみ支払い、残りは絹や布帛《ふはく》六八八匹が用いられた。一四三三年に比べて輸入量が増加する一方で、明が支払った総額は少額になった。そのことは幕府の使節の不満を招き、それに対して明は銅銭一万貫文を追加し、それでも納得しない日本の使節に、遂には絹五〇四匹、布帛一〇〇〇匹を託することになった（『大乗院寺社雑事記』享徳二年一二月二七日条、『明実録』景泰四年一二月甲申条、『戊子入明記』応仁二年条、『蔭涼軒日録』文明十九年五月一九日条、鄭樑生一九八五、二一〇、二一一頁）。

明が価格を大幅に引き下げても、蘇芳や銅以外はまだ日本より明の方が高額であった。そのため日本側は、この時も貿易で利益を得ることができた。明の礼部から託された景泰五（一四五四）年二月一八日付の外交文書によると、進物という貢献物と「附搭」という搭載の貨物との区別を明確にするよう命じられている。

朝貢の方物として持って来た硫黄は、みだりに貨物扱いしてはならない。正規の朝貢品としての硫黄も三万斤を超えてはならない。また、派遣される使節員は、立ち振る舞いが慎み深く礼儀を守ることができる者を選ぶように。（『善隣国宝記』景泰五年二月一八日条）。

この使節は寧波から北京に向かう途上で略奪行為を行ない、それを制止した地方の役人を殴打するという事件を起こした。幕府は明の非難に応じて、朝鮮を通じて明朝に謝罪の書状を送っている。

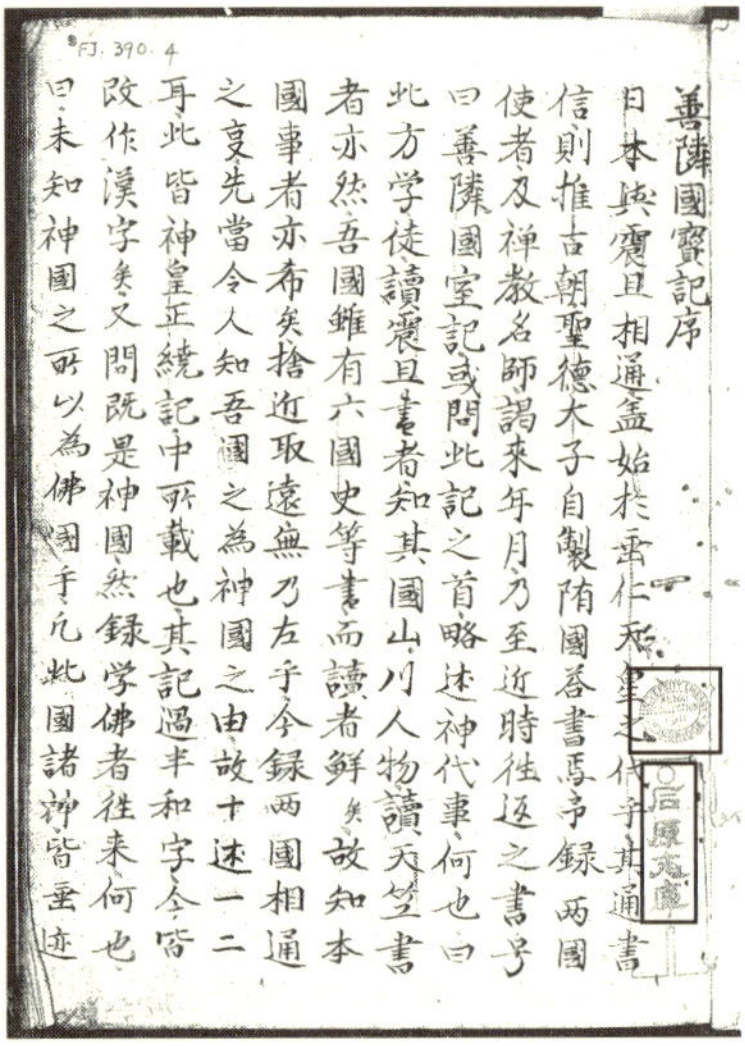
善隣國寳記序
日本與震旦相通蓋始於垂仁天皇之代乎其通書信則推古朝聖徳太子自製隋國吾書焉予録両国使者及禅教名師謁來年月乃至近時往返之書予曰善隣國宝記或問此記之首略述神代事何也曰此方学徒讀震旦書者知其國山川人物讀天竺書者亦然吾國雖有六國史等書而讀者鮮矣故知本國事者亦希矣捨近取遠無乃左乎今録両國相通之事先當令人知吾國之為神國之由故十述一二耳此皆神皇正統記中所載也其記過半和字今皆改作漢字矣又問既是神國然録学佛者往来何也曰未知神國之所以為佛国乎凡此國諸神皆垂迹

史料写真 5—b 『善隣国宝記』冒頭（ケンブリッジ大学図書館蔵）

ケンブリッジ大学図書館所蔵本『善隣国宝記』の最初のページ。写真には「石原文庫」と「Aston Collection」の印が見える。もとは本居宣長の弟子の石原正明（1760-1821）が所蔵しており、その後、G・アストン（1841-1911）の手に渡り、1911 年にその蔵書がケンブリッジに寄贈されて、印が押された。

□ 部分の拡大図

一四六八年、明に新たな使節を派遣した。この使節は明が定めた遣明船の規定を初めて完全に遵守した。前の使節より一〇年以上間を置いて派遣され、船は三隻のみであった。三隻の内訳は、幕府船、大内船、細川船であった。贈答のやりとりはそれ以前と同様に執り行われた。『戊子入明記』には、この時の遣明船において調達された費用について面白い記事を記している。幕府船における船の調達、船員の俸料、食料の費用は、二〇六五貫文と米二〇〇〇石であった。物資と進物の輸出品のコストは、一四三三年の価格で計算すると約二一五二貫文となる。これをふまえると、今回の派遣ではあわせて約四二一七貫文かかったことになる。

幕府は、商人が船に乗り貿易することを認め、その品物の取扱量に応じて、前もって一〇%の貿易税を徴収して利益を得た。一五人が千貫文を払い、一八人が五〇〇貫文を払った。幕府は計二万四〇〇〇貫文を商人から集めたのであり、それは派遣費用の六倍ということになる。

幕府が準備した輸出品は前回に比べて少なくなった。明は日本との交易に対して銀三万八〇〇〇両を支払い、この額で承服するように求めた。一方、日本側はさらなる増額を要求したが、それは却下された。幕府船と細川船の二隻が出港した後、大内船だけは明側の幕府への贈物を道中で失ったことを口実に、重ねて再支払を要請した。その際に五〇〇〇貫文を要求し、度重なる交渉の末五〇〇貫文を得た。さらに大内船は、帰国時に幕府船の積荷の一部と明から受けた勘合を押収している(『戊子入明記』応仁二年、『明実録』成化四年五月己巳〜同五年五月辛丑条)。

かくして幕府は、新たに使節を派遣するのに必要な勘合を奪われてしまった。その旨を朝鮮

表5—c　1453・1468年における遣明船の輸出品

品　　目	単位	輸出量(1) 1453年	単位価格(明)(銀分・鈔貫)(1)	輸出量(2) 1468年
蘇芳、蘇木	斤	106,000	銀7分	?
硫黄	斤	364,400	銀5分	30,000
紅銅	斤	152,000	銀6分	35駄(5,250斤)
衮刀		417	6貫	?
腰刀(太刀)		9,483	6貫	500
鎗	條	51	2貫	40
扇	把	250	?	480
抹金銅銚	筒	?	4貫	
蒔絵漆器	筒	634	600文	
蒔絵硯箱并硯銅水滴	副	?	1貫500文	
花硯	筒			180
小帯刀	把			
印花鹿皮	張			
火筋	双具			
金	両・匁			305匁

※1453年の輸出総額：銀34,790両、銭50,118貫、絹229疋、布459疋(3)
※1468年の輸出総額：銀38,000両

(注1)『明実録』及び『大乗院日記目録』(湯谷p. 157、170、171、鄭p. 210)
(注2)『戊子入明記』(湯谷p. 201、202、213、220、脇田p. 92)。
(注3) 湯谷p. 170、171によると為替レートは、銀一両が銭一貫、絹一疋が鈔百貫、布一疋が鈔五十貫である。銭貫に換算すると、鈔絹と鈔布は合計45,850貫であり、銀は34,790貫、それに現銭50,118貫を加えて、売り上げの総合計は130,758貫となる。

を通じて明に伝え、一四七七年に三〇〇人に及ぶ使節が古い勘合を持って三隻の船で明へ向かった。船は幕府と相国寺が仕立てたものであった。両国は従来通り贈物を交換した。義政は明皇帝に宛てた書状において明銭と漢籍を要請しており、結果として銭五〇貫（五万文）を獲得している。

幕府船の手配には堺商人が出資したようである。堺の港は応仁の乱以降、細川氏によって支配されていた。その後、堺は公的な使節を派遣する窓口となった。史料には一四七七年の取引量についての詳しい記事は残っていない。だが、明が輸入品への対価として幕府や日本からの使節へ与えた礼金の総額は、一万六〇五六貫文に及んだ（鄭樑生一九八五、二二五頁）。

一四八三年に義政は、公方の立場での最後の使節として三隻の船を派遣している（『鹿苑日録』明応八年八月六日条）。うち二隻は幕府船であり、一船当たり四千貫文を特権代として堺の商人から徴収したうえ、彼らに船の準備費も負担させた。これまでの例からすると、四千貫文とは対外貿易で得られる総利益の一〇%程に相当するのであろう。朝廷が中心となった第三船には、甘露寺家が出資した。そのかわりに民間商人を船に乗せて、一〇%の貿易税に加えて、一人当たり二〇貫文の参加費と、貨物一五〇斤当たり一二貫文の物品輸送費を徴収した。

通常のように幕府は明に進物を贈ったが、今回はそれに対する回賜物として一〇万貫文を要求した。その際に「国の倉庫」が空であることを述べ、明朝の徳に対する謝意を示している。ただし、明が幕府の要請に応えたかどうかは不明である。さらに貿易用の物資を大量に持ち込んだようである。明は日本に対して、中国が外国から硫黄や馬を得るのは簡単であり、特に硫黄は琉球王国から膨大な量が届いていることを伝えている。明は、日本が今後そうした品の持ってくる量は減らし、一方で青銅に金鍍金を施した銚子や提子、香炉といった鋳造工芸品を持ってくるように求めたのである。

また明の一六世紀の『日本一鑑』（鄭舜功『窮河話海』）によると、幕府は朝貢品として三六一〇本の刀を、それとともに貿易用の刀三万五〇〇〇本を明に持ち込んだ。明は、それまで一本一八〇〇文で取引していた刀の価格を再び下げざるを得なかった。一四三三年以降、貿易量が一〇倍に増大していることを述べ、刀一本を六〇〇文とした。明の皇帝から幕府に宛てて出された書状には、次のような勧告が述べられている。

朝貢品とそれにあわせて持って来た物資については、礼部が皇帝に報告してから次のように命令が出された。今後は日本の物品について規定を超えて持って来ることを許さない。宣徳年間（一四二六―一四三五）の先例に従って、刀剣は総じて三千本を超えてはならない。そうしてむだな費用を減らす。朕はすでに礼部が要請したことを許可したが、以上の条件を日本国王に通達する。古より「多くを与えて受け取るのは少ないのが良い」という。また「やりとりする物は少なくとも誠意は多く含んでいる」ともいう。上国に奉ずる臣下の懇誠は物品の量で示すべきではない。

（『続善隣国宝記』成化二十一年五月一五日条）

この皇帝の勅を受け取って帰国した使節が、義政の時代に派遣された最後の遣明使となった。その後ももう一回遣明使の計画があったものの、それが実現したのは義政の死後のことであった。

朝鮮に対しては、義政は使節派遣や京への朝鮮使の受け入れを続けた。朝鮮へは一七回、朝鮮からは四―五回の交流があった。ただし『朝鮮王朝実録』では、幕府と守護大名独自の派遣を必ずしも明確に区別していない点に注意しなければならない。幕府からの使節のうち五回は、京の天竜寺や建仁寺、高野山の西光院、大津の園城寺の修築費用を調達するための派遣であった。このような派遣に応じて、朝鮮国王は布や木綿を大量に送った。日朝間の貿易品は、日本は朝鮮に工芸品（武具、扇、屏風、青銅容器）、銅、生糸、東南アジアから輸入した香料などを輸出した。逆に朝鮮が輸出したのは、米豆等の食品、毛皮、敷物、大蔵経の版本であった（中村栄孝一九六六、九三―一〇二頁）。

現在の研究では、こうした幕府名義の使節は必ずしも幕府自身の派遣によるものではなかったことが明らかになってきた。偽使が日本国王や王城大臣等の使者と称して数多く日本から朝鮮に訪れたのである。一五―一六世紀においてこれらの偽使は、朝鮮での貿易目的で対馬の宗氏や博多商人によって派遣された。一四七四年に室町幕府は、その使節が日本国王からのものであることを証明するための牙符を朝鮮から受け取った。一四八二年以降、宗氏や博多商人はそれ以上偽使を朝鮮に派遣することができなくなった。しかし、幕府は大友氏や大内氏のような有力守護大名に牙符を授け、「日本国王」の名義で使節を送ることを認めた。要するに、『朝鮮実録』に見える「日本国王」からの使節は、実際には室町幕府から派遣されたものとは限らなかったのである（橋本雄二〇〇五）。

足利義政は一四九〇年に死去した。一〇〇年に及んだ室町幕府主導の貿易の時代は、勘合によって管理されながら明との安定的な関係を築くものの、私的貿易を阻むものであった。一方で朝鮮王朝にとって、日本から幕府だけでなくそれ以外にも多数の貿易相手が現れた。『朝鮮王朝実録』には、朝鮮が公的な立場で貿易を行なった数十の日本の貿易相手の名が挙げられている。そのほとんどが西日本の各地域の領主層であった。その交易はたいへん盛んであり、朝鮮王朝はたびたび規制を設け、かつ統制する方針に踏みきらざるを得ないほどであった。これらの関係の重要な役割について、主要な特徴を述べよう。

西日本・対馬と朝鮮

一五世紀の初め頃、数多くの渡航船が朝鮮に到来しており、そのほとんどが対馬、壱岐や九州の松浦地方や九州南部からの貿易船であった。こうした西日本からの商業目的の船団の到来は、一四一〇年代には年に平均一三回程度を数えることができる。倭寇や無規則な商団の往来を取り締まるため、朝鮮王朝は公的商団との差別をつけ、沿岸地域の州にその活動を監督させた。

こうした貿易は朝鮮王朝の財政に重くのしかかり、一四〇七年に朝鮮国王は日本から文引《ぶんいん》という渡航証明証を持った商団のみ受け入れるという方式を導入した。文引とは朝鮮に入港する許可証でもあった。朝鮮王朝から指名された日本の地方勢力は商団への文引発給権が認められたが、朝鮮に渡る商団に与える紹介状のようなものであった。それによって、商団の派遣元を明確にし、またその数に制限をかけることができた。一四一四年に貿易使節を派遣することが認められた日本の勢力は一〇にまで減らされ、「日本国王」(足利将軍)、対馬の宗氏、大内氏、少弐氏、九州探題等になった。朝鮮王朝は、対馬の宗貞茂にそうした朝鮮の文引制度を日本に周知するように指示した。宗貞茂は、倭寇の取締りによって朝鮮国王の信任を得ていたのである。一四一八年の宗貞茂の死は朝鮮にとっても悲劇であった。貞茂の死後、倭寇の襲撃が二回続けて(一回目が五〇隻、二回目が三隻)起こっている。

＊(追記)ただし一四世紀の「倭寇」は「日本人」海賊とは限らない。帰属の曖昧な日本海の島々の人々が生業のために参加したことは、藤田明良の研究によって明らかにされている。

対馬を倭寇の根拠地と見なしていた朝鮮の太宗(在位一四〇〇—一四一八)は退位後も実権を握っており、対馬を攻めることを決断、一四一九年に一万七千の兵で対馬を攻撃した(応永の外寇)。しかし朝鮮軍の対馬攻撃は失敗に終わり、宗貞茂の息子の貞盛(?—一四五二)が和平交渉を担った。貞盛は名目上、朝鮮の家臣となり、爵位と印が授けられた。貞盛は対馬の唯一の島主であり、対馬から交易使節を派遣する文引発行者として認められ、島内の対朝鮮通交権をにぎった。さらに朝鮮から年に米・豆二〇〇石（一石は六〇リットル）を受け取る権利も保障された。対馬で米は作られておらず、一〇〇石の米で年に五〇―一〇〇人が食べていけるような量であることを考えると、宗氏にとって朝鮮から得られる二〇〇石の米豆は重要であった。

一四二〇年代に日本の諸勢力が朝鮮に商団を派遣することが相次いだ。朝鮮王朝の史料によると、六二もの守護大名、地方領主、豪族等が朝鮮への恒常的な交易船の派遣に名を連ねていたことがわかる。一四一九年、朝鮮国王世宗《せいそう》（在位一四一八―一四五〇）は商団を受け入れず、公的進物を持ってきた、文引をもつ日本の外交使節だけを認めることを決めた。そして、朝鮮は、九州探題と対馬の宗氏のみを交渉の相手として認め、文引に捺す印を授けた。後にこの印は、他の通交者にも与えられるようになった。こうして朝鮮王朝から認められた勢力のみが貿易を行なうことができたのである。このやり方は、割符を使うことはなかったが、明の勘合貿易と類似している。乃而浦（薺浦）や富山浦（釜山）が、日本人が入港できる場所として指定され、日本人用の客館も設けられた。三年後に塩浦にも入港を認められ、日本向けの港は三港となったのである。

対馬では宗氏のほかに早田氏が有力であったが、宗貞盛は朝鮮関係の諸権益を利用しながら早田氏に対して対馬の支配権を確立しようとし、次第に自己の交通権とそれに関わる収入を拡大した。一四三六年以後、貞盛には、将軍、管領、大内氏を除いた全ての日本の使船に対する文引発行権が与えられ、その文引には船数、船員が記入された。貞盛は発行に際して手数料を徴収した。これによって他の対馬人が派遣した使者のみならず、壱岐の佐志氏、松浦の志佐氏、田平氏、さらには薩摩や石見からの使者、短期間ながら大内氏までもが、宗氏を介さなければ朝鮮と交易できなくなった。かくして貞盛は朝鮮との交易を独占するようになった。一四四一年以降には、このやり方は朝鮮沿岸で漁を行なう漁師にまで適用されるようになったのである（以上については、高橋公明一九八六、佐久間重男一九八六、森克己・沼田次郎編一九七八、一〇三―一一〇頁、森克己・田中健夫一九七五、二七三―二七六頁、田中健夫一九七五、一〇九―一二二、一三八、一六七頁参照）。

この頃、西日本から朝鮮と関係を結んだ者は九〇に及んだが、そのほとんどは対馬の宗氏を媒介としていた。貿易品については多くの史料があるので、ここでは数例を挙げるに止めておく。たとえば一四二七年に朝鮮に到来した日本の貿易使節は一五回であり、その派遣元と貿易品は次の通りである。

まず対馬からの派遣は八回確認できる。宗貞盛は、環刀二本、丹木（蘇芳）三〇〇〇斤、硫黄五〇〇斤、箭簇《せんぞく》三〇個を輸出し、正布（麻布）七〇匹、米・豆各一〇〇石、虎皮・豹皮各二領、紵布《ちょふ》二〇匹、花紋の薦三〇張、焼酒三〇瓶、松子五石を輸入している。さらに同年中に別の使者が少なくとも二回派遣されていることが判明している。

それ以外にも宗貞澄が派遣しており、この時は環刀、甲箭簇、長剣、皮張、大槃《だいばん》（盤）を輸出し、正布四〇匹、米・豆各五〇石、綿紬、苧布《ちょふ》各一〇匹、焼酒二〇瓶を輸入している。

一方、対馬の早田左衛門太郎は、硫黄一〇〇〇斤、蘇芳五〇〇斤、犀角《さいかく》八斤、鳥梅木五〇〇斤、甘草一〇斤、木香二斤、白檀香二斤、陳皮《ちんぴ》（熟させた蜜柑の果皮、薬）三〇斤、朱紅一〇斤、沈香二斤、沙鉢《さはつ》（土器）一〇〇個を輸出し、正布三〇〇匹を輸入している。その二カ月後にも白蝋六〇斤、鉛五〇斤、沙盤二九個、沙鉢一八〇個、沙楪《さちょう》（ゆずりはという底の浅い小さな皿）二九〇個、硫黄一〇〇〇斤を輸出し、正布五九匹、焼酎二〇瓶、松子二石を得ている（田村洋幸一九六七、二〇三、二〇四頁）。

壱岐・松浦地域からの派遣は二回確認できる。壱岐では志佐の源重が硫黄二〇〇〇斤、檀香一〇〇斤、龍脳五両、黄芩《おうごん》（コガネバナの根を乾燥させた生薬）五斤、陳皮一〇斤、檳榔《びんろう》三斤、赤銅五〇斤、大刀五腰を輸出し、正布八三匹を輸入し、大般若経一部を入手している。現在、壱岐の安国寺に一〇四〇年代に板刻されたといわれる大般若経が保存されているが、これとの関係は不明である。また松浦地方の源昌明も使節を派遣しているが、その時の貿易物品はわからない。

九州南部からは二回派遣されている。島津貴久は、硫黄三〇〇〇斤、蘇芳五〇〇斤、漆三五斤、大刀五柄を輸出し、正布二六八匹を輸入、伊集院頼久は、硫黄一〇〇〇斤、蘇芳二〇〇斤、大刀三柄、長槍二柄、鳥金三〇斤、犀角一本を輸出し、木綿布三〇匹、正布九〇匹を得ている（田村洋幸一九六七、二三七頁）。

九州北部からは三回派遣されている。石城府官事であった平満京は、二回にわたって使者を派遣している。また、九州巡撫使作州前刺史《しし》平常嘉も使節を遣わしている（田村洋幸一九六七、三七五、三八九頁）。満京や常嘉が送った使節の交易に関する内容は史料に残っていない。一方、大内氏、少弐氏、大友氏といった有力な勢力はこの年、使節を派遣していない。

一四二〇年代の日朝貿易における交換取引についても、いくつか情報が得られる。早田左衛門太郎は、蘇芳一〇〇〇石（斤か）と硫黄九〇〇〇石（斤か）を正布一二二〇匹と交換している。また扇五柄と虎皮一張をやりとりしており、別に砥石三三〇個と糙米一五石を取引している。だが、こうした交換のレートは状況や相手によって変動していたようである。三浦四郎は蘇芳三〇〇石（斤か）と硫黄一〇〇〇斤で正布三〇〇匹を入手したのに対して、早田左衛門太郎は同じ時に蘇芳一〇〇〇石（斤か）で正布二二〇匹を得た（田村幸洋一九六七、四二五頁）。

この時代の朝鮮において、麻布は財政や取引の価値基準を示すものとしてよく用いられた。しかし、一四〇〇年代から綿布が用いられるようになり、やがて麻布を上回るようになった。綿の栽培は元代にモンゴルから高麗に伝えられ、急速に広まっていった。綿は一五世紀前半以降、日本の商団への支払に充てられるようになり、すぐに輸入品として好まれるようになった。朝鮮史料によると、一四一八―一四二五年の間に日本各地への支払にあてた綿布は、年間で最高五千匹に及んだ。また同時に用いられた麻布、苧布も七千匹に達したのである。また、布以外には西日本各地で朝鮮から米、豆、松子、焼酒等が輸入された。

これに対して、対馬や九州各地から主に硫黄、蘇芳、丁香、胡椒等の東南アジア産の植物、鉱物資源、そして土器、まれに扇子、刀といった工芸品が輸出された。硫黄は硫黄島産であった可能性があるものの(第三章参照)、東南アジアの植物系の産物は基本的に琉球王国を介して得られたものである。一三七〇年代に沖縄本島の地方領主となった中山王《ちゅうざんおう》は、明に毎年朝貢するようになった。佐敷按司であった尚巴志が一四二九年に沖縄全土を勢力下に置くようになると、琉球王国は中国、東南アジア諸国、朝鮮、日本の貿易を媒介する国として重要な役割を果たすようになったのである。

日朝貿易は、一四一四年と一四一九年に朝鮮の文引制によって制限を加えられたにも関わらず増大していった。その後の二〇年間は日本船の来航は年に三〇回程度であり、前述の一四二七年における来航が一五回だったのはむしろ少ない例といえる。かかる大量の来航のため、朝鮮王朝は新たな制限を設け、一四四三年に宗貞盛と新たな約定を交わした。その内容は、貞盛が朝鮮に派遣する船は一年に五〇隻に止め、その他に緊急時の特送船のみ認められた。朝鮮王朝は、対馬が米・豆二〇〇石を受け取る権利と西日本各地から朝鮮に送る使節を宗氏が認可する管理権を認めた。その後も認可される船数を制限することを目的とした約定が何回か取り決められた。当時、年に一船派遣することが認められていた西日本の通交相手は二七を数えた。対馬の宗また、三隻、四隻、五隻、七隻の船を派遣できる通交相手もそれぞれ一組ずついた。対馬の宗氏のみが五〇隻を派遣することができたのである。対馬に対して突出した派遣船数が許されたのは、朝鮮から船で数時間の短距離であり、九州よりも近かった地理的位置にもよるだろう。しかし実際には一五世紀半ばに例外的に認可された使節を含めて、時には七二もの勢力が貿易相手として公的に認められ、船数も年に一七〇隻以上を数えたことがあった。さらには八〇もの勢力が、一時的に商船の発遣を認められることもあったようである。

朝鮮の高官だった申叔舟《しんしゅくしゅう》が著した地理書である『海東諸国紀』には、貿易機関、外国人の滞在施設、一四七一年までの交易の手続きに関する貴重な情報が記されている。本書によると、朝鮮王朝は、貿易相手としての日本を四つに分類している。一に「日本国王」、すなわち将軍である。二に地域的有力者、これには斯波、畠山、大内、少弐、細川、京極、山名などの守護大名を含む。三に対馬の宗氏。四にそれ以前に文引を授けられた人々あるいは朝鮮王朝の官職を授けられたことで、自ら朝鮮に来ることが認められた人々である。このうち第四の人々は、朝鮮王朝が商人とみなしたかつての倭寇の面々であった。船数制限の約定は、宗氏や第四のグループとの間に結ばれたものである。幕府や有力な守護大名は、使節や貿易船を無制限に送ることができたのであった。

結局、約定や厳重な管理によっても日本の輸出が増大するのを食い止めることはできなかった。例えば一四五五年に朝鮮三港の官僚が数えたところでは、日本の来航者は六一一六人に及んだ。その後一四七〇年には、成宗《せいそう》（在位一四六九―一四九四）が一四六七―一四九二年に対馬の新島主であった宗貞国に宛てて、以下のような書状を送っている。

貴国（日本）の諸国の船は今年最も多く来航しており、その居館に毎日新しい人が入館する。一船あたりの人数は数十から数百人に及び、応対の費用も莫大な額にのぼっている。沿岸の地域はそれに堪えることができない。

（『朝鮮王朝実録』成宗元年九月丙子条）

この文書が記されたのはまさに応仁の乱の最中であり、その一方で人々が朝鮮へ向かうピークの時でもあった。朝鮮王朝の記録に現れないものの多くの人々が朝鮮へ赴き、各地の守護の使節であると主張した。また文引をもつ人が死ぬと印の持主が次々と変わり、朝鮮との貿易の特権は有力者の間で引き継がれていった。このように多くの人々が文引をもって朝鮮との貿易をとりつけることに成功し、それに対して朝鮮王朝は正式な接遇をしなければならなかった。日本から朝鮮王朝に送られた文書の宛名には、「李皇帝」と記されることもあった。

また、朝鮮が国内の日本人を統制することがますます困難になるような状況も生じた。それは三浦（富山浦、乃而浦、塩浦）における日本人居留民の数の増大である。対馬は以前から商業を推し進めるために、一定数の日本人が朝鮮の貿易港に居住することを認めさせた。朝鮮側も、朝鮮の民衆と外国人との接触を制限できるとしてそれに合意した。一四三六年には六四四人の日本人が三浦に居留していたが、一四七五年には二二〇九人にまでふくれあがった。また、外国人の中には居留期間を引き延ばそうとして現地民の中に紛れ込む者もいたため、登録していない者を含めると実数はより多いものとなっていた。

日本から頻繁に来航船があるため、朝鮮王朝の費用はかさんだ。その内訳は、輸入品への支払や互恵的な贈物のみならず、賓客であった使節に対する宿泊所の提供や滞在費の負担も含んでいた。朝鮮王朝も、幾度か取引額の削減や来航に際しての互恵的贈物の量や一船当たりの人員数の制限によって対処しようとしたが、費用は増大する一方であった。一例を挙げると、一四七五年に朝鮮王朝は日本からの使者に対して総額二万七二〇八匹の綿布（木綿）を与えたが、翌年には三万七四二一匹になっている。この量は一四二〇年代における年間取引量の一〇倍にあたる。朝鮮の国家予算内における一四七五年、一四七六年の出費は、綿で歳入の五―一五％にも及んだ。この数字は、一四六七年の二〇万匹、一四八五年の七二万四千匹という朝鮮王朝が税として徴収した綿の数量からはじき出した概算である（田中健夫一九七五、一七五頁）。

日本からの過度の輸入に費やされた額は、一四八〇年代には綿布一〇万匹を超えた。この時点において綿は日本が最も求める朝鮮の品物となっていた。一四六四年に大内氏の使者が、銅、鉛の積荷を持ってきて綿布五四二匹、麻布一〇八〇匹と取引したが、使者は綿のみを受け取り、日本では麻は需要がないと称して麻の布帛は受け取らなかった。さらに一四九〇年には宗貞国の使者が、日本には麻や絹は豊富にあるが綿が不足していると述べている。なお、木綿は一五世紀半ばに日本に伝わったが、普及するようになったのは一八世紀になってからである。

一五世紀の段階で対馬の宗貞国はかなりの木綿を手に入れている。一四八七―一四九二年の間もその量は毎年増え続け、年に一万五〇〇〇匹に及んだ。貞国やそれ以前の島主は、朝鮮への輸出を増やすためにあらゆる手段を尽くした。一年に五〇隻以上の船の派遣を認めるように求めた要請は朝鮮王朝から拒絶された。朝鮮王朝に貿易相手として認められていない人々の仲介として、宗氏は文引の発給権や使者を派遣する権利を獲得した。さらに貞国は、緊急事態の際には臨時船を派遣できるという取決を頻繁に利用した。一四七〇年代には、こうした臨時の特送船が毎年のように朝鮮に来航したのである（田中健夫一九七五、高橋公明一九八六参照）。

一五世紀後半は日朝貿易の最盛期であった。田村洋幸の表から計算すると、一五世紀前半には平均年間一三〇〇隻もの船が来航していたが、その後の日本からの来着の数は数え切れないほど増加していた。例えば一四五五年の一年だけで六〇〇〇船以上も来着した例もある。こうした数字に基づくと、一五世紀を通して西日本や対馬から朝鮮へ渡航した船は、年間数千隻にも及ぶと推定できる。

義政以後

一四八五年に出家した足利義政は、一四九〇年に死去する直前に新たな明への使節派遣を計画していた。この計画は、誰が遣明船を主催する特権を有するかということをめぐって紛糾し、義政の死後、一四九三年になってようやく実現した。結局、この問題では細川氏が利権を得た。細川氏が派遣した船は二隻、他に新将軍義稙《よしたね》（一四六六―一五二三）の名目となる幕府船が一隻であった。この時のもうひとつの問題は資金である。堺商人が以前に粗悪な日本刀を輸出しており、それが価格下落の原因となった。そのためこの時には、堺ではなく博多や長門の商人が船の運営に携わるべきであるという意見が出された。ただし、結局堺商人は、一船当たり銭三〇〇〇貫を支払うことによってかろうじて貿易権を獲得した。また、船を派遣する細川氏の朝貢品としての贈物について見てみると、明から返礼として賜与される回賜品の量が年を追うごとに減少していることが注目される。入明した日本僧によると、それは日本の朝貢品の質が劣化したことが原因であった。こうした状況下で一四九三年に船は明に向かった。

なおこの後、一五四七年まで四回の勘合貿易船が派遣された。これらについては中国史料では『明実録』、日本史料では『鹿苑日録』『大乗院寺社雑事記』『蔭凉軒日録』、一五一一年次の遣明正使であった了庵桂悟《りょうあんけいご》（一四二五―一五一四）の『壬申入明記』や一五三九年次の副使であり一五四七年次には正使となった策彦周良《さくげんしゅうりょう》（一五〇一―一五七九）の『策彦入明記』、あるいは妙智院文書のような古文書に詳細が記されている。

さて一四九三年に戻ると、幕府の代表は以前と同じように北京に迎え入れられた。だが、北京から寧波への復路において日本側が問題を引き起こし、乱闘の末、明に死傷者が発生するという事件が起こった。この事件を承けて、明は次の遣明使から五〇人のみ北京に赴くことを許すという決定を下した。一方、日本側にとってこの時の貿易の成果は満足のいくものであった。例えば明朝は一四八三年に刀の輸入について遣明使一回につき三千本と定めたにもかかわらず、日本側は一本当たり一八〇〇文で七千本もの刀を売ったのである。また堺商人の方も、投資した費用の三―四倍の利益を手にした。当時「三隻で銅銭数万貫をもたらした」といわれた。さらに幕府の使者は、次の派遣に向けて新たな勘合を得たのである（『鹿苑日録』明応八年八月六日条、『蔭涼軒日録』明応元年二月六日条、『大乗院寺社雑事記』明応五年四月二八日条、『壬申入明記』正徳七年条、同八年条）。

一四九三年の次の遣明船の派遣は一五〇九年であった。計画が動き出した後は滞ることはなかったが、計画が立ち上がるまでに十数年を要した。計画の遅れは細川氏と大内氏の対立に起因するものであった。当時の両氏の当主はどちらも京にいた。細川氏は室町幕府において管領の重職にあり、長期にわたって京に居を構えて京周辺の地域や四国を支配した。一五〇八年に細川高国（一四八四―一五三一）が、足利義尹《よしただ》（義稙）を新将軍に擁立し、自身は管領として権力を振るった。一方、大内氏は長門、周防を本領としており、山口に本拠をおき、対外貿易で栄えて「小京都」と呼ばれるほどの文化都市を築いた。大内義興《よしおき》（一四七七―一五二八）は中国地方から北九州に及ぶ六カ国の守護であった。義興は細川高国と結び、一五〇八年に将軍義尹に従って京に移り、六カ月間管領代として政権を掌握した。この高国と義興の二人によって明への遣使が再開されたのである。

表5—d 「室町幕府」と明・朝鮮の外交使節往来回数

派遣元	派遣先	1400-1449	1450-1499	1500-1549	使節名
室町幕府	明	11	5	7	遣明使
明	室町幕府	6	0	0	明使、冊封使
室町幕府	朝鮮	19	21	20	遣朝鮮使、答礼使、請経使、勧進使
朝鮮	室町幕府	9	1	0	通信使、報聘使、回礼使

※1 この表は室町幕府の外交を表にしたものであるが、幕府名義の遣使及び偽使を一部含む。
※2 『岩波日本史辞典』p. 1524-1526をもとに、橋本2005の表7・8を参照して作成した。
※3 使節名は史料上見える使節の主な名称を列挙した。ただし、複合的なものは省略した。

三隻の遣明船が出発したのは一五一〇年になってからであった。その構成は、大内氏が二隻、細川氏が一隻というものだった。ただし、これより先に政敵の細川政元が密かに一隻を派遣していた。その船には日本に移住した明の商人宋素卿《そうそけい》が関わっており、明に迎え入れられていた。そのため、その後に明に来着した三船の使節は、正式な外交使節として認められるために多大な労力を要した。この時の使節は七〇〇〇把もの刀剣を明に持って行ったが、明朝は一本当たり三〇〇文で三〇〇〇把分だけ購入している。大内氏の使者は連日交渉に臨んだが、明側の対応は頑なに変わらず、大内側の主張を容れることはなかった。

さらに大内氏と細川氏は一五二〇年にも遣明船を派遣している。大内氏が準備した三隻の船は、前回に授けられた新たな勘合を持っていた。これに対して再び宋素卿が指揮した細川氏の船は弘治帝の古い勘合を用いた。両者が寧波に到着すると、互いに使者としての正当性や勘合の有効性をめぐって対立が生じ、その結果、一五二三年に大内氏側が細川氏側の使者の一人である鸞岡《らんこう》を殺害して、細川船を焼き払う事件を引き起こした。大内氏の使者は宋素卿を追いかけたが捕まえられず、結局日本に帰国した。宋素卿は紹興まで逃れたが、明はこれを捕らえて獄に入れ、素卿はその数週間後に死亡した。日本の使節の粗暴な行動が明朝側の怒りを招いたのであった。この一件では、日本への非難と関係者の処罰を求める書状が琉球王国を介して「日本国王」宛に送られた。その内容は残っていないが、将軍は謝罪の意を示し、大内氏は不正の使者であると述べて対応したことが史料から確認できる(『壬申入明記』正徳七年、『幻雲文集』大永七年足利義晴遣明書、『明史』嘉靖二年五月条、『吾学編』嘉靖元年・同二年条)。また、浙江各官の不正怠慢が指弾され、ついに一五二九年に寧波の市舶太監が撤廃されるに至ったのである。

こうした混乱から一一年を経た一五三九年、大内氏が派遣した三隻の船が寧波に来航した。だが、この時には大内氏の使者は、これまでと全く異なる応対を受けることとなった。使者は到着地で明軍の厳しい監督下に置かれ、五〇人が北京へ赴くことを許されたものの、往来の途中で他の都市に寄ることは禁じられた。こうした措置がとられたが、貿易はしっかりと行なわれたようである。

三隻の船には、刀剣二万四八六二本と銅二九万八五〇〇斤が積まれていた(『駅程録』)。使者の人数は四六四人であり、その内訳は二六人が公的な使者、一三三人が船員、そして約三〇〇人が商人であった。明側の史料には莫大であったであろう貿易量についてふれていないが、そうした商品は寧波の市場で主に取引されていたと想定される。

さらにその帰国の際に大内の使者に対して、明朝は一回の派遣につき一〇〇人以上の人数を許可せず、かつ以前規定した通り年紀は一〇年以上の間隔を設け、船数は三隻までとする、と通達した。そして明は、それ以前には年号の変更の際に常に一〇〇個の勘合を割り当てていたが、この時には新たな年号を記した勘合を三個与えたのみであった。取引が終った後に、大内船は明の護衛艦で沖まで護送された（『駅程録』『明実録』嘉靖二十六年一一月条）。

大内義興の息子で一五二八年に大内家の当主となった大内義隆（一五〇七—一五五一）は、使者を明に派遣するのに一〇年の年紀を守ろうとしなかった。前回の派遣から八年しか経っていない一五四七年に、四隻の船に六〇〇人の人員を遣わした。こうした使者の派遣は明の通達を全て無視したものであり、その意味では明の外交的失敗と見なされるかもしれない。これに対して、明はまず日本船の着岸を拒絶した。ただし明朝内での議論の末、その四カ月後に寧波に入港することが許された。その一方で、礼部は通達通り一〇〇人にのみ通常の処遇を与え、残る五〇〇人を手ぶらで帰らせることを提議した。これに対する皇帝の判断は不明であるが、北京では使者のうち五〇人に対して迎接儀礼と贈答品の交換が前例通りに行なわれた。日本側の使者が帰国する際に授けられた新しい勘合はひとつだけだった。そのため次の使節は一船のみの派遣とならざるを得なかったのである（『妙智院文書』渡唐方進貢物諸色注文、『策彦和尚再渡集』

上下、『明実録』嘉靖二十六年一一月、二十八年六月条)。

だがその後、大内氏の使者が明に派遣されることはなかった。山口を小京都として発展させた戦国大名であった大内義隆は、一五五一年に家臣の陶晴賢《すえはるかた》の裏切りによって自害した。義隆の死後、幕府の名代として遣明船を派遣できる者はもはやいなかった。このように明との勘合貿易は、戦国大名大内氏の没落によって終焉を迎えたのである。

明にとってこのことは、憂慮すべき事態というよりは、むしろ歓迎すべき出来事だったと思われる。前述のように、日本の使節はたびたび問題を引き起こした。特に遣明船の派遣年限や船数、人員数の取決を頻繁に破った。そして明が許可、あるいは想定するよりも膨大な量の商品をもたらしたのである。明朝にとって室町幕府は好ましくない通交相手であったに違いない。だが日本との通交は、朝貢関係の衰退を防ぐためにやむをえなかったといえる。

ところで明の時代には、中央アジアの北元もそういった行為をとっており、中国東北の女真族や西北のオイラート(瓦剌国)も毎年頻繁に使節を派遣し、明との貿易において駄馬を大量に持ち込んで売りさばいた。これらの民族も、辺境や北京へのルートの至るところで問題を起こした。そして辺境侵略をちらつかせて明を貿易に応じさせたのである。この時代において明にとって望ましかったのは、「諸国を視るに最も恭慎と為す」と称された朝鮮王朝であった(『大明会典』巻一〇五)。

日本に対しては一五五〇年代に辺境鎮圧にあたった唐順之《とうじゅんし》によって下記のような提議がな

されている。

海辺防衛に関する具申、特に倭寇の制圧

太祖帝以来代々、日本との貿易には金印と勘合を支給し、一〇年に一度、船数は三隻、人員数は一〇〇人までと定めた。方針によって遠い夷族が中国を慕う事情を述べて、夷狄も中国との貿易によって利益を上げてきた。また夷族をうまく統制することによって中国に従属させ、一〇〇年以上、寇賊が中国を脅かすことはなかった。嘉靖二（一五二三）年に謙道宗設《けんどうそうせつ》（大内氏の使者）、宋素卿等が入貢の際に争いを起こし、殺し合いにまで発展した。これによって日本の朝貢は中絶した。その後、嘉靖十八（一五三九）年に使節として湖心碩鼎《こしんせきてい》等が貢物を献じ、かつ上表して謝罪して天地の隅々に及ぶ皇帝の恩恵に被ろうとしてきた。よって朝貢の年限を守っていなかったにも関わらずその時も入貢を許した。嘉靖二十六（一五四七）年、使節として策彦周良等が四隻の船に乗ってまた朝貢してきた。だが我らが議したところ、九年の年紀でやってきてこれは先例に違うものであった。そのため入貢を認めず、それ以来日本の朝貢は途絶えた。倭という夷族は素性に偽りが多く、中国との交易によって利益を多く獲得した者もおり、朝貢の取決を守ろうとしない。よって彼国の関係の復活は望ましいものではない。

（『皇明経世文編』）

民間貿易の再開

一方、この時期の明朝におけるさらに重大な問題が私的通交の復活であった。一部に西日本からの海商や各種海賊が混じっていた。そのため東アジア海上において国際的な密貿易が展開した。日明両国が統制しきれないこのような非合法な交通は、明との貿易における新たな流通路となった。

私的な海外貿易は一三七四年以降、明の海禁政策によって禁じられていた。これに反して海外に渡航した人は厳しく罰せられた。だが、それにも関わらず非合法な交通は一五二〇年代から活発化していったのであり、特に寧波の東にある舟山列島に位置する六横島や、さらに南の福建の漳州で盛んであった。中国人が蘇州や杭州と比べるほどに漳州の港は栄えた。一五六七年に海禁政策が放棄されるようになると、漳州が最初の公認された港として指定されるほどであった。

非合法な交通の取締りは、倭寇禁圧を任務とする海辺の巡撫軍の主要な業務のひとつであった。その際に用兵専門家に報告を作成させている。そのひとつである一五六二年に鄭若曾《ていじゃくそう》によって著された『籌海図編』という地理書には、日本や九州の詳細図や日中貿易についての記事が記述されている。それによると、明の海辺における一四の主要な海商、海賊の活動が挙げられている。この時代の史料ではよくあることであるが、商人と海賊の区別は曖昧なものであった。暴力的な行為をともなうかどうかではなく、非合法な貿易は全て海賊として取り扱われた。いわゆる後期倭寇である。

＊（追記）一般的に史料に現れる「倭寇」の実体は「日本人海賊」ではなく、日本海の島嶼に住み日本や中国の習俗が混じり合った、帰属の曖昧な人々が多く含まれていたことが、藤田明良一九九三によって明らかにされている。また佐伯弘次二〇〇八によると、密貿易商人と海賊という二面性を有していた明の海商が日本人と接触するようになるのは一六世紀半ばであり、九州のみならず瀬戸内、山陰、関東、北陸まで来航し、日本の商人や海上勢力と結びつきながら朝鮮を襲撃したとする。

王直《おうちょく》（?—一五五七）はそうした海賊の頭目の一人であった。王直は当初、塩の交易に従事していたが失敗し、その後に六横島に名を馳せていた海賊の配下となった。一五四五年には日本に赴き、三人の博多商人を誘って六横島に連れて戻った。その後、六横島は、日本人や中国人だけでなくポルトガル人、南洋諸国人が来航する国際的な密貿易の一大拠点となった。王直と行動を共にした三人の博多商人は、王直の指示に従って日本と舟山列島を往来する最初の日本人となった。その後、六横島の港湾が浙江巡撫という軍の取締りによって打撃を受けると、王直は拠点を別の島に移し、明軍が諸島に居住する別の海賊と戦うのを援助するのと引き換えに、短期間であるが当局に保護された。王直は列島を通行するあらゆる商人に目を光らせた。しかし新拠点も明軍によってつぶされると、王直は平戸へ逃げた。その時にも王直には約二千人の中国人や日本人の配下がおり、明との交易には巨大な装甲船を用いた。一五五六年に浙江巡撫が派遣した使者が王直と面会し、海賊鎮圧への協力と引き換えに通商特権を与えることを約束した。王直はこの取引に応じ、千人の配下（その多くは大友宗麟《そうりん》（一五三〇―一五八七）の貿易使節であった）とともに舟山列島に赴いた。しかし、王直が到着するやいなや、明は王直を捕らえて処刑したのである。

もう一人、好戦的な海賊として徐海《じょかい》を挙げておく。徐海は、叔父の徐惟学《じょいがく》が大隅の領主から銀数万両を借りた際の人質として、一五五一年に日本に連れてこられた。翌年の初め、徐海は日本人を率いて大隅と中国沿岸部の交通を掌握し、江蘇と浙江の沿岸部を襲撃した。その後、徐海は大隅の新五郎なる者と結び、九州南部や種子島の人々を仲間に引き込み、二万の兵力の海賊を率いて浙江沿岸を略奪した。徐海も最終的には明軍の反撃を受け、捕らえられて死刑にされた。しかしその後も、海賊は福建の漳州近辺や広東において活動を続けたのである。

王直や徐海のケースからは、日本人も海賊行為に関わっており、その集団は九州の領主と関係を持つ商人によって維持されていた状況を見て取れる。一五四〇年代になると貿易船は豊後に到来するようになるが、そこは大友宗麟の本拠地であった。また、博多や薩摩の坊津のような琉球王国と交易をしていた港にも来着した。さらに平戸島や五島列島に定着した中国商人は九州で貿易をするようになった。豊後の古文書によると、平戸は京や堺のように貿易で栄えていたので「西京」とさえ呼ばれていた。結局のところ明との勘合貿易がなされなくなると、かえって密貿易の増大を招くこととなり、一五八〇年代までその状況は続いた。

『籌海図編』では、取引された交易品について説明され、日本に輸出したものが列挙されている。

倭が好む物。

絹糸　一〇〇斤で銀五―一〇両であるが、日本では一〇倍の値がつく。

糸綿（絹わた）　一〇〇斤で銀二〇〇両もする。

絲（木綿の糸か）　常服に用いる。日本には木綿がない。

綿紬《めんちゅう》（絹の紬）　日本で染めて、正服に用いる。

錦繍《きんしゅう》　能などの芸能において用いられ、一般の衣服には使わない。

紅線《こうせん》　組紐などにして、刀帯等緒帯に用いる。一〇〇斤で銀三〇〇両である。

水銀　銅器の鍍金に使う。日本では中国の一〇倍の値であり、一〇〇斤で銀三〇〇両である。

針　女性が使う。一本銀七分である。

鉄錬（錬鉄か）　茶壺を懸けるのに用いる。日本人は客宴で酒を飲んだ後、喫茶する。

鉄鍋　日本にもあるが大きくなく、大きいものは入手しにくい。鍋一つ銀一両である。

磁器　花柄を好んで用いる。その紋様は、香炉には水竹節、碗には菊または葵が良いとされる。官窯のものでも、フォーマルな器形でなければよろしくない。

古文銭　日本では自ら鋳造せず、専ら中国の古銭を使う。一千文で銀四両になる。あるいは福建の偽造銭であれば一千文で銀一両二分。永楽銭と開元銭は用いない。

古名画　小さい物が喜ばれる。書斎が整っているように見せるために画をかけて雅にする。落款のないものは需要がない。

古名字　書斎の壁に掛ける。官庁の堂には用いない。

古書　五経は『尚書』『禮記』が重んじられ、『易経』『詩経』『春秋』は顧みられない。四書では『論語』『大学』『中庸』が重視され、『孟子』は嫌われている。仏教経典を尊重し、道教経典はない。医学を重視しており、医書は見つけたら必ず買う。

薬材　日本には各種薬材があるが川芎《せんきゅう》はなく、一〇〇斤で銀六千両である。日本では入手が難しいので高価である。ついで甘草が重んじられ、一〇〇斤で銀二〇両である。

氈毯《せんたん》　鞍の下に敷く。

馬皆氈　王家は青色を用い、官吏は紅を用いる。

粉（白粉）　女性が顔にぬる。

小食籠《じきら》（茶会席に用いる食籠）　竹の繊維で作り、漆を塗る。古い物が好まれ、新しい物は凝っていても喜ばれない。小盒子《ごうし》も同様である。

漆器　文台、小合子、硯箱が最も尊重される。合子には菊の模様をあしらい、円いものは使わない。

醋（酢）（明刊本では脱文あり）

日本が作った和扇に金合子の模様を描く。

（『籌海図編』巻二倭好条）

このように、密貿易が日中間における活発な流通の最後の波をもたらしたことは明白である。日朝間の貿易についても日本から来る人々は自由に往来しており、統制できなくなりつつあることは誰の目にも明らかになった。さらに朝鮮が対外貿易に門戸を開いた三浦に居住して朝鮮人と交流する日本人の数も、一四九四年には三千人以上に膨れ上がった。朝鮮国王の燕山君《えんざんくん》（在位一四九四―一五〇六）の失政によって、状況はさらに悪化していった。これに対して中宗《ちゅうそう》（在位一五〇六―一五四四）は親政によって国家財政を改革し、対日貿易についても再び統制しようと試みた。しかし役人、特に釜山や乃而浦の港駐在の武官の中には、その権限を濫用する者もいた。日本人居住者は差別的に扱われ、日本の使節が都に赴くことはたびたび拒否され、対馬島主の宗義盛と結んだはずの経済的取引はなされず、日本の漁船が保護されないこともあった。

そして、ついに一五一〇年に対馬は、朝鮮沿岸部を襲撃して朝鮮の武官を捕らえようとして数千の兵を送り、釜山ではその一人の僉使《せんし》を殺害した。最初の襲撃が成功を収めると、宗義盛は、貿易制限について一五世紀後半に定めた通りに復することを要求した。しかし、対馬の軍は徐々に朝鮮軍に追いやられ、結局退却せざるを得なかった。かくして朝鮮王朝と対馬の関係は、一時的にではあるが断絶したのである。

その後、幕府や大内氏の名代として新たな約定を結ぶべく、何度か朝鮮に使者が派遣された。

＊（追記）米谷均一九九七によると、そのうちには偽使も含まれていた。

そうした努力が実って、一五一二年に壬申約条が次のような条件で締結された。第一に全ての日本人居住者は朝鮮から退去する、第二に朝鮮との貿易を許された日本の通交相手の数をそれ以前の半分以下に減らす、第三に釜山、塩浦における対外貿易を閉鎖して乃而浦のみ認める、などであった。対馬にとって壬申約条の条件は年間の収入を半減させるものであったが、島主を対馬における唯一の通交相手として認定させるものでもあった。また対馬から朝鮮に派遣する船の数も、年五〇船から二五船に減らされた。対馬は貿易条件の改定の交渉につとめたが、それはむだに終わった。こうして対馬は、日朝間における仲介的役割としての重要性を喪失したのである（以上、中村栄孝一九六六、一六二―一七三頁、田中健夫一九七五、二〇〇―二〇四頁、森克己・田中健夫一九七五、二七八、二八三頁）。

一五世紀半ば以降の日朝の史料から貿易内容の詳細を明らかにすることは困難であるが、幕府と大内氏によって派遣された使節が寺院修築の補助や経典の下賜を要請したり、あるいは銀を求めることがあった。日朝関係は一五四四年に倭人の朝鮮沿岸襲撃で再び断絶に陥ったものの、一五四七年の丁未条約で再開された。その後の数十年間に対馬との通交は散発的に行なわれたが、貿易が前世紀のような発展を見せることはもはやなかった。そして、中世における日朝通交の終焉を示すのが、豊臣秀吉による朝鮮出兵（一五九二年文禄の役、一五九七年慶長の役）なのである。

輸入の品物

本章をまとめると、一四世紀末から一六世紀末に海を渡った貿易品について、いくつかの特徴を見て取れる。輸入についていえば、その輸入元と輸入先によってその特徴は大きく異なってくるのである。

朝鮮からの輸入品

対馬や西日本において朝鮮からの輸入品の大部分は、食材（米、豆、酒、焼酎に似た焼酒、朝鮮人参、松の実）や繊維品（麻布、苧布、紬、そして一五世紀前半以降は綿布）という日用品であった。なお木綿はこの時代から日本で広まり始め、これを承けて江戸時代に綿産業が盛んになる。また、敷物や座布団として用いられた筵《むしろ》や虎、豹の毛皮も輸入された。仏教経典として大般若経も朝鮮から得た。特に室町幕府や有力な守護大名には、大蔵経の版本が贈られた。また工芸品として、瓶、水差し、灌子《かんし》、樽、杯などの銀器も輸入した。銀器は、朝鮮の工芸品のなかでも特に優れていた。朝鮮の銀細工師は、高麗時代（九一八―一三九二）からすでに名声を博しており、その道の第一人者として契丹や女真からも求められるほどであった。朝鮮王朝（一三九二―一九一〇）の初期には、金属製食器を食事に用いる風習が広まり、その伝統は現代まで続いているが、中国や日本では陶磁器や漆器を使うのと大きく異なっている。朝鮮における他の高級工芸品としては、螺鈿装飾した箱、合子《ごうし》等の木製品や青磁が盛んに作られた。だが不思議なことに、これらの品は、史料の上で朝鮮から日本への輸出品の中にあまり姿を現すことはない。

中国からの輸入品

銭貨、銀、高級織物、生糸、陶磁器、絵画や文房具などの美術工芸品が中心であったが、最も需要があったのは銭貨であった。鎌倉幕府と同様に、室町幕府も貨幣の鋳造は行わなかった。そのため日本は銭貨については中国銭に依存していた。幕府は公的な贈答と貿易という二つの方法で銭貨を手に入れた。それ以外にも幕府からの公使が、個人的に中国から銅銭一万文を授かることがあった（『明実録』永楽元年八月己未条）。

＊（追記）当時日本では銅銭一貫（千文）が使用されていたが、明では銅銭一緡（百文）が通用していた。そのため以下の記述では貫銭《かんせん》と緡銭の表記を併用する。

一四〇五年に室町幕府が明から得た贈答品の中には、緡銭《さしぜに》五〇〇緡があった。その二年後には、「日本国王」に総額一万五千緡、その后に五千緡が明から賜与されている。一四一一年にも時の将軍足利義持は、緡銭五千緡（史料では「五十緡」とするが、五千緡の誤りか）を授かった。だがその後、中国銭は贈物の中から見えなくなる。一四六四年に明朝に宛てた国書には、幕府は明の皇帝（憲宗）に対して、永楽帝代（一四〇三―一四二四）の先例に従って明銭を回賜品に含め、銭五千貫を送るよう要求している。しかし、明朝が幕府に授けた額は、五千緡、つまり五百貫にとどまった。その後、一四七五年には足利義政が同様の要請をくり返している（『明実録』永楽三年二月辛丑、同九年二月甲寅、成化五年二月甲午条）。義政は一四七五年の明宛の書状に、次のように書いている。

そもそも銅銭は戦乱によって散失してしまい、幕府の蔵は空である。土地は荒れて民は困窮しているものの、どうして救えるであろうか。永楽年間には銭貨の回賜が多くあったことが記録に残されている。また書籍も戦乱で焼けてしまっており、まるで秦の（始皇帝による焚書のような）時代である。日本で特に必要としているのはこの二つである。謹んで書面にして奏上する。伏して許されることを望む。（『善隣国宝記』成化十一年八月二八日条）

この要請に応じて明は銭五〇貫を授けた。その七年後、義政は再び同様の要求を行ない、しかもその額は一〇万貫にのぼった。この要求に対して明がどのように対処したのかは、史料に残されていない（『続善隣国宝記』成化十四年二月条、『明実録』成化十四年正月甲子条、『善隣国宝記』成化十四年条）。

明朝が銭貨の回賜を取りやめた主たる理由は、おそらく中国における銅銭の不足によるのであろう。元に続いて明の初代洪武帝（在位一三六八―一三九九）は兌換紙幣を発行して、それを流通させせようと試みた。鈔幣《しょうへい》という紙幣は、当初銭一緡、あるいは銀一両と交換できるように定められた。しかし一四〇〇年頃には、その価値は下落して当初のおよそ六分の一程度にすぎなかった。さらに五〇年後には鈔幣は一銭の価値もなかったと記されているが、それはさすがに誇張であろう。鈔の価値変化の推移については、『明史』巻八一に記されている。鈔幣は、日本にも一四〇四年と一四〇五年に授けられたことが分かっている。

足利義政は、一四六八年に明に要請した一五種の漢籍とほぼ同様の一二種の漢籍の目録を、一四七五年の国書に付している。この目録は瑞渓周鳳《ずいけいしゅうほう》が幕府に勧めたものであり、宋代の書籍を中心に、唐代の書籍も二、三種が含まれていたが、明代の書籍は含まれていなかった。その書目の中には、重要な宋代文学の叢書『百川学海』もあった。同書は一四三三年にもたらされたものの、まだ全巻が揃ってはいなかったのである。義政は儒教の書目を要請しなかった。儒学、特に同時代の明の新儒学の著作が日本にもたらされるのは、一六世紀後半以降のことである（『臥雲日件録』宝徳元年九月一八日条、寛正五年七月一四日条、『善隣国宝記』天順八年八月一三日文書、成化二年八月二八日文書）。

中国銭と銀

また、幕府が中国銭を入手する方法としては、回賜品としての入手以外に商業的な交易を挙げることができる。一四三二年は、交易からの入手において非常に成果を得た年であった。輸出品の受取額は銭二〇万貫以上に及び、この額は一三世紀の唐船が得た一番高い売上に相当する。さらに一四五三年の輸出量は一〇倍にふくれあがっている。これに対して明は、輸入価格引き下げ政策によって金額を抑える政策を執り、支払の一部のみが銭貨で行なわれた。この時は、その支払は銭五万貫、銀およそ三万五千両、織物六八八匹であったが、幕府の使者が不満を述べたため銭一万貫が追加された。その後、幕府が得た貿易額は、一四六八年には銀三万八千両、一四七八年には銭一万六千貫に達した（『明実録』景泰四年一二月甲申条、成化五年正月丙子条、鄭樑生一九八五、二一〇—二一一、二二五頁）。

日本における荘園からの収入は、小さいところで銭数十貫、大きいところでも数百貫であったことを念頭に置くと、室町幕府が明から得た収入が荘園収入の数倍にのぼるものであったことは想像に難くない。一五世紀において対外貿易は、幕府の収入にとって欠くべからざる要素となっていたはずである。同じことは遣明船を派遣した他の守護大名や寺社にもいえる。日本で流通する中国銭には様々な種類が入り交じっており、その価値はそれぞれ異なっていた。たとえば宋銭は、元銭、明銭よりも高価と認められていた。日本の使者は、そのことについて一四八三年に次のように述べている。

中国人は盗人である。日本人が明の都に入ると日本の品を官に売るが、官はその価格を定めて銭で支払いする際には、新銭を用いた。日本人は旧銭での支払を求めたが、それは旧銭は質が良く、新銭の質は悪いためである。

（『鹿苑日録』明応八年八月六日条）

ただしその実態については注意が必要である。というのも、当時は模鋳銭もよく日本に持ち込まれていたため、この史料がふれているのは新鋳銭のことか模鋳銭のことか、判別するのは難しいからである。また日本国内でも中国の公鋳銭とともに模鋳銭も流通した。一五世紀半ば以降、幕府はくり返し模鋳銭の流通を禁じ、一五〇五年には宋銭・元銭・明の公銭が等価であると定めた。

考古学的な発掘によって、異なる銭貨が流通していた証拠も見つかっている。瀬戸内海沿岸に位置する草戸千軒（福山市）では、およそ七四〇〇枚の小銭が遺跡に散在する日用品とともに発見された。他にも緡銭三万緡も見つかった。一九七一年には二〇万枚もの小銭がつめこまれた七つの大きな甕が宝塚から発掘された。甕自体は一六世紀前半のものであるが、中に入っていた中国銭は、前漢代（二五―二二〇）から永楽帝期にまでわたっていた。中国銭以外にも、八世紀以降の皇朝銭や朝鮮、安南王国の銭をも含んでいた。函館でも銭五〇万枚が入った甕が見つかっている。また、一五世紀半ばから有力化した戦国大名朝倉氏の本拠地である一乗谷においても膨大な銭貨が発掘されている。これらの遺跡全てにおいて、たとえそれが明と同時代の遺跡であったとしても、宋銭がきわめて多い。このように銭貨の流通は対外貿易の港や有力な大名の拠点から遠く隔たった地域にまで広まっていた（以上、松下正司一九八四、河原純之一九八四、脇田晴子一九八六、九一頁を参照）。一五世紀の日本において銭貨は広域的に普及し、高度な兌換性を持つようになっていたといえる。したがって日本は、自国の貨幣をもつ他国に比べて中国との貿易に大きく頼っていたことになる。その対照的な例が朝鮮であり、朝鮮国内では物資取引の主要な手段は国内産の綿布等だったのである。

銀は一四五三年や一四六八年に、貿易の支払以外にも賜物として日本に与えられた例が見える。当時の交換比率は緡銭一緡につき銀一両だった。明からの幕府に対する銀は当初一千両に及んだが、一四三三年からは三〇〇両に制限された（『明実録』永楽四年正月己酉、五年五月己卯条、宣徳十年一〇月癸丑、景泰四年一二月甲申、成化五年正月丙子条、『善隣国宝記』正統元年二月四日、『続善隣国宝記』成化十四年二月九日文書、成化二十一年三月一九日文書）。その後、明は貿易の輸入品への支払において銭貨の代わりに、一部に銀を用いるようになった。日本で銀は、対馬での採掘量の減少から不足していた。ところが一六世紀半ばになると、日本は再び銀を輸出するようになる。それはこの頃に朝鮮から伝わった銀の抽出技術によって、生野銀山や石見銀山の開発が進み、産出量が飛躍的に増えたことによるものであった。

高級絹織物

日本の輸入品のうち、織物も大きな割合を占めていた。明への貢物に対する回賜品としての織物は、主に四種があった。錦、綾、羅、紗であり、通常合計で一〇〇匹程度であったが、一四〇五年と一四〇七年だけは、その量は約三〇〇匹に及んだ。中国史料で織金や錦という金襴の織物は、金の糸で装飾したり、横糸全てに金の糸を用いた模様を描いたりした。史料に「繻《しゅ》子《す》」と記される織物は、現在の緞《どん》子《す》と同じである。それは伝統的な宋代の文《ぶん》綺《き》よりも重い織物だった。中国の繻子も文綺も、日本では「綾」と称された。

中国製のそうした高級織物は、日本では高価な商品と見なされた。そのため遣明使に加わった商人は幕府とは異なり、銭貨の入手のみではなく高級織物にも意を注ぎ、購入に努めた。たとえば楠《くす》葉《ば》西《さい》忍《にん》は、「生糸、北絹、緞子、金《きん》襴《ら》、シャ香、道士ノ古衣、女房ノ古衣装」といった品々を輸入するように勧めている。北絹は山東や河南の絹、シャ香は麝香である。西忍はこれらのうち古衣に次のような説明を加えている。「それらには印金箔を縫いつけた装飾が施されている。中国ではたいしたものではないが、日本では珍重される。どれも破れた衣切れに見えるが中には見事なものを見つけられる。五寸、三寸でも大切というべきである」という（『大乗院寺社雑事記』文明十二年一二月二一日条）。

その他、僧衣が、一四〇六年、一四〇七年、一四〇八年に幕府が授かった賜物のなかに見える。一五世紀初頭以前には、鎌倉幕府が派遣した僧も中国から僧衣を賜っている。中国の錦は、公家や守護大名の正装として、あるいは能の衣装もしくは経典を包むものとして用いられた。しかし、西忍が入手したような珍奇な織物切は美術品として厳重に保管された。それらは名物切と呼ばれ、茶箱を包むものとして茶道において重要な役割を付与された（『妙智院文書』永楽四年正月一六日文書、小笠原小枝一九八三、西村兵部一九六七参照）。

西忍にとって最も高い利益を生み出す品は生糸であった。西忍の目論見は、銅、金、蘇芳を明に持って行き、銭貨よりも生糸を買い求め、日本でそれを売りさばくことであった。その結果、西忍は、銅、金、蘇芳の投資費用の倍額を稼ぎ出した。西忍の述べるところによると、生糸は明で一斤当たり銀二五〇匁であったが、日本では五千文だった。生糸は一六世紀半ばにも日本において明の一〇倍の価格で売れたため、倭寇も目をつけていた（『大乗院寺社雑事記』文明十二年一二月二一日条、脇田晴子一九八六、九二頁）。それでは生糸の需要は、両国間の価格の相違やあるいは品質の違いによって生じたのだろうか。一六世紀の日本では生糸の生産量が明に比べて低く、養蚕技術の発達も停滞していた。桑の栽培や蚕の飼育、生糸を紡ぎ出す技術は一八世紀初めに急な進展を見せ、明治時代に至って日本は世界的な生糸輸出国となるのである。

陶磁器

中国製の陶磁器は、一四世紀半ばまでは日本で最も需要の高い品の一つであった。その後、明で染付が生産された。染付は元代の一三三〇年代から一三五〇年代にかけて江西の景徳鎮窯で発展したが、おそらくはペルシャの様式の影響を受けており、南宋以後、トルコ近辺からのコバルトの輸入増加に伴うものであった。その図柄は生地の上に藍いコバルトを筆で直接描き、その上に透明な釉薬をかけ、一千度以上の高熱で焼いた。表面の艶や青色の鮮明度は窯内部の減圧の程度に依っていた。この時代まで中国製陶磁の輸入品は青磁や白磁のような単色の陶磁器しかなかったのである。磁器における染付を生み出した直後に、中国ではさらに新たな赤色を開発した。高温の酸化銅による赤である。それによってこの時代以降、アジア、中東、ヨーロッパの諸国にまで輸出される染付と多色陶磁器が生まれたのである。

考古学的発掘によって、インドネシア、フィリピン、その他のアジア各国において大量の明朝陶磁器が出土している。著名なコレクションとして、イスタンブールの一五世紀のトプカピ宮殿博物館やイランのアルデビルのモスクを挙げることができる。前者は三九〇〇点を収蔵しており、後者は一四〇〇点の元・明代の陶磁器を持っている。しかし、永楽帝代（一四〇三―一四二五）のものはイスタンブールでは七〇点、イランのコレクションでは二〇〇点以下しか認められない。宣徳帝代（一四二六―一四三六）の品はどちらにも存在しないようである。輸出は厳しく禁じられていたからであろう。イスタンブール等にある永楽帝代の磁器は、皇帝用の官窯からもたらされたものであった。このことから磁器は、朝貢の見返りに回賜品として公的なルートで諸国に授けられたと考えられている。中東との関係は、永楽帝の時代に行なわれた鄭和の大遠征によって築き上げられた。鄭和は四度目の航海でペルシャ湾のホルムズやアデンに到達し、七回目には別働隊が紅海を渡海してメッカまで行ったのである（矢部良明一九八三参照）。

明朝の建国から一〇〇年間の明朝初期の染付磁器が外国においてきわめて少量であることは上述の二つのコレクションから分かるが、中東やアジアでも同様であった。それは明における対外貿易の制限に起因するのであり、その規制は一六世紀半ばまで有効性を保っていた。日本でも永楽帝代と宣徳帝代の磁器はわずかしか見つかっていない。その一つは朝倉氏の一乗谷で発見されている。しかし、中国の陶磁器が一五世紀の幕府に送った贈答品の品目に入っていないことは注目される。楠葉西忍も、買い求めるべきとした中国の品に磁器を挙げていない。ただし、西忍は一四五二年に青磁茶碗一〇〇個と染付茶碗三〇個の注文を受けている。なお、このことは内閣文庫所蔵『経覚私要鈔』巻二六宝徳四年六月二六日条に記されているようだが、筆者は確認できなかった。一方、『籌海図編』では「磁器の碗」が日本人の好むものに含まれている。

文物と美術品

ある商人は一四八六年に明から帰国するとすぐに堺の知人に、唐紙、唐墨、唐筆、北絹とともに大茶碗、皿二〇個を輸入品として贈っている（『庶軒日録』文明十八年七月九日条）。その後、一五一〇年には臨済宗の僧了庵桂悟《りょうあんけいご》（一四二五―一五一四）が幕府から明への正使として派遣され、陶磁器に関心を抱いたようである。桂悟は、北京へ向かう前に寧波や杭州において「磁碗や白粉」を買っており、「白粉薬材」を注文して銀五〇〇両を中国商人に託している。だが、それは詐欺であった。桂悟が北京から戻っても、商人の家族は、南京の商取引から戻っていないといって銀を一〇〇両しか返金しなかったのである（『隣交徴書』）。

白磁のことは、天竜寺の臨済僧で著名な文筆家でもあった策彦周良《さくげんしゅうりょう》（一五〇一―一五七九）の日記のなかにも出てくる。策彦は最後の遣明船である一五四七年とその前の一五三九年に派遣されて入明しており、寧波と蘇州で購入したものを詳細に記録している。それらを挙げておくと、碎窯《さいよう》製の香炉や食器一五ほど、定窯《ていよう》製の白磁七つ、青磁若干、染付の皿一〇〇枚、菊の模様をあしらった白磁皿二〇枚、青磁等の酢塩皿三三〇個、金属製の瓶、唐紙一一〇枚、金属製の文鎮五個、硯箱二個、硯一面、墨一六本、文箱若干、香白芷《こうはくし》七三斤、砂糖四〇斤、針数千本、唐金《からかね》（青銅）、小鈸《こばち》一個、唐鉄鈸一個、馬端臨《ばたんりん》が一三一七年に編纂した類書『文献通考』の写本、絵画、竹製漆塗り等の食籠《じきろう》二〇組、青磁茶碗五つ、抹茶入れの陶磁箱四つ、角皿七枚、漆塗りの天目台三つ、杓子五本、唐鉄火筋一対等であった（鄭樑生一九八五、二二九―二三二頁）。

上記においていくつかの文物は「唐」と冠して唐物と称された。また、一部の品は二八五―二八七頁にあげた『籌海図編』の日本への輸出品と一致する。このリストで『文献通考』よりも後ろに挙げた品々は、茶会の座敷において用いられた。それは一四世紀初めから盛んになった茶会様式が発展した形であった。茶会席における式法は、村田珠光《むらたじゅこう》（一四二三―一五〇二）によってその基礎が確立された。初期の茶会は主に中国の渡来物を観賞するために開催しており、珠光は質素な方式を導入して、日中両国の作品を観賞することを提案した。珠光は、唐風趣味と日本の質素を重んじる美学の調和を目指したのであった。

一方、守護大名にとって茶会は、自らの権威を誇示する手段でもあった。特に足利将軍は、同朋衆《どうぼうしゅう》と呼ばれる芸能の達人に応接用の二階建ての亭の装飾や絵画、唐物の管理、鑑定等の責務を担わせ近侍させた。能阿弥、芸阿弥、相阿弥は、義教、義政に唐物奉行として仕え、香道と茶会席の実務と指導にあたった。

同朋衆は『君台観左右帳記』という鑑識に関する秘伝書を著しており、同書には一四七六年の能阿弥本と一五一一年の相阿弥本がある。内容は、三〇〇の絵画と一三〇人の中国の画家の目録であり、仏画、山水画、花鳥画など、絵画の種類によって分類されている。特に名が挙げられている画家は、唐の王維（六九九―七五九）、宋では徽宗《きそう》（一〇八二―一一三五）、李公麟（一〇四九―一一〇六）、李安忠、梁楷、夏珪《かけい》、馬麟（それぞれ生没年不詳）等であった。これらの名は、その前に能阿弥が編纂した『御物御絵目録』にも表れている。そしてこの美術の鑑定書で、中国画家一人一人に上中下の品等を付けている。不思議なことに、日本では、郭熙《かくき》と馬元《ばげん》という宋の巨匠が「上上上」という最高位に位置づけられていないのである。

『君台観左右帳記』第二部は、応接に用いられた会所の座敷飾りと違い棚における唐物と日本の工芸品の置き方を図示している。その後に茶会で使用する物品、道具を列挙しており、文具、堆朱《ついしゅ》など各種の漆器、茶碗、抹茶入れの陶器、茶壺、その他の陶磁器や文房具などが挙げられている。武家にとって、茶会の式法は、中国からの工芸品を求める刺激にもなっていたのである。

輸出の品物

日本の輸出は、幕府やその他が海外に送った進貢品と交易における貿易品の二種類が主軸であった。それは、工芸品、鉱物、琉球の中継品の三つに分類できる。工芸品は、主に武具（刀、槍、鎧）、金銅器、漆器、蒔絵漆器（朝鮮宛贈物には硯箱だけ欠いている）、屏風、扇である。鉱物としては、銅、硫黄、金（量的にわずか）、瑪瑙《めのう》（中国への進貢品）である。そして、琉球王国経由で輸入され日本から他国へ再輸出した物として、蘇芳、胡椒、犀角等々の資源と天然物があった。

刀剣の過剰な輸出

刀は日本製の輸出品の中でも特に卓越していた。一五世紀に打刀という、平均の長さが四〇センチメートル——一メートルの古式の刀が現れた。この刀身は前代のものよりも細く、先に向かって湾曲し鞘から抜きやすいようになっていた。一四世紀以来の各地の守護大名の争いや応仁の乱等によって日本国内における刀剣の需要はきわめて高く、大量生産されていた。その最もよく知られる産地は、鉄と銅を産出する備前、備中や美濃であった。この時代の刀は、量産品のため品質的にはやや劣るところがあったものの、よく斬れることで有名だった。そのため明代の各種書物で日本刀が取り上げられ、武士や倭寇の刀が話題となっている（石原道博一九六〇）。

室町時代に戦争は、弓矢を使い馬に乗って走りまわる騎馬から、歩兵の足軽の大部隊が主体に変わった。足軽は長い長刀つまり槍と、六〇—七〇センチメートルの打刀を使っていた。打刀は当時の文献では太刀、刀剣、腰刀等と称されている。

幕府の輸出量については、史料からある程度確認できる。中国に送った贈答品は、通常、太刀一〇〇本、長刀一〇〇本、装飾刀二本、槍一〇本であった。贈答品とは別に武器を明朝に売ることになっており、その価格は次の通りである。一四三二年には、刀三〇五二本を一本につき一〇貫で売っており、日本の一〇倍の値段であった。一四五二年には、九四八三本を各六貫で、一四七八年には七〇〇〇本を各三貫で、といった具合であった。その後も刀の価格は落ち込み、一四八三年に売った三万五〇〇〇本の刀の値段は、一本六〇〇文にすぎなかった。

同年、明は遣明船が持ってくる刀の数を三千本に制限した。約一〇年後の一四九五年に、幕府が派遣した遣明船は七千本の刀を持ち込み、一五一一年にも同数を持参している。これに対

表 5—e　日本から明への商品としての刀剣輸出

年次	刀剣数(把)		値段(1把／文)***	出典	参考	備考
1432	袞刀*	2	10,000	明実録	湯谷 p. 170	以下、鄭 p. 211参照
	腰刀**	3,052	10,000	戊子入明記	湯谷 p. 200	
1453	袞刀*	417	6,000	明実録	湯谷 p. 170、171	
	腰刀	9,483	6,000	大乗院日記目録	湯谷 p. 157	
1468	刀	30,000		壬申入明記	湯谷 p. 378	
1478	刀	7,000	3,000	壬申入明記	湯谷 p. 378	
1483	刀	3,610		日本一鑑	湯谷 p. 615	明朝は以後3千把に制限
	刀	＋35,000	600	壬申入明記	湯谷 p. 378	
1495	刀	5,000	1,800	壬申入明記	湯谷 p. 365、371、378	
1496	刀	2,000	300	壬申入明記	湯谷 p. 365、371、378	
1511	刀	910	300	壬申入明記	湯谷 p. 373、378	明は3千把のみ購入、7千把は幕府、910把は使臣らの輸出品
	刀	7,000				
1539	太刀	24,862		妙智院文書	湯谷 p. 444、445	200把は幕府、その他は商人らの輸出品
	太刀	100		駅程録	湯谷 p. 473、474	
	長太刀	100				

＊礼装用の撒金鞘刀か（湯谷 p. 202、442）
＊＊太刀か
＊＊＊明が払った対価（銅銭）

して明朝は三千本のみ輸入を認め、その価格は一本三〇〇文にさげた。その後、遣明船は一五三九年に明の市で二万四八六二本の刀を売ったが、これを行なったのは幕府ではなく、商人が私的に行なった貿易であろう(表5—e参照)。他にも朝鮮に太刀、長刀、槍といった武器を売却しているが、数はわかっていない。明では武器の輸入が一五世紀初頭以来厳しく禁じられていたことからすると、室町幕府に対する明の姿勢は驚くほど寛容であったといえる。この時期に明朝が武器取引を認めた理由は、日本からの朝貢が途絶えるのは望ましくないという判断からであった。

金銅器・金屏風・絵扇子・蒔絵漆器

日本の金銅の銚子《さしなべ》も中国で好まれていた。茶会で用いる鋳鉄の茶釜の国内需要が高まったこともあって、日本で金属工芸が栄えたのである。ただし、中国・朝鮮に輸出した銚子は鉄製ではなくて金鍍金の金銅製であり、儀礼用の道具によく似ていたと思われる。一五世紀頃には、日本では中国風の龍虎の図柄を香炉にあしらうのが好まれた。明では金銅の銚子は、一四三二年には六貫で、一四五三年には四貫で取引されていた。このように金銅製品は刀に次ぐ高価なものであった。

絵が描いてある金屏風は明や朝鮮にとって珍品であった。屏風は、明と朝鮮の支配者に対しての進物としてのみ見ることができる。金屏風は金箔で覆った金地をバックにして絵を描いており、その絵は多彩色で様々なモチーフが描かれた。そして外側の木枠には漆が塗られていた。倭画屏風は九八八年に宋皇帝にも贈られていたが、金屏風は一四〇二年に足利義満が明の建文帝に送った進物のなかで初めて確認できる。これ以後、三双の屏風が明への公的な進物として常に贈られており、朝鮮にも数は不明であるが贈られていた。日本においても屏風は貴重な美術品であり、製作費用に三万五千文もかかった。それゆえに外交上の贈物としても貴重だったのである。ちなみに、その次に高価だったものは撤金鞘付の装飾太刀であり、二万七千文かかった。一四四三年と一四八七年には、花、松、鶴を描いた大和絵屏風が朝鮮国王に贈られている。一五三九年には大内義隆が明に使者を派遣するにあたって、当時の狩野派の大家である狩野元信(一四七六—一五五九)に屏風絵を注文したのである(『戊子入明記』渡唐御荷物色々御要脚、『妙智院文書』渡唐方進貢物諸色注文、田村洋幸一九六七、四二三頁)。

日本製の工芸品としては、扇子も海外で好評だった。明への進物には常に一〇〇本の扇子があった。商売品の扇子は、一四三三年には少なくとも二二〇〇本が明朝に売られ、一四五三年には二五〇本、一四六八年には三八〇本であった。一五三九年、大内義隆は、屏風と同様に狩野元信に、扇子一〇〇本に扇絵を描かせている。扇子は朝鮮にも輸出された(鄭樑生一九八五、二一〇頁、田村洋幸一九六七、四二三頁、『妙智院文書』渡唐方進貢物諸色注文)。日本での生産は京に集中しており、扇座という同業組合が結成されていた。扇については、狩野元信が、もう一人とともに商業独占権を幕府から与えられることを望んだことさえある。京の扇子に描かれる絵は、一四世紀に土佐派が復興させた大和絵や狩野派の山水画などであった。

絵画についていえば、一三世紀以降に日本に水墨画の技法が伝わった。一五世紀頃には如拙《じょせつ》（生没年不詳）、周文《しゅうぶん》（生没年不詳）、雪舟（一四二〇―一五〇六）によって新しい日本の画法として確立した。周文は、一四二三年に幕府の使節とともに朝鮮に渡った。南宋の山水画を学んで、日本的な山水画の様式を開拓した。雪舟は京都で周文に画を習った後、山口で画房を営んだ。一四六七年に大内氏の遣明船で明に渡っており、画法は、宋元明、特に南宋の夏珪、梁楷等（ともにその絵画が幕府のコレクションに伝わっていた）、または玉澗《ぎょくかん》の破墨の技法を摂取している。狩野派への影響は絶大であった。また一六世紀になると、花鳥図のような明朝の新たな画法を取り入れた漢画様式の画法が確立され、狩野元信のもとで隆盛をきわめた。朝鮮、中国へ輸出された屏風や扇には「山川人物松竹花艸」（『名物六帖』第三帖・器財箋第五）というモチーフで山水画や大和絵が画かれていた。

中国では、古代から団扇という円形で折りたたみできない、うちわのような扇を使っていた。折りたたみできる扇子については、一〇世紀以降日本から宋への進物のなかに現れるようになり、あるいは高麗経由でもたらされた（第三章参照）。しかし、一五世紀以前に中国で扇子が広く普及することはなかった。明の永楽期以前、扇子は「僕隷下人」がもっぱら用いるものという認識があり、一三世紀に東南アジアから元にやってきた外交使節は、扇子を使ったところ嘲笑されたという。ところが、一四〇一年と一四〇二年に、永楽帝が足利義満から贈られた扇子を朝貢品として認めると状況は大きく変わった。皇帝は日本が進上した扇子を明朝廷内の群臣たちへの下賜品として用いるようになり、また日本の扇子を模倣した品を都の工房で作らせて、やはり貴族たちに下賜した。こうして扇子は明の貴族階級や知識人層に受容されていった。日本人は、ある意味では新たな市場を作り出したといえるだろう。

以上のことは、明の『両山墨談』（一五世紀末）とそれを引用する伊藤東涯（一六七〇―一七三六）が編集した辞書『名物六帖』第三帖・器財箋第五による。朝鮮も早いうちから日本の扇子を模造するようになった。高麗では、すでに宣和年間（一一一九―一一二五）に宋帝に摺畳扇二隻を献上している。後に朝鮮国王も永楽帝に同じものを献じている。その後、商業的に輸出するようになったが、森克己によると、朝鮮の模造扇子は日本の一〇分の一の値段しかつかなかった。一四三二年には朝鮮の扇子は、価格は三〇〇文程度であった。日本にも一六世紀の終わりに、博多に朝鮮扇子が伝わった。例えば一五九〇年に、島井家が関白豊臣秀吉と徳川家康に対してそれぞれ朝鮮扇子二本を贈っている（『島井文書』、『福岡県史資料』一八一頁）。中国でも絵柄つき扇子が作られるようになり、特に寧波で大規模に大量生産されるようになる。中国で作られた扇子は、ヨーロッパから来た宣教師の関心を引き、宣教師を通じてヨーロッパにまで伝えられたのである（森克己一九六八、同一九七五、Ch'oe Sangsu 1981 等参照）。

最後に、もうひとつ重要な中国、朝鮮への輸出工芸品として漆器がある。『朝鮮王朝実録』によると、足利幕府から椀、方盆、水桶、銚子が送られている。そのほとんどが朱漆であり、

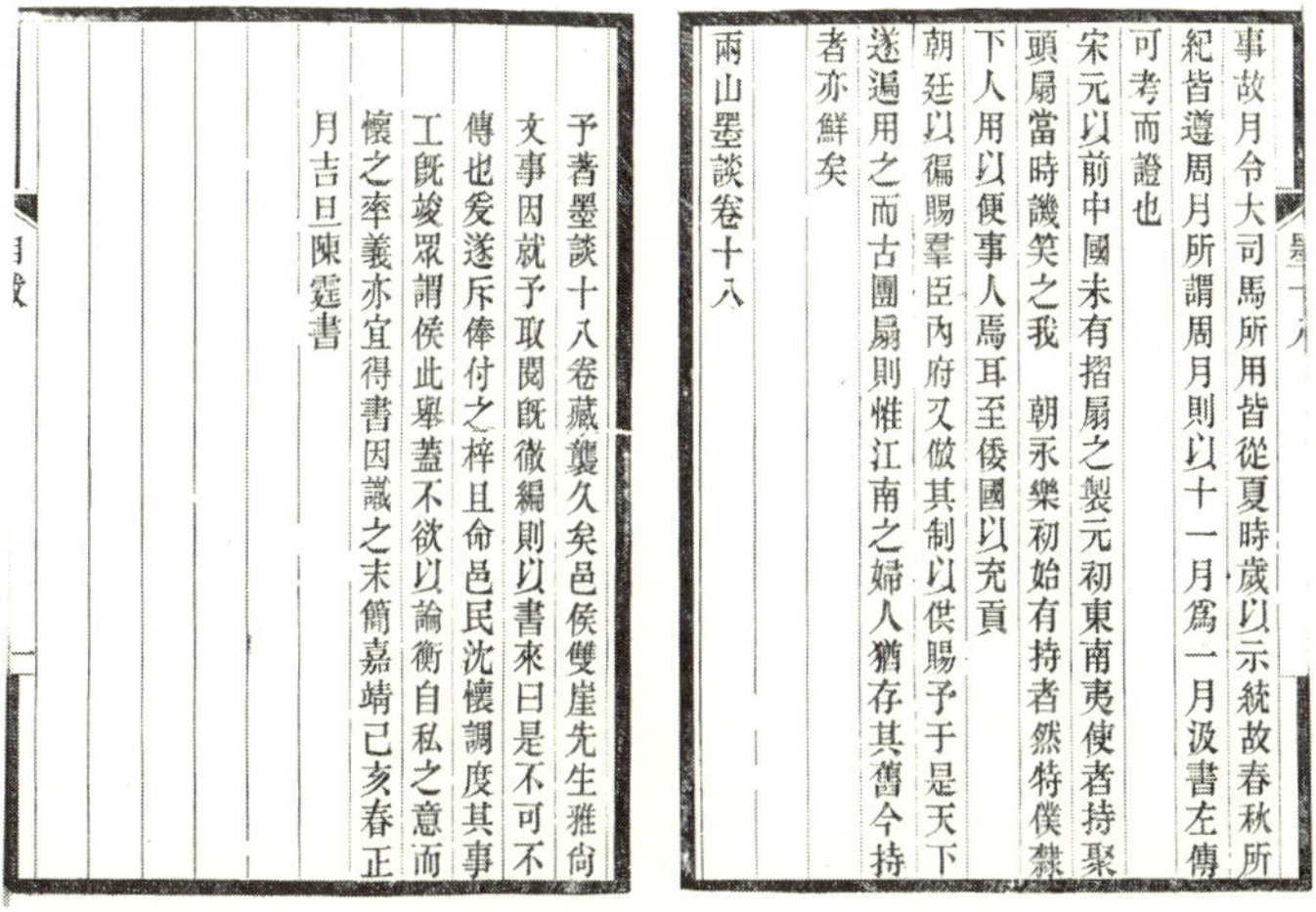

事故月令大司馬所用皆從夏時歳以示統故春秋所
紀皆遵周月所謂周月則以十一月爲一月汲書左傳
可考而證也
宋元以前中國未有摺扇之製元初東南夷使者持聚
頭扇當時譏笑之我　朝永樂初始有持者然特僕隸
下人用以便事人焉耳至倭國以充貢
朝廷以偏賜羣臣內府又倣其制以供賜予于是天下
遂遍用之而古團扇則惟江南之婦人猶存其舊今持
者亦鮮矣

兩山墨談卷十八

予著墨談十八卷藏襲久矣邑侯雙崖先生雅尚
文事因就予取閱既徹編則以書來曰是不可不
傳也爰遂斥俸付之梓且命邑民沈懷調度其事
工既竣衆謂侯此舉蓋不欲以論衡自私之意而
懷之奉義亦宜得書因識之末簡嘉靖己亥春正
月吉旦陳霆書

史料写真 5—c 『両山墨談』巻十八（財団法人東洋文庫所蔵）
日本の扇についての記述（『両山墨談』巻十八、明・陳霆著、15世紀末）。

宋元以前、中国未有摺扇之製。元初、東
南夷使者持聚／頭扇、当時譏笑之。我
朝永楽初、始有持者、然特僕隷／下
人用、以便事人焉耳。至倭国以充貢。

蒔絵の有無は記録に残されていない。これらは大内氏が朝鮮に贈っている。

明に信物として幕府から献じられるものは、硯箱と扇箱であった。ともに金粉を散らした上に梨地《なしじ》漆《うるし》を塗って研ぎだし、きれいな蒔絵をあしらったものであった。これらの品は、屏風、刀に次ぐものであった。日本での製作費用は、硯箱が二万四四五〇文に及び、扇箱も二万三八五〇文であった。

交易用の輸出品のなかにも蒔絵漆器があらわれる。一四五三年には、漆器が六三四点と硯箱（数量不明）が取引されている。『明実録』には、漆器として次のような物が記されている。泥金（高蒔絵）・灑金《さいきん》（梨地）が施された円形や方形の大小の箱、香炉、器皿、花模様の螺甸《らでん》（螺鈿）の黒漆器、貼金《ちょうきん》（金箔蒔絵）と梨地で装飾された硯箱等であり、硯箱には硯と小さな金銅の水差しが入っている（『明実録』景泰四年一二月甲申条）。なお上述の明の漆蒔絵用語について、『名物六帖』第三帖器財箋第四・五には日本語の読みがあげられている。

しかしこれらの商用漆器は、明への信物漆器に比べてはるかに劣る物であった。中国でのそれらの漆器の値段は、器皿で六〇〇―八〇〇文にすぎず、硯箱でも一五〇〇―二〇〇〇文程度だった。それゆえ輸出用の漆器は大量生産品であったと推測できる（以上、田村洋幸一九六七、四二一―四二三頁、大阪市立博物館一九八六、九四七―九五一頁、『大乗院寺社雑事記』享徳二年一二月二七日条、『明実録』景泰四年一二月甲申条、『戊子入明記』渡唐御荷物色々御要脚、『妙智院文書』渡唐方進貢物諸色注文）。

扇と同様に、日本の漆器の模造も中国で始められるようになる。明代の類書である『七修類稿』には、「倭国物」について次のように記している。

（中国の漆器には）古より戧金《そうきん》（金を嵌めこむ装飾細工）はあるが、泥金（高蒔絵）はない。貼金（金箔を貼る細工）はあるが、描金《びょうきん》（金で描く蒔絵）、灑金（梨地）はない。鉄銃（鉄砲）はあるが、木銃《もくじゅう》はない。硬屏風（衝立障子）はあるが、軟屏風（折り畳み屏風）はない。剔紅《じっこう》（堆朱漆器）はあるが、縹霞や彩蒔絵の模様を描いたりしない。これらは全て彼の国（日本）から起こった技法であり、東夷が朝貢したり、伝えたりすることによって（我国が）そうした技法をもつようになった。描金、灑金についてみると、浙江の寧波に倭国の使が通って来て、町の人たちは熱心に使節たちの言動からその技法を盗み取った。しかし、灑金に関してはは日本のように円（団扇）にできないから、日本の（折畳み）扇子を真似して寧波の人はこれを造った。泥金や彩漆、霞模様については、宣徳年間（一四二六―一四三六）に、日本に人を派遣してその技術を得た。折り畳み屏風は、弘治年間（一四八八―一五〇六）に日本の朝貢使がやって来たのを浙江の官司に送らせ、それ以後、杭州の人が造るようになった。鳥觜《ちょうし》の木銃は、嘉靖年間（一五二二―一五六六）に、日本（使）が浙江を犯した際に倭奴を捕らえ、それらの武器を鹵獲《ろかく》したことによってその器が伝わり、それを造らせたのである。

（『七修類稿』巻四五、事物類倭国物）

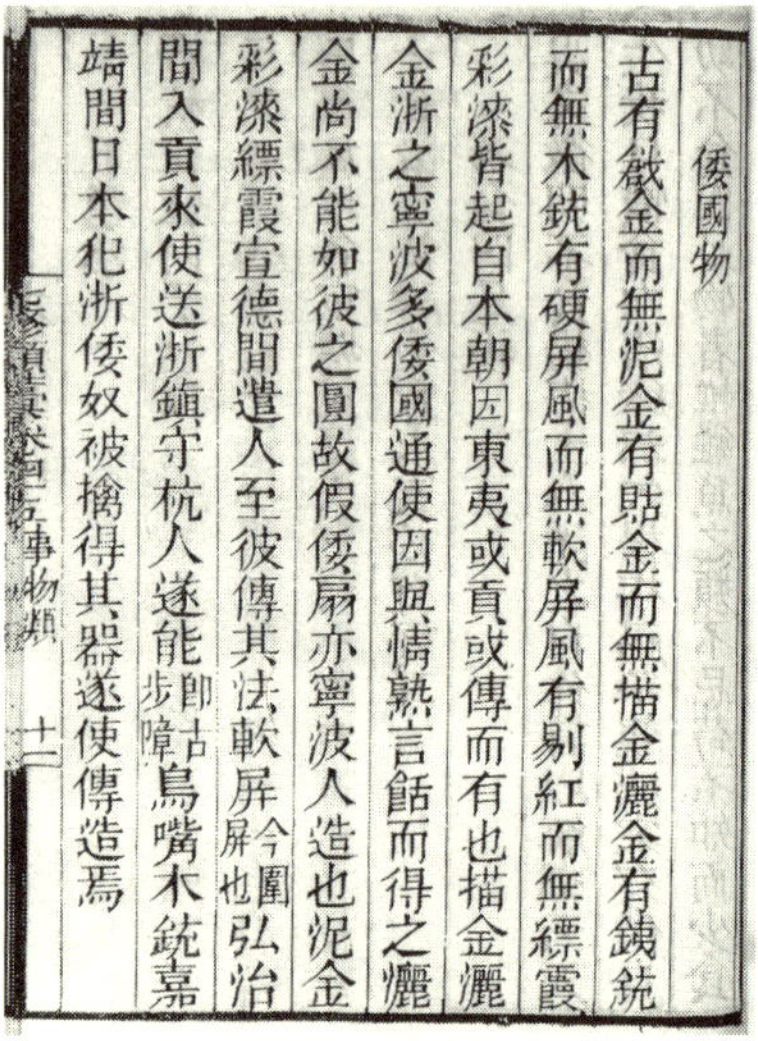

倭國物
古有戧金而無泥金有貼金而無描金灑金有銕銃
而無木銃有硬屏風而無軟屏風有剔紅而無縹霞
彩漆皆起自本朝因東夷或貢或傳而有也描金灑
金浙之寧波多倭國通使因與情熟言餂而得之灑
金尚不能如彼之圓故假倭扇亦寧波人造也泥金
彩漆縹霞宣德間遣人至彼傳其法軟屏今圍屏也弘治
間入貢來使送浙鎮守杭人遂能即古步障鳥嘴木銃嘉
靖間日本犯浙倭奴被擒得其器遂使傳造焉
七修類稿卷四十五事物類　十二

史料写真 5—d 『七修類藁』巻四十五（財団法人東洋文庫所蔵）
「倭国物」についての記述（『七修類藁』巻四五、明・郎瑛著、15 世紀）。

倭国物
古有戧金而無泥金、有貼金而無描金・
灑金、有銕銃／而無木銃、有硬屏風
而無軟屏風、有剔紅而無縹霞・／彩漆。
皆起自本朝、因東夷或貢或伝而有也。
描金・灑／金浙之寧波、多倭国通使
因与情熟言餂而得之。灑／金尚不能
如彼之圓。故假倭扇亦寧波人造也。泥
金・／彩漆・縹霞、宣徳間、遣人至
彼伝其法。軟屏今囲屏也、弘治／間、入貢
来使送浙鎮守杭人遂能即古歩障。鳥嘴・木
銃、嘉／靖間、日本犯浙、倭奴被擒、
得其器、遂使伝造焉。

室町時代に日本は蒔絵漆器、屏風、扇子については、製品を明に送っただけでなく技術も伝えたという。また逆に中国の剔紅《じっこう》、堆朱という漆彫の朱漆器を輸入し、国内での鎌倉彫等の技法を開発したのである。

資源材の輸出

中国、朝鮮に輸出した資材で最も多量だったのは、硫黄、銅、蘇芳であった。このうち蘇芳については、東南アジア産のものを琉球王国から輸入し大陸へ再輸出した、いわゆる中継貿易品である。一四三二年に蘇芳一斤は、日本で一〇〇文、明で鈔一貫もしくは大小によって銀八分ないし五分であった。ただし一四五三年には明で銀七分に下げられた。それは、一四三二―一四五三年の間に、日本からの輸出量が一万六百斤から一〇万六千斤にまで増大したためである。この時期に堺商人の楠葉西忍は、利得が大きいとして蘇芳貿易を薦めている。

中国への銅の輸出は、一四三二年に四三〇〇斤（一斤＝六〇〇グラムとして二・六トン）、一四五三年に幕府からの名目で一五万二千斤、一五三九年に商人の貿易量として二九万八五〇〇斤（一八二トン）という厖大な量に達した。吉備地方の銅鉱が主な産地だったようである。

中継貿易品であった蘇芳と異なり、硫黄は交易品と進物という二通りの方法で日本から明にもたらされた。進物の量は、遣明使ごとに一万斤に達した。交易品としては、一四三二年の輸出量は二万二千斤であり、一四五三年には六万四千斤に及んだ。硫黄は琉球王国からも明に同程度もたらされたため、明朝はその輸入に悩まされることになった。また、一四五三年には、明が朝貢品としても三万斤以上を輸入する必要がないことを日本側も認識しており、一四六八年に幕府の使者は、明が定めた以上の量を持って行くことはなかった。ただし、一四九五年には明は日本の硫黄を返却している。定められた輸入量を上回ったと推測される（『満済准后日記』永享六年六月二四日条、『善隣国宝記』景泰五年二月一八日文書、『明実記』景泰四年一二月甲申条、『戊子入明記』渡唐御荷物色々御要脚、『大乗院寺社雑事記』文明十五年正月二四日、『壬申入明記』正徳七年条、『駅程録』）。

蘇芳と硫黄は、中国、朝鮮にとっては望まざる輸入品であった。朝鮮でも、蘇芳は東南アジアから、硫黄は琉球王国から膨大な量を輸入し、それを明へ輸出していた。さらに銅も輸出した。明と朝鮮は朝貢貿易システムを維持するために、日本からの輸入の負担を引き受け続けたと思われる。楠葉西忍も銅と蘇芳を日本から明へ輸出しており、西忍は中国でよく売れるものとして、ラッコの毛皮、胡椒、太刀、長太刀、槍、銚子、鍉《こばち》、銅、金、蘇芳、扇を挙げている（『大乗院寺社雑事記』文明十五年正月二四日条）。

東アジアの商品と貿易バランス

一四五三年の日本の輸出における資源と製品（工芸品）のシェアを比べると、興味深いことが判明する（表5―c参照）。刀剣、鎗《やり》、金銅銚《なべ》、漆器、硯箱等の製品に対して、明朝は五万一一八貫と絹二二九疋、布四五九疋（換算して四万五八五〇貫）を支払ったが、それは銭貨にして合計九万五九六八貫の値であった。こうした高級な工芸品の売上高に対して、資源系である蘇木、硫黄、銅の合計売却額は三万四七九〇貫であった。工芸品の売上は、資源と比べておよそ三倍ということになる。それより二〇年前の一四三二年の時点では合計の支払額は二一万七七三二貫であり、そのうちの資源系の価格を計算すると三万三八九〇貫であった。よって総額から資源系の値段を差し引くと高級工芸品の値段は一八万三八四二貫になる。すなわち、輸出工芸品の売上高は資源の五倍以上にのぼる。両者を比較すると、明朝において日本の工芸品と資源系の価格比は、一四三二年に五：一、一四五三年に三：一という割合になる。一四三二年の個別価格を見ても、工芸品がいかに高く評価されていたかが分かる。いいかえれば工芸品の比重が大きく、その売上によって日本は利益を獲得し続けたのである。他の年の貿易額については分かっていないが、日本の対外貿易における高級工芸品の輸出の重要性を見て取ることは可能だろう。

このことは中国側の視点からも確認できる。日本は、明と貿易した他国と異なっている。明の史料から約六〇カ国のいわゆる朝貢国が知られるが、そのうち約二〇カ国の使節が商人を同行させたり商品を持って行っており、定期的に貿易を行なっていた。そうした貿易相手国は、朝鮮、琉球、東南アジア各地、中央アジアのモンゴル系種族であった。明が商品としてそれらの国々から輸入した品については、『大明会典』巻一〇五・一〇六・一一三や『至正四明続志』巻五に列挙されている。その記述から明の輸入品は三系統にまとめることができる。

①資源・天然材料——（a）鉱物系原料（貴金属、卑金属、硫黄、宝石、翡翠、薬品）、（b）植物系天然材料（薬品、染料、香料、食材）、（c）動物性原材料（麝香、象牙、鼈甲、角、珊瑚、真珠）、（d）動物（馬、駱駝、鳥類等）

②単純工芸品（動物の毛皮、筵、毛氈、麻布、木綿、羊毛等）

③高級工芸品（刀剣、小刀、弓矢、鞍、翡翠・象牙・鼈甲の彫刻装飾品、紙、金属細工品、漆器等のような美術工芸品）

このような中国における輸入品は三〇〇品目に及び、中でも香薬類が最も大きな割合を占めていた。そして三系統の輸入品のうち美術工芸品のシェアは特に少なく、一割程度であったと推定される。美術工芸品の輸出元は、朝鮮、中央アジアの数カ国、日本であった。そのうち、中央アジアの国々は少量の武器と彫刻細工品ぐらいであり、朝鮮の美術工芸品は銅製・銀製食器、紙、螺鈿細工であった。しかし、これらの高級工芸品のシェアは、アジア全体からの資源・天然材料系物品や単純工芸品に比べるとわずかなものであった。美術工芸品を大量に明へ輸出するのは日本だけであった。すなわち高級工芸品については、明が価格的にも量的にも最大の輸入元であったと指摘し得る。この意味では、日本は高度な技術で造られた製品の輸出国であったといえよう。その傾向は平安時代から表れていたのである。

最後に貿易のバランスについて考えてみよう。以上のデータから考えると、一五世紀以降の日本の対外貿易は、堺商人のような畿内の大商人や西日本における数多の領主や勢力にとって大きな利益をもたらすものであった。室町幕府や有力守護大名にとっても、各交易使節は大きな収益をもたらしたといえる。輸入品は以前より多少国内市場で流通した可能性もあるが、『籌海図編』であげられているような中国産物や朝鮮の銀食器等は、茶会席等の文化を支えるエリート向きのものが中心であった。幕府や守護大名の対外貿易は文化的色彩が強かったと特徴づけることができる。一方、朝鮮からもたらされた米、豆、麻布、綿布、朝鮮人参等の日用品は、一部が対馬、壱岐、松浦等西日本の領主たちに消費され、残りが市場に流れるような状態であったのであろう。この時代には、日本において海外貿易品が国内需要を満たすことで経済に影響を及ぼしたといえよう。

対外貿易と国内経済が相互に関連性を持つようになると輸出も活発化する。日本は中国や朝鮮に多量の商品を輸出することに成功し、貿易を有利に進めた。一方、中国・朝鮮側は需要のないものまでも購入し、その負担は大きかった。こうした貿易不均衡の状況が生み出された理由は、主に日本の貨幣経済における中国銅銭の依存状態によるが、日・中・朝の貿易管理システムの違いにも原因があった。中国・朝鮮では、貿易を国家的管理のもとにおくために人々が許可なく渡海することを禁じており、結果として自国の商人の手を縛ることになり、かつ国内の余剰商品の輸出が阻害されてしまった。もし明や朝鮮の商人が工芸品や布帛を自由に輸出できたなら、貿易のバランスは必ずしも日本に有利とはならなかったかもしれない。

しかし、幕府側では日明・日朝貿易で利益を得たとしても、貿易の規模と全体量は決して多かったとはいえない。むしろ通交頻度は以前より減少したといえる。宋代―元代（一〇―一四世紀）の商人が毎年のように中国と日本を往来したのに比べると、一四〇〇―一五〇〇年の約一〇〇年間にわたる幕府の遣明使節は一五回、朝鮮と交わした使節は四〇回程度である。一五〇〇―一五五〇年の半世紀の間には、朝鮮への使節は以前より増えたものの、遣明使は五回にすぎない。しかも、幕府の交易使節の割合は日本全体の貿易のごく一部に過ぎなかった。一方、一五世紀の間に日朝を往来した対馬や西日本各地の公認貿易船は、毎年数千船にも及んだ（巻末付録グラフA参照）。こうして見ると、朝鮮こそが日本にとって最も重要な貿易相手国だったといえる。

最後に、一六世紀の動向についてふれておく。中国、朝鮮との貿易において海民勢力による密貿易がさかんになる一方で、ポルトガル、スペインという新たな貿易相手国が出現した。キリスト教は一五四九年に伝来すると日本に急速に広まっていった。末期の遣明船派遣に関与していた大内義隆は、領国内においてキリスト教の布教を認めた最初の戦国大名でもあった。フランシスコ・ザビエルは、大内義隆に時計、双眼鏡、ガラスの鏡、火縄銃、クリスタルグラス、ワイン一本、錦、古式アコーディオンを贈っている。これらは、いずれもそれまでの日本で知られていないものばかりであり、日本はこうした南蛮品を求めるようになる。これを承けて、スペインやポルトガル船が平戸や長崎に来航してきた。ところで、やはり明との密貿易に関わっていた大友宗麟は、キリスト教の洗礼を受けた最初の戦国大名だった。大友宗麟は、日本人として初めてヨーロッパに使節を送った。ここにおいて日本の門戸は西洋にも開かれることとなり、日本の対外貿易は新時代に突入したのである。

〈コラム5〉東アジアを廻りまわる国際特産品——紙と扇

東アジア交流のなかにおいて、様々な貿易品が往来した。なかでも優れた技術で造られた特産品は、それぞれの国で輸出入された。紙は多くの文明において必須の素材であり、その典型的な一例である。紙は各国の史料で「倭紙」「高麗紙」「唐紙」、そして「朝鮮紙」とよばれて国際貿易で扱われた。各国で紙の歴史についての研究があるが、その中で池田温は紙の国際交易と製紙技術について強調する。そこでその研究に焦点を合わせ、論点を挙げておく。

印刷術・羅針盤・火薬と並んで中国の四大発明の一にかぞえられる紙は、既に漢代に一定程度の普及が知られ、三世紀を過渡期として東晋以降簡牘・布帛に代り主要な書写材料たる地位を確立した。中国の周辺に位置する朝鮮半島や日本列島にも、中国文化の波及の一環として紙および製紙技術が伝えられ、やがて夫々の地で特色ある展開をみせたことは周知のとおりである。紙を材料とした書籍についてみれば、先進の中国と周辺の朝鮮・日本の間では、流れが圧倒的に中国の輸出によって占められ、朝鮮・日本の書物の中国への輸出は、前近代を通じ例外的少数にとどまった。ところが書籍の素材たる紙についてみれば、中国紙の輸出はもとより一般的に存在したが、逆に朝鮮や日本の紙の輸入も相当の地歩を占めていたことは、東亜文化史上看過し得ぬ問題といえよう。

（中略）

朝鮮紙のすぐれた品質は筆・墨・硯とあわせて宋人の好尚に投じ、外国産紙としては最もめざましい地歩を占め、元明代には貢紙の負担が重くのしかかるほどであった。前掲『清異録』の記事によれば、五代時代に華北の上層文人が雞林紙を知っていたことは明らかで、朝鮮紙の中原への流入は既に新羅時代にさきがけが始まったと推定し得よう。

朝鮮王朝前期には造紙技術の向上が特に留意され、太宗十二（一四一二）年には華紙を造って進上した遼人申得財に米五石・綿布三匹を賜り、紙工に伝習せしめ、世宗代には十一（一四二九）年通信使朴瑞生が日本の造紙法を具啓したものを留めしめ、同二十一年には江華に種えた倭楮の実を忠清道泰安・全羅道珍島・慶尚道南海・同河東に分種させ、又同二十九年にも全羅・忠清・慶尚道に倭楮を送り、沿辺各官園圃の海気相通の処に栽種培養させた。幸運にも実録に登載されたこれら断片的施策の記録から、中世東亜に冠絶した麗紙・鮮紙生産の基盤に、外国産紙やその原料にまで及ぶ積極的営為の積重ねが存したことを省察するのは容易である。
一方日本の紙は古く盛唐・中唐期に唐の宮廷や官人の注目をひいたことが文献に伝えられたが、中世近世を通じ朝鮮の紙ほど中国に普及しなかった。その特徴として挙げられる「繭のような紙」という性質は、麗紙にも屢ば言及されており、日本の造紙技術が高句麗の僧により伝えられたという所伝とあわせみて、日本の古代の上質紙が麗紙と相似ていたと解して誤らないであろう。中世以降日本のおうぎ（扇子）が特産として多く中国・朝鮮に輸出され、それを通じて扇子の用紙とその紋様・絵画が注目された。

（池田温一九八七、五七、六七―六八頁）

本書は国際交易を唐物と倭物に分けて注目しているが、紙は唐物であると同時に倭物でもあった。それは日本製や中国製はもとより、朝鮮製すらしばしば目にする。そして同様の現象は扇子においても生じた。
扇子もまた、日中朝を結ぶ特産の工芸であった。扇子については、本書第三章・五章において「日本扇」「倭扇」「高麗国の摺畳扇」「朝鮮扇子」等を取り上げたが、それに注目した最初の研究者は森克己であった。森は特に日本の工芸品の輸出について強調し、その品質の高さに注目していた。そこで扇子については森克己の研究に言及し、その見解を紹介したい。なお、最後に少し思い出を語りたい。森克己氏は、著者が日本滞在中に修士論文を執筆した際の指導教授であった。日中の対外関係史の分野において先駆者である森氏の名とその研究の一端を本書の締めくくりに引用することは、私にとって至極当然のことなのである。

日本の扇は、器用な日本人の手によって日本で発明されたものである。それは平安初期から貴族社会に現われ、儀式用の檜扇と日用の「かわほり」と二種類あったが、後者は「夏扇」ともよび、骨を象牙や唐木でつくり、黒漆や蒔絵を施し、金銀を刻んだ草花をつけ、地紙も倭紙のほか絹・羅・薄香紙などを用い、扇面には金銀泥を使って、大和絵で人物・花鳥・山水を描いた豪華なものだったので、折り畳みができて便利な上に、大和絵のすばらしさが魅力となって、平安末期より宋・高麗に輸出されて海外で絶賛を博した。『敝帚軒剩語補遺』によると、高麗でも模造品がつくられたが、日本製の十分の一の値段にしかならなかったという。ついで明代には婦人たちの間で愛用されるとともに中国でも模造品ができ、それが一六世紀にポルトガル船によってヨーロッパに運ばれ、ルイ一五世紀時代には、象牙や真珠貝の骨に絹やレースを張ったうるわしいルイ式扇が宮廷婦人たちの身辺に、あでやかな空気をただよわせたのである。つまり日本からの文化の逆流が中国を通じてヨーロッパにまで流れたのである（森克己一九六八）。

このように日本の伝統扇子は、東西を結ぶ文化交流の文物であった。それが近世にポルトガル経由でヨーロッパにまで普及すると同時に、東アジアにおいて新しい東西交流の時代が始まる。そしてここからアジアとヨーロッパの国際交易の時代が始まるのである。

終章

唐物輸入から倭物輸出へ

日本は有史以来、アジア大陸の辺境に位置していた。一方、アジアでは中国が中華思想に基づく国際秩序の軸としての役割を担っていた。それによって朝貢品が中国に集まり、時代ごとにそれぞれの状況のなかで中国側から交易のシステムを定め、相手国をそのルールに従わせた。一〇世紀まで交易システムは朝貢体制に則るものであった。その後、宋朝は自由貿易の方針を定め、それは元朝において恒常化して制度化された。その次の明代には、支配上、都合が良い朝貢体制に戻っていった。こうした交易政策の変遷に従って、それに基づいて大量の貿易物品が、西アジアと中国の間でシルクロードのような陸路や東南アジア経由の海路を通じてやりとりされた。それらの品々は、さらに東南アジアから北上し、東シナ海海域や日本にたどり着くこととなったのである。

このように、日本は中国を中心とする国際的なネットワークの東端に所在していた。およそ千年の間、中国が定めた交易システムに対して、日本を含む多くの地域がそれを受け入れて従った。その一方で、たとえば朝鮮王朝が文引制等の国内市場に合わせた自己の国際貿易システムを打ち出したが、日本は他国に対して自分に都合の良いシステムを押し付けることをせず、むしろ他国の設定したシステムを受け入れてきた。日本における対外貿易の傾向を時代ごとに特徴づけると、次のように整理できる。

八世紀まで　：外国の知識や技術の導入

一二世紀まで：唐物の輸入
一二世紀以降：中国銭の輸入
一四世紀以降：増大し続ける輸出

この四段階においてそれぞれ目標を達成できたのは、日本が実用主義的な対応を貫き、その時々に合わせての処置を優先する姿勢をとっていたからであろう。

中国では政治的な方針が優先され、個々の政策はその方針に従って適用された。例えば、一五世紀初頭に日本刀の輸入量が規制量をはるかに超えていても、明はそれを拒否せずに受け入れた。その理由として国家的イデオロギーを尊重する姿勢が背景にあった。例えば永楽帝は、「禁制に拘泥して王朝が寛容な姿勢を失い、蕃国の人々が中華を慕ってやって来ることを阻害することのないようにせよ」と命じている（『明実録』永楽元年八月己未条）。このように中国にとって、中華帝国としてのイデオロギーを遂行することが重要であり、政策はそれに従って定められた。そのために生じる経済的負担はやむを得ないとされた。それとは逆に日本の場合は、国内の需要を満たすためには朝廷の国家的イデオロギーは二の次にされた。基本的な両国の姿勢の傾向は、日本は経済主義、中国は帝国主義といった流れであった。それが外交・貿易管理における両国の大きなギャップとなっていた。

一方、朝鮮半島は東アジアの中でも地理的に中継的な立地にあった。日本に対しては外交的理念から君臣関係を拒否したが、中国王朝や北方の遼、金には対抗、従属しながら外交関係を展開した。経済の面では、新羅は、日本に対しても唐に対しても盛んに国家貿易（朝貢貿易）を営んでいた。高麗時代には、公的使節の派遣は遼と金に集中し、東シナ海海域には民間レベルで参入していた。朝鮮王朝になると海賊に悩まされ、文引制を対日交易に導入することによって貿易を制限しようとしたが、明と同様に日本からの過剰な輸入を余儀なくされた。

七―一六世紀を概観すると、七―九世紀は新羅が対唐交易に最も積極的であったが、それ以後の朝鮮半島は、北方王朝やそれに続いて東南アジア、琉球王国や明国との貿易がさかんであった。中国の対外交易は、日本や朝鮮のように三、四カ国で成り立つものではなかった。隋唐や明では二〇―六〇の国々と貿易していたが、それを朝貢システムによって統制し、国家レベルで管理した。その間に位置する宋元時代は、自由貿易を営みながら国庫に利益をもたらしており、貿易の黄金時代といえるかもしれない。

日本の立場から千年という長期間のスパンで対外交流を見ると、日本海と東シナ海の往来は、七―九世紀には朝鮮半島や渤海の来日使節や商団が目立つが、九世紀後半から一二世紀には宋商がこれにとって代わる。ところが、一三世紀になると、それまでの大陸からの来日とは逆行して日本列島から大陸へと向かうようになる。銭貨の輸入が契機となってベクトルが一変したのである。そして一四世紀には対馬や西日本からの商船が何千何万と朝鮮へ向かった。これが日朝交易の大きなうねりとなる（**巻末付録グラフA**参照）。

貿易品については、およそ千年にわたって数々の品が海を行き交う流れとなった。古代日本の貴族社会では唐物に憧れる傾向がますます鮮明になり、大陸輸入品への殺到が起こったのである。対価として日本の金が中国に流出した。その後、徐々に各種天然原料（国産の銅や硫黄、中継貿易で得た蘇芳等）や高級工芸品（漆器、銅製品、刀剣等）を輸出するようになった。また、大陸から茶会の風習もあって青磁、染付、絵画、朝鮮銀器等の唐物を輸入した。交易品は、双方にとって文化的な品物が中心であった。日本は古代より工芸品を輸入していたが、その後、国内での高度な技術の進展により高級工芸品を生産するようになったのである。日本は漆器、螺鈿細工、製紙、刀剣等において独自の技術を作り出し、そうした製品は中国や朝鮮で珍重され高く評価された。時にはそうした技術さえ輸出されることもあった。開発された日本の高級工芸品は、一五―一六世紀の輸出全体において大きな割合を占めるようになり、明側から「倭国物」として礼讃されるようになった。かくして古代において工芸輸入国であった日本は、中世からは工芸輸出国へと変わっていったのである。

巻末付録

グラフA　日本と海外の往来——頻度と方向性（7—16世紀）

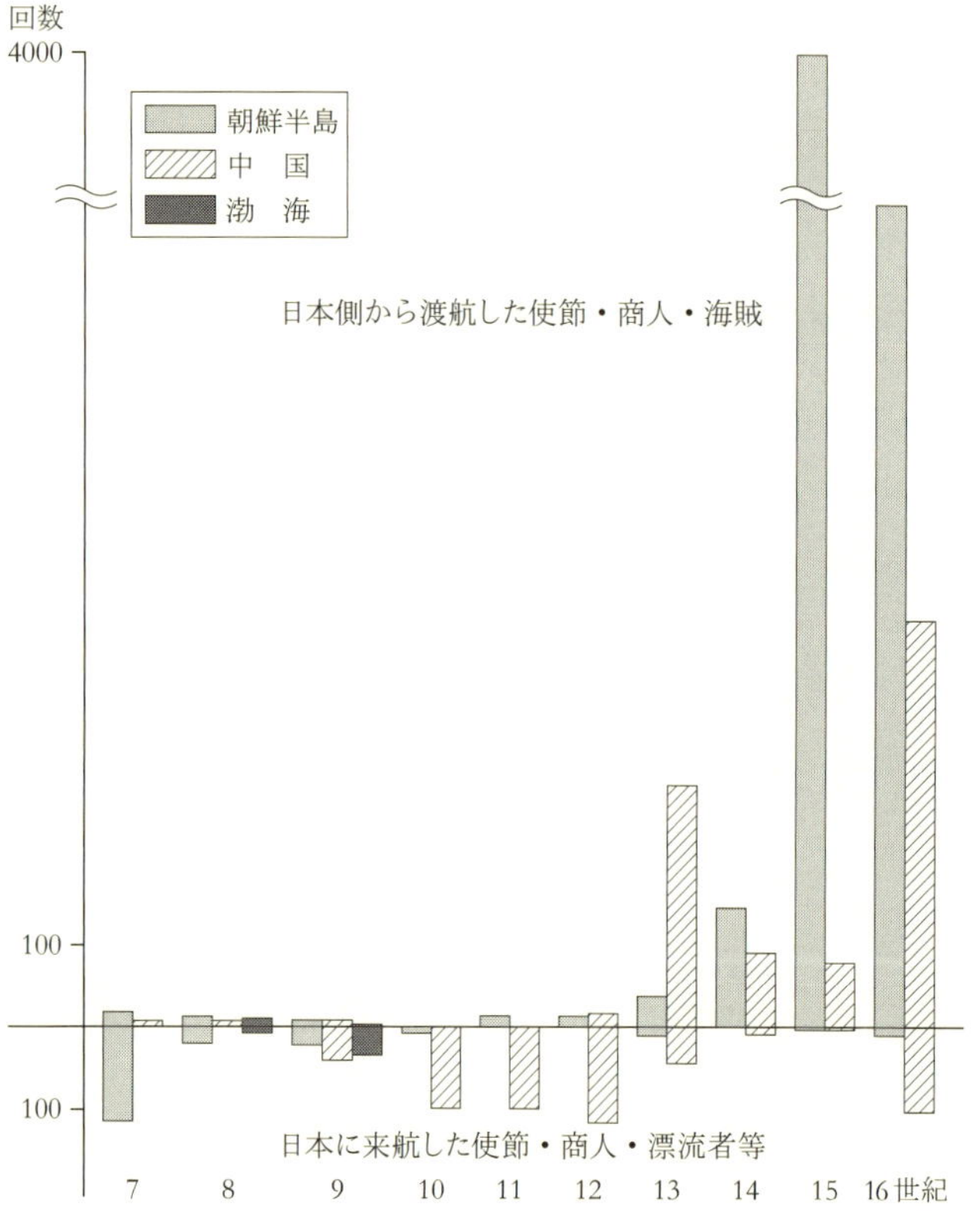

このグラフは交流の回数を示すものであり、その内実を問うものではない。各世紀ごとに海を越えた人々のグループの渡航回数の試算で、商船の数や各使節・商団ごとの人数は考慮していない。そのうち史料的に精度が高いのは、8世紀と15世紀前半だけである。
このブラフは本書で取り上げたデータに基づいてVerschuerが作成した。

表A　主な貿易品と進貢物

時　期	相手国	日本から輸出	日本が輸入
7～9世紀	唐	絹製品（絹・絁・綿・糸）、布、沙金（9世紀以後）、真珠、瑪瑙、海石榴油、金漆、甘葛汁など	高級絹織物（錦・綾）、香料・薬材、書籍、美術工芸品、珍禽など
	新羅	絹製品（絹・絁・綿・糸）、布、黄金（1回確認）、錦（時折）など	香薬（人参・蜂蜜を含む）、美術工芸品、珍禽など
	渤海	絹製品（絹・絁・綿・糸）、布、黄金（1回確認）、海石榴油、水銀（1回確認）など	毛皮、人参、蜂蜜など
10～12世紀	宋	砂金、水銀、硫黄、真珠、和紙、扇子、美術工芸品（漆器・螺鈿細工・刀剣）など	高級絹織物（錦・綾）、陶磁器、珍禽、香料・薬材、染料（蘇芳）など*
	高麗	水銀、真珠、硫黄、刀剣など	錦・綾、麝香等の香薬など*
13～14世紀	南宋～元	金、水銀、硫黄、真珠、建築材、刀剣、美術工芸品（漆器・螺鈿細工の器物）など	銅銭、陶磁器、書籍、書画、文房具、香料・薬材*など
	高麗	綾・絹（銀・真珠・刀剣・扇子・馬具等1回確認）	陶磁器等か？
14～16世紀	明	美術工芸品（装飾刀剣、蒔絵漆器、金銅器、扇、金屏風など）、瑪瑙、香料・薬材*、工芸品（刀などの武具、毛皮*）、高級織物（錦・綾）、資源材（銅・硫黄・蘇芳*）	銅銭、銀、高級絹織物、金属器、漆器、書画、銀器、陶磁器などの美術工芸品
	朝鮮王朝	美術工芸品（装飾刀剣、漆器、金銅器、扇など）、高級絹織物（以上将軍家のみ）、武具、香料・薬材など	銀器、木版大蔵経（以上幕府や大名のみ）、農産物（米・豆・人参・松実・焼酎など）、毛皮*、麻布、木綿布、蓆等の製品など

＊中継貿易品を含む

表B　史料にあらわれる貿易品目（例）

①	752年に新羅から日本へ舶載されたもの	
		丁香、青木香、薫陸香、甘松香、龍脳香、沈香、麝香、呵藜勒、太黄、人参、甘草、蜜汁、桂心、胡粉、黄丹、同黄、雌黄、朱沙、金青、蘇芳など
	典拠	買新羅物解（正倉院文書、尊経閣所蔵文書）
②	971年に宋が各国から輸出入した物品	
	輸出	金銀、緡銭、鉛錫、雑色帛、瓷器
	輸入	香薬、犀象、珊瑚、琥珀、珠琲、鑌鉄、鼊皮、玳瑁、瑪瑙、車渠、水精、蕃布、烏樠、蘇芳など
	典拠	『宋史』巻186
③	1028年に宋商周文裔が藤原実資に贈ったもの	
		翠紋花錦、小紋緑殊錦、大紋白綾、麝香、丁香、沈香、薫陸香、可梨勒、石金青、光明朱砂、色々餞紙、糸鞋
	典拠	『小右記』長元2年3月2日・8月2日条
④	11世紀の日本における唐物	
		沈、麝香、衣比、丁子、甘松、薫陸、青木、龍脳、牛頭、鶏舌、白檀、紫檀、赤木、蘇芳、陶砂、紅雪、紫雪、金液丹、銀液丹、紫金膏、巴豆、雄黄、可梨勒、檳榔子、銅黄、紺青、臙脂、緑青、空青、丹、朱砂、胡粉、豹・虎皮、籐、茶垸、籠子、犀生角、水牛如意、馬脳、瑠璃壺、綾、錦、緋襟、象眼、繧繝、高麗・軟錦、東涼錦、浮線綾、羅、縠、呉竹、甘竹、吹玉
	典拠	『新猿楽記』八郎真人条
⑤	宝慶年間（1225-1227）宋における日本からの輸入品	
	細物	金子、砂金、珠子、薬珠、水銀、鹿茸、茯令
	麤物	硫黄、螺頭、合蕈、松板、杉板、羅板
	典拠	『宝慶四明志』巻6
⑥	988年に奝然が宋皇帝に献上したもの	
		佛経（青木函に納める）、琥珀・青紅白水晶・紅黒木槵子の念珠（螺鈿花形平函に納める）、螺杯（毛籠に納める）、法螺・染皮（葛籠に納める）、髪鬘（金銀蒔絵筥に納める）、藤佐理手書・進奉物数目・表状（金銀蒔絵筥に納める）、金硯・鹿毛筆・松煙墨・金銅水瓶・鉄刀（金銀蒔絵硯一筥に納める）、檜扇・蝙蝠扇（金銀蒔繪扇筥に納める）、赤木梳・龍骨（螺鈿梳函に納める）、螺鈿書案、螺鈿書几、白細布（金銀蒔絵平筥に納める）、貂裘（鹿皮籠に納める）、螺鈿鞍轡、銅鐵鐙、紅絲鞦、泥障、倭画屏風、石流黄
	典拠	『宋史』巻491日本伝
⑦	1407年に永楽帝から足利義満とその妻への賜物	
	義満宛	白金、銅銭、綿、紵絲、紗、羅、絹、僧衣、帷帳、衾褥、器皿
	妻宛	白金、銅銭、綿、紵絲、紗、羅、絹
	典拠	『明実録』永楽5年5月己卯条

⑧	1434年に足利義教から明・宣徳帝への「貢献方物」	
		馬、撒金鞘太刀、硫黄、瑪瑙、金屏風、鎗、黒漆鞘柄太刀、長刀、鎧、硯・匣、扇
	典拠	『善隣国宝記』巻下　宣徳9年8月23日
⑨	1433年における幕府から明への「商物」	
		蘇木、硫黄、紅銅、刀剣、鎗、扇、火筋、抹金銅銚、花硯、小帯刀、印花鹿皮、黒漆泥金灑金嵌螺甸花大小方丹箱盒・香壘等の器皿、貼金灑金硯匣・硯銅水滴
	典拠	『明実録』景泰4年12月甲申条
⑩	1427年における対馬の宗貞盛による対朝鮮輸出入品	
	輸出	環刀、柄丹木、石硫黄、箭簇
	輸入	正布、米、豆、虎皮・豹皮、紵布、雑彩花席、焼酒、松子
	典拠	田村洋幸『中世日朝貿易の研究』(p. 204)

Sources of Classical Japan, Paris : Collège de France, Diffusion De Boccard.
Verschuer, Charlotte von. 2007, "Ashikaga Yoshimitsu's Foreign Policy 1398 to 1408 A.D. A Translation from *Zenrin Kokuhôki*, the Cambridge Manuscript", *Monumenta Nipponica* 62 (3), Automne, p. 262-297.
Wang, Zhen-ping. 2005, *Ambassadors from the Islands of Immortals: China-Japan Relations in the Han-Tang Period.* Honolulu: Association for Asian Studies and University of Hawaii Press,.

Shorin
Ury, Marian, trans. 1979, *Tales of Times Now Past.* Berkley : University of California Press.
Verschuer, Charlotte von. 1981, "Die Beziehungen zwischen den ersten Ming-Kaisern und Timur von Samarkand", *Nachrichten der Gesellschaft fuer Natur- und Voelkerkunde Ostasiens* 130, Hamburg, February
Verschuer, Charlotte von. 1985, *Les relations officielles du Japon avec la Chine aux VIIIe et IXe siècles*, EPHE et Collège de France, Institut des Hautes Etudes Japonaises, Genève, Paris : Librairie Droz.
Verschuer, Charlotte von. 1988, *Le commerce extérieur du Japon des origines au XVIe siècle.* Paris : Maisonneuve & Larose.
Verschuer, Charlotte von. 1991, "Le voyage de Jojin au mont Tiantai. T'oung pao 77:1-3: 1-48.
Verschuer, Charlotte von. 1995, "Le Japon, contrée du Penglai?–Note sur le mercure." *Cahiers d'Extrême-Asie* 8: 439-452.
Verschuer, Charlotte von. 1997, "Jojin découvre la ville de Hangzhou en 1072." In Jacqueline Piegot and Hartmut O. Rotermund, eds. *Le vase de béryl: Études sur le Japon et la Chine en hommage à Bernard Frank.* Arles: Philippe Piquier.
Verschuer, Charlotte von. 1999, "Japan's Foreign Relations 600 to 1200: A Translation of *Zenrin kokuhoki.*" *Monumenta Nipponica* 54:1 (Spring): 1-39.
Verschuer, Charlotte von. 2000, "Looking from Within and Without: Ancient and Medieval External Relations." *Monumenta Nipponica* 55:4 (Winter): 537-566.
Verschuer, Charlotte von. 2001, "Le moine Shunjo (1166-1227): sa jeunesse et son voyage en Chine." *Bulletin de l'École Française d'Extrême Orient* 88: 161-190.
Verschuer, Charlotte von. 2002, "Japan's Foreign Relations 1200-1392 A.D. A Translation from *Zenrin kokuhoki.* " *Monumenta Nipponica* 57 :4 (Winter) : 413-445.
Verschuer, Charlotte von. 2003, *Le riz dans la culture de Heian – mythe et réalité*, Collège de France, Bibliothèque des Hautes Etudes Japonaises, Paris : Collège de France, diffusion De Boccard,
Verschuer, Charlotte von. 2005, "Journal de voyage de Jojin en 1072 : la vie sur le Grand Canal dans la Chine des Song," *Revue d'Etudes Japonaises du CEEJ*: 9-124.
Verschuer, Charlotte von. 2006, *Across the Perilous Sea: Japanese Trade with China and Korea from the seventh to sixteenth Centuries*, translated from French by Kristen Lee Hunter, Ithaka : Cornell University Press.
Verschuer, Charlotte von. Joan Piggott, Ivo Smits, Ineke Van Put, Michel Vieillard-Baron, ed. 2006, *Dictionnaire des sources du Japon classique, Dictionary of*

of the U.S.S.R.. Toronto: University of Toronto Press, published for the Arctic Institute of North America.

Pack, Tchi-ho, trans. 1973, *Bericht des Nosongdang über seine Reise nach Japan aus dem Jahre 1420 (Nosongdang Ilbon haengnok)*, Wiesbaden: Harrassowitz.

Pan Yihong. 1997, *Son of Heaven and Heavenly Qaghon: Sui-Tang China and Its Neighbors*. Bellingham: Western Washington University Press.

Pearson, Richard. 2001, "Port, City, and Hinterlands: Archaeological Perspectives on Quanzhou and Its Overseas Trade." in Angela Schottenhammer, ed., *Emporium of the world: Maritime Quanzhou, 1000-1400*. Leiden: Brill.

Pollack, David. 1986, *The Fracture of Meaning: Japan's Synthesis of China from the Eighth through the Eighteenth Centuries*. Princeton: Princeton University Press.

Ptak, Roderich and Rothermund, Dietmar eds. 1991, *Emporia, commodities and enterpreneurs in Asian maritime trade, C. 1400-1750*, France Sterner Verlag, Stuttart.

Read Bernard E. 1982, *Chinese Medieval Plants from the Pen Ts'ao Kang Mu A.D. 1596*. Taipei: Southern Materials Center Inc., (Reprint).

Reischauer, Edwin O, trans. 1955, *Ennin's Diary: The Record of a Pilgrimage to China in Search of the Law*. New York: Ronald Press Company.

Robinson, Kenneth R. 1992, "From Raiders to Traders: Border Security and Border Control in Early Chosôn, 1392-1450." *Korean Studies* 16.

Robinson, Kenneth R. 1997, "The Jiubian and Ezogachishima Embassies to Chosôn, 1478-1482." *Chosenshi kenkyukai ronbunshu* 35 (October).

Robinson, Kenneth R. 2000, "Centering the King of Choson: Aspects of Korean Maritime Diplomacy, 1392-1593." *Journal of Asian Studies* 59:1 (February).

Schottenhammer, Angela, ed. 2001, *The Emporium of the World: Maritime Quahzhou, 1000-1400*. Leiden: Brill.

Schottenhammer, Angela, ed. 2005, *Trade and Transfer Across the East Asian Mediterranean*. Wiesbaden: Otto Harrassowitz.

Shimizu, Isamu, trans. 1957, "Priest Takaoka Shinnyo." *Transactions of the Asiatic Society of Japan* 3rd series: 5 .

Takakusu, J., trans. 1928, 1929, "Le voyage de Kanshin au Japon." *Bulletin de l'École Française d'Extrême Orient* 28, 29.

Toby, Ronald P. 1984, *State and Diplomacy in Early Modern Japan: Asia in the Development of the Tokugawa Bakufu*. Princeton: Princeton University Press.

Tsunoda, Ryusaku, trans., and L. Carrington Goodrich, ed. 1951, *Japan in the Chinese Dynastic Histories: Later Han through Ming Dynasties*. South Pasadena, CA: Perkins.

Uraki Jiro, trans. 1984, *Tale of Cavern (Utsuho Monogatarishu)* Tokyo, Shonozaki

渡邊誠 2002、「平安中期、公貿易化の取引形態と唐物使」(『史学研究』237)
渡邊誠 2005、「平安期の貿易決済をめぐる陸奥と大宰府」(『九州史学』140)

【中文】

龔予・陳雨石・洪炯坤主編 1992、『中国歴代貢品大観』(上海社会科学院出版社)
高栄盛 1998、『元代海外貿易研究』(四川人民出版社)
黄純艶 2003、『宋代海外貿易』(社会科学文献出版社)

【欧文】

Adami, Norbert R. 1994, *Bibliography on Parhae: A Medieval State in the Far East,* Wiesbaden: Harrassowitz Verlag.
Batten, Bruce, 2006, *Gateway to Japan: Hakata in war and Peace, 500-1300,* University of Hawaii Press.
Best, Jonathan W. 1982, "Diplomatic and Cultural Contacts Between Paekche and China." *Harvard Journal of Asiatic Studies* 42: 2
Borgen, Robert. 1982 "The Japanese Mission to China of 801-806", *Monumenta Nipponica* 37:1 (Spring)
Borgen, Robert. 1994, *Sugawara no Michizane and the Early Heian Court.* 1986. Reprint. Honolulu: University of Hawaii Press.
Braudel, Fernand. 1979, *Les structures du quotidien :Le possible et L'impossible,* vol. 1, Armand Colin, Paris
Braudel, Fernand. 1985, *La Mediterranee, l'Espace et l'Historie,* Arts et Metiers Graphiques, 1977, Flammarion, Paris.
Herbert, Penelope A. "Japanese Embassies and Students in T'ang China." Nedlands: University of Western Australia Centre for East Asian Studies Occasional Paper no. 4, (no date)
Kornicki, Peter F. 1998, *The Book in Japan: A Cultural History from the Beginning to the Nineteenth Century,* Leiden and Boston: Brill.
Kuno, Yoshi S. 1967, *Japanese Expansion on the Asiatic Continent,* N.Y., Kennikat Press, Inc.
Le Goff, Jacques. 1977, *Pour un autre Moyen Age: temps, travail et culture en Occident,* Gallimard, Paris
Lombard, Denys et Aubin, Jean. 1988, *Marchands et hommes d'affaires asiatiques dans l'Ocean Indien et la Mer de Chine 13-20 siecles,* Editions de l'Ecole des Hautes Etudes en Sciences Sociales, Paris.
Okladnikov Aleksei Pavlovich. 1965, "The Mo-ho Tribes and the P'o-hai State", In Aleksei Pavlovich Okladnikov, and Henry N. Michael, ed. *The Soviet Far East in Antiquity: An Archaeological and Historical Study of the Maritime Region*

皆川雅樹 2003、「9 世紀日本における「唐物」の史的意義」(『専修史学』34)
皆川雅樹 2005、「9 ～ 10 世紀の「唐物」と東アジア――香料を中心として」(『人民の歴史学』166)
皆川雅樹 2006、「平安期の「唐物」研究と「東アジア」」(『歴史評論』680)
村井章介 1988、『アジアのなかの中世日本』(校倉書房)
村井章介 1993、『中世倭人伝』(岩波書店)
村井章介 1997、『国境を超えて――東アジア海域世界の中世』(校倉書房)
村井章介・斉藤利男・小口雅史編 2002、『北の環日本海世界』(山川出版社)
村井章介・佐藤信・吉田伸之編 1997、『境界の日本史』(山川出版社)
桃木至朗編 2008、『海域アジア史研究入門』(岩波書店)
森公章 1998、『古代日本の対外認識と通交』(吉川弘文館)
森公章 1998、『「白村江」以後』(講談社)
森公章 2008、『遣唐使と古代日本の対外政策』(吉川弘文館)
柳原敏昭 1999、「中世前期南九州の港と宋人居留地に関する一試論」(『日本史研究』448)
山内晋次 1993、「10-11 世紀の対外関係と国家」(『ヒストリア』141)
山内晋次 2003、『奈良平安期の日本とアジア』(吉川弘文館)
山内晋次 2009、『日宋貿易と「硫黄の道」』(山川出版社)
山里純一 1999、『古代日本と南島の交流』(吉川弘文館)
山田憲太郎 1976、『東亜香料史研究』(中央公論美術出版)
山中裕 1968、「源氏物語の高麗人について」(森博士還暦記念会編『対外関係と社会経済』塙書房)
吉田光男編 2004、『日韓中の交流　人・モノ・文化』(山川出版社)
四日市康博編 2008、『モノから見た海域アジア史』(九州大学出版会)
米谷均 1997、「16 世紀日朝関係における偽使派遣の構造と実体」(『歴史学研究』697)
米谷均 2003、「後期倭寇から朝鮮侵略へ」(池亨編『日本の時代史』13)
ラウファー，ベルトルト 2007、『古代イランの文明史への中国の貢献　とくに栽培植物と産物の由来について』(杉頴夫訳、新風舎)
李成市 1997、『東アジアの王権と交易――正倉院の宝物が来たもうひとつの道』(青木書店)
李成市 2000、『東アジア文化圏の形成』(山川出版社)
李領 1999、『倭寇と日麗関係史』(東京大学出版会)
ル＝ゴフ，ジャック 2005、『中世とは何か』(池田健二・菅沼潤訳、藤原書店)
歴史学研究会編 2005 ～ 2006、『シリーズ港町の世界史』1 ～ 3 (青木書店)
1 巻：村井章介責任編集『港町と海域世界』(青木書店、2005)
2 巻：深沢克己責任編集『港町のトポグラフィ』(青木書店、2006)
3 巻：羽田正責任編集『港町に生きる』(青木書店、2006)

橋本雄 2005、『中世日本の国際関係』（吉川弘文館）
橋本雄 2011、『中華幻想』（勉誠出版）
服部英雄 2005、「宋貿易の実態――諸国来着の異客たちとチャイナタウン・唐房」（『東アジアと日本』2）
服部英雄 2005、「日宋貿易の実態」（『東アジアと日本――交流と変容』2）
羽田正 2007、『東インド会社とアジアの海　興亡の世界史 15』（講談社）
原美和子 1999、「宋代東アジアにおける海商の仲間関係と情報網」（『歴史評論』592）
原美和子 2006、「宋代海商の活動に関する一試論」（小野正敏・五味文彦・萩原三雄編『中世の対外交流　場・ひと・技術』高志書院）
平尾良光 2008、『経筒が語る中世の世界』（思文閣出版）
廣瀬憲雄 2009、「唐後半期から北宋の外交儀礼――「対」の制度と関連して」（『史学雑誌』118-7）
福岡市博物館 2003、『チャイナタウン展／もうひとつの日本史』（図録）
藤田明良 1993、「15 世紀の鬱陵島と日本海セイイキの交流」（『神戸大学史学年報』8）
藤田明良 2003、「都にやって来た海獣皮――古代中世の水豹と葦鹿」（『北太平洋の先住民交易と工芸』思文閣出版）
藤田明良 2007、「文献史料から見た日本海交流と女真」（前川要編『北東アジア交流史研究』塙書房）
藤善真澄 2006、『参天台五臺山記の研究』（関西大学出版部）
藤善真澄訳 2007、『参天台五臺山記』上（関西大学出版部）
藤善真澄訳 2011、『参天台五臺山記』下（関西大学出版部）
古川元也 2007、「唐物の請来と価値の創出」（『宋元仏画』神奈川県立歴史博物館）
古瀬奈津子 2003、『遣唐使の見た中国』（吉川弘文館）
ブローデル，フェルナン 1985、『日常性の構造　物質文明・経済・資本主義 15-18 世紀　1』（村上光彦訳、みすず書房）
ブローデル，フェルナン 2008、『地中海の記憶　先史時代と古代』（尾河直哉訳、藤原書店）
北海道・東北史研究会編 1988-1990、『北からの日本史』全 2 巻（三省堂）
保立道久 1993、「虎・鬼が島の日本海海域史」（戸田芳実編『中世の生活空間』有斐閣）
保立道久 2004、『黄金国家』（青木書店）
堀敏一 1998、『東アジアのなかの古代日本』（研文出版）
前川要編 2007、『北東アジア交流史研究』（塙書房）
牧田諦亮 1955-1959、『策彦入明記の研究』（法藏館）
蓑島栄紀 2001、『古代国家と北方関係』（吉川弘文館）
蓑島栄紀 2005、「平安貴族社会とサハリンのクロテン」（『北方島文化研究』3）

32）
須田牧子 2011、『中世日朝関係と大内氏』（東京大学出版会）
関周一 2002、『中世日朝海域史の研究』（吉川弘文館）
関周一 2002、「唐物の流通と消費」（『国立歴史民俗博物館研究報告』92）
関口明 2003、『古代東北の蝦夷と北海道』（吉川弘文館）
高橋公明 1987、「中世東アジア海域における海民と交流」（『名古屋大学文学部研究論集　史学 33』）
高橋公明 1995、「16 世紀の荒唐船と朝鮮の対応」（田中健夫編『前近代の日本と東アジア』吉川弘文館）
高橋隆博他 1986、『高麗李朝の螺鈿』（毎日新聞社）
高良倉吉 1998、『アジアのなかの琉球王国』（吉川弘文館）
太宰府市編纂委員会編 2005、『太宰府市史　古代資料編』（太宰府市）
田島公 1993、「日本、中国・朝鮮対外交流史年表」（奈良県立橿原考古学研究所附属博物館編『貿易陶磁――奈良・平安の中国陶磁』臨川書店）
田島公 1995、「大宰府鴻臚館の終焉」（『日本史研究』389）
田中健夫訳 1991、『海東諸国紀――朝鮮人の見た中世の日本と琉球』（岩波書店）
田中健夫編 1995、『前近代の日本と東アジア』（吉川弘文館）
田中健夫 1997、「『倭好』覚書――16 世紀の海外貿易品に関する一史料の注解」（『東アジア通交圏と国際認識』吉川弘文館）
田中健夫・石井正敏編 2009、『対外関係史辞典』（吉川弘文館）
田中史生 2005、『倭国と渡来人』（吉川弘文館）
田中史生 2009、『越境の古代史――倭と日本をめぐるアジアンネットワーク』（筑摩書房）
田村晃一・鈴木靖民編 1992、『新版古代の日本 2　アジアからみた古代日本』（角川書店）
辻秀人 2008、『百済と倭国』（高志書院）
東野治之 1992、『遣唐使と正倉院』（岩波書店）
東野治之 1999、『遣唐使船――東アジアのなかで』（朝日新聞社）
東野治之 2007、『遣唐使』（岩波書店）
中西進・周一良編 1995-1998、『日中文化交流史叢書』全 10 巻（大修館書店）
中野高行 2008、『日本古代の外交制度史』（岩田書院）
中村太一 2004、「日本古代の交易者」（『国立歴史民俗博物館研究報告』113）
西尾賢隆 1999、『中世の日中交流と禅宗』（吉川弘文館）
バートン，ブルース 2000、『日本の「境界」――前近代の国家・民族・文化』（青木書店）
バートン，ブルース 2001、『「国境」の誕生』（日本放送出版協会）
橋本雄 1997、「中世日朝関係における王城大臣使の偽使問題」（『史学雑誌』106-2）

河内良弘 1971、「明代東北アジアの貂皮貿易」（『東洋史研究』30-1）
北島万次 1995、『豊臣秀吉の朝鮮侵略』（吉川弘文館）
國原美佐子 2001、「15 世紀の日朝間で授受した禽獣」（『史論』54）
國原美佐子 2003、「室町時代の書籍入手」（大隅和雄編『文化史の構想』吉川弘文館）
桑原隲蔵 1923『蒲寿庚の事蹟』（東亜攷究会）
河内春人 1996、「大宝律令の成立と遣唐使派遣」（『続日本紀研究』305）
河内春人 2000、「宋商曾令文と唐物使」（『古代史研究』17）
河内春人 2007、「『王年代紀』をめぐる覚書」（『歴史学研究』826）
小西正捷他 2008、「特集　インド洋海域世界　人とモノの移動」（『自然と文化そしてことば』4）
佐伯有清 2002、『高丘親王入唐記』（吉川弘文館）
佐伯弘次 2008、『対馬と海峡の中世史』（山川出版社）
佐伯弘次 2005、「15 世紀後半以降の博多貿易商人の動向」（『東アジアと日本——交流と変容』2）
酒井紀美 2005、「天竺人の子、西忍」（『夢から探る中世』角川学芸出版）
酒寄雅志 2000、『渤海と古代の日本』（校倉書房）
酒寄雅志 2003、「渤海の交易——朝貢・互市、そして三彩」（『日本と渤海の古代史』山川出版社）
佐久間重男 1992、『日明関係史の研究』（吉川弘文館）
佐藤信・藤田覚編 2007、『前近代の日本列島と朝鮮半島』（山川出版社）
茶道資料館 2008、『鎌倉時代の喫茶文化』（図録）
シェーファー，エドワード・H 2007、『サマルカンドの金の桃——唐代の異国文物の研究』（吉田真弓訳、勉誠出版）
島尾新 1997、「会所の美術　室町時代の唐物と「美術」システム」（『国立歴史民俗博物館研究報告』47）
新川登亀男 1999、『日本古代の対外交渉と仏教』（吉川弘文館）
杉本直二郎 1965、『真如親王伝の研究』（吉川弘文館）
鈴木靖民 1987、「南島人の来朝をめぐる基礎的考察」（田村圓澄先生古稀記念会編『東アジアと日本　歴史編』吉川弘文館）
鈴木靖民 1996、「古代蝦夷の世界と交流」（『古代王権と交流 1　古代蝦夷の世界と交流』名著出版）
鈴木靖民 1997、「平城京の新羅文化と新羅人」（武田幸男編『朝鮮社会の史的展開と東アジア』山川出版社）
鈴木靖民 1999、「渤海国家の構造と特質」（『朝鮮学報』170）
鈴木靖民編 2008、『古代日本の異文化交流』（勉誠出版）
須田牧子 2006、「大内氏の対朝関係の展開と琳聖太子伝説」（小野正敏・五味文彦・萩原三雄編『中世の対外交流　場・ひと・技術』高志書院）
須田牧子 2007、「中世後期における大内氏の大蔵経輸入」（『年報中世史研究』

ヴェアシュア，シャルロッテ・フォン 2004、「東アジアにおける人と物と情報の交流」（英文）、（村井章介編『8 〜 17 世紀の東アジア地域における人、物、情報の交流――海域と港町の形成、民族、地域間の相互認識を中心に　平成 12 年度〜平成 15 年度科学研究費補助金研究成果報告書』上、東京大学大学院人文社会系研究科）
ヴェアシュア，シャルロッテ・フォン 2005、「水銀と虎の皮――日渤関係における特産品」（上田正昭監修『古代日本と渤海　能登からみた東アジア』大巧社）
ヴェアシュア，シャルロッテ・フォン 2010、「遣唐使帰国後の対応について」（『専修大学東アジア世界史研究センター年報』4）
江草宣友 2005、「平安期における銭貨流通と渡来銭」（『ヒストリア』193）
榎本淳一 2008、『唐王朝と古代日本』（吉川弘文館）
榎本渉 2006、「宋代市舶司貿易にたずさわる人々」（歴史学研究会編『港町に生きる　シリーズ港町の世界史 3』青木書店）
榎本渉 2007、『東アジア海域と日中交流』（吉川弘文館）
榎本渉 2008、「『板渡の墨蹟』と日宋貿易」（四日市康博編『モノから見た海域アジア史』九州大学出版会）
榎森進・小口雅史・澤登寛聡編 2008、『アイヌ文化の成立と変容――交易と交流を中心として』上・下（岩田書院）
汪高鑫・程仁桃 2009、『中国、朝鮮、日本　東アジア古代三国史』（共同通信社）
王勇 1998、『唐から見た遣唐使――混血児たちの大唐帝国』（講談社）
王勇 2000、『中国史のなかの日本像』（農山漁村文化協会）
王勇・久保木秀夫編 2001、『奈良・平安期の日中文化交流――ブックロードの視点から』（農文協）
王麗萍 2002、『宋代の中日交流史研究』（勉誠出版）
大石直正・高良倉吉・高橋公明編 2001、『周縁から見た中世日本　日本の歴史 14』（講談社）
大庭脩 1997、『漢籍輸入の文化史』（研文出版）
長節子 2002、『中世国境海域の倭と朝鮮』（吉川弘文館）
小野勝年 1964-1969、『入唐求法巡礼行記の研究』全 4 巻（鈴木学術財団）
小野勝年 1982-1983、『入唐求法行歴の研究』全 2 巻（法蔵館）
小野正敏・五味文彦・萩原三雄編 2006、『中世の対外交流　場・ひと・技術』（高志書院）
金子修一 2001、『隋唐の国際秩序と東アジア』（名著刊行会）
金沢文庫 1992、『鎌倉への海道』（図録）
川添昭二 1965、『鎮西探題史料集』（粕屋町）
川添昭二 1996、『対外関係の史的展開』（文献出版）
河添房江 2008、『光源氏が愛した王朝ブランド品』（角川学芸出版）
河田貞・高橋隆博著、日弄貞夫写真 1986、『高麗李朝の螺鈿』（毎日新聞社）

〈東アジア交流史文献〉

網野善彦編 1990、『海と列島文化 1　日本海と北国文化』（小学館）
荒野泰典 1987、「国際認識と他民族観」（歴史科学協議会編『現代を生きる歴史科学』2、大月書店）
荒野泰典・石井正敏・村井章介編 1992-1993、『アジアのなかの日本史』全 6 巻（東京大学出版会）
安藤更生 1960、『鑑真大和上伝の研究』（平凡社）
伊川健二 2007、『大航海時代の東アジア』（吉川弘文館）
池田温 2002、「前近代東亜における紙の国際交流」（『東アジアの文化交流史』吉川弘文館）
池田榮史編 2008、『古代中世の境界領域――キカイガシマの世界』（高志書院）
石原道博 1950、「中国における日本観の展開」（『史学雑誌』59-12）
石井正敏 2001、『日本渤海関係史の研究』（吉川弘文館）
石井正敏編 1987、「古代日中関係編年史料稿」（茂在寅男・西嶋定生・田中健夫・石井正敏『遣唐使研究と史料』東海大学出版会）
石母田正 1971、『日本の古代国家』（岩波書店）
伊藤幸司 2002、『中世日本の外交と禅宗』（吉川弘文館）
稲川やよい 1991、「『渡海制』と「唐物使」の検討」（『史論』44）
伊原弘編 2009、『宋銭の世界』（勉誠出版）
石見清裕 1998、『唐の北方問題と国際秩序』（汲古書院）
石見清裕 2005、「唐の絹貿易と貢献制」（『東洋史論集』33）
石見清裕 2008、「唐の国際交易と渤海――朝貢・互市と貢献制」（鈴木靖民編『古代日本の異文化交流』勉誠出版）
石見清裕 2009、『唐代の国際関係』（山川出版社）
上田雄 2006、『遣唐使全航海』（草思社）
ヴェアシュア，シャルロッテ・フォン 1996、「中国雲南に流罪となった南北朝時代の日本人僧たち」（『歴史街道』）
ヴェアシュア，シャルロッテ・フォン 1999、「唐宋における日本蓬萊観と水銀輸入について」（『アジア遊学』3）
ヴェアシュア，シャルロッテ・フォン 1999、「杭州、寧波、普陀山を尋ねて」（『日本歴史』613）
ヴェアシュア，シャルロッテ・フォン 2001、「9 世紀日本の情報輸入体制」（『アジア遊学』26）
ヴェアシュア，シャルロッテ・フォン 2003「中国唐帝国への日本からの使節団と情報技術――遣唐使の IT インフラ」（奈良：ならシルクロード博記念国際交流財団―シルクロード学研究センター編『シルクロードを翔る、遣隋使と遣唐使』）

and Toyoda Takeshi, eds. *Japan in the Muromachi Age*. Berkeley: University of California Press.
Serruys, Henry. 1967, *Sino-Mongol Relations During the Ming: The Tribute System and Diplomatic Missions*（*1400-1600*）. Brussels: Institut Belge des Hautes Études Chinoises.
Tanaka Takeo, and Sakai, Robert 1977, "Japan's Relations with Overseas Countries." In John Whitney Hall and Toyoda Takeshi, eds. *Japan in the Muromachi Age*. Berkeley: University of California Press.
Wang Yi-t'ung. 1953, *Official Relations between China and Japan, 1368-1549*. Cambridge, Mass.: Harvard University Press.
〈追記〉
佐伯弘次 2008、『対馬と海峡の中世史』（山川出版社）
橋本雄 1997、「中世日朝関係における王城大臣使の偽使問題」（『史学雑誌』106-2）
橋本雄 2005、『中世日本の国際関係』（吉川弘文館）
藤田明良 1993、「15 世紀の鬱陵島と日本海海域の交流」（『神戸大学史学年報』8）
米谷均 1997、「16 世紀日朝関係における偽使派遣の構造と実体」（『歴史学研究』697）

《コラム 5》
池田温 1987、「前近代東亜における紙の国際流通」（『東方学会創立四十周年記念東方学論集』）
森克己 1968、「日中文化の交流」（『月刊文化財』62）

《文献》

石井正敏 1995、「善隣国宝記諸本解説」（田中健夫編 1995 所収）
石原道博 1960、「日本刀歌七種」（『茨城大学文理学部紀要』11）
大阪市立博物館 1986、『明国と日本』
小笠原小枝責任編集 1983、『舶載の染織』（中央公論社）
長節子 1987、『中世日朝関係と対馬』（吉川弘文館）
河原純之編 1984、『日本の美術 214　一乗谷遺跡』（至文堂）
国立歴史民族博物館編 2005、『東アジア中世街道』（歴史民俗博物館振興会）
小葉田淳 1939、『中世南島通交貿易史の研究』（日本評論社）
小葉田淳 1941、『中世日支通交貿易史の研究』（刀江書院）
小葉田淳 1958、『日本の貨幣』（至文堂）
佐久間重男 1986、「15 ～ 16 世紀の大倭寇」（田中健夫編 1986 所収）
高橋公明 1986、「海東諸国紀の時代とその終焉」（田中健夫編 1986 所収）
田中健夫 1959、『中世対外交渉史の研究』（東京大学出版会）
田中健夫 1975、『中世対外関係史』（東京大学出版会）
田中健夫 1982、『対外関係と文化交流』（思文閣出版）
田中健夫編 1986、『海外視点日本の歴史 7　大明国と倭寇』（ぎょうせい）
田中健夫編 1987、『日本前近代の国家と対外関係』（吉川弘文館）
田村洋幸 1967、『中世日朝貿易の研究』（三和書房）
鄭樑生 1985、『明日関係史の研究』（雄山閣）
豊田武・児玉幸多編 1969、『体系日本史叢書　流通史』1（山川出版社）
中村栄孝 1965、『日鮮関係史の研究』上（吉川弘文館）
中村栄孝 1966、『日本と朝鮮』（至文堂）
中村清兄 1942、『日本の扇』（河原書店）
西村兵部編 1967、『日本の美術 12　織物』（至文堂）
松下正司編 1984、『日本の美術 215　草戸千軒町遺跡』（至文堂）
森克己 1975、『増補日宋文化交流の諸問題』（国書刊行会）
矢部良明 1983、「東洋の染付け、明朝前期の染付磁器の西アジア」（『古美術』68）
脇田晴子「対外貿易と国内商業」（田中健夫編 1986 所収）
和田久徳「南蛮船の日本海岸来着」（田中健夫編 1986 所収）
Ch'oe Sangsu. 1981, "Les éventails." *Revue de Corée* 13:2 : 63-70.
Geyger-Klein, Bettina. 1984, "Japanese Kinbyobu: The Gold-Leafed Folding Screens of the Muromachi Period (1333-1573)." *Artibus Asiae*. Special issue.
Haguenauer, Charles. 1931, "Relations du royaume des Ryūkyū avec les pays des mers du Sud et la Corée." *Bulletin de la Maison Franco-Japonaise* III: 1-2: 4-16.
Morris, V. Dixon. 1977, "Sakai: From Shoen to Port City." In John Whitney Hall

『君臺観左右帳記』（日本思想大系）
『幻雲文集』（湯谷稔 1983 所収）
『策彦入明記』（初渡集・再渡集、大日本仏教全書）
『島井文書』（『福岡県史史料』）
『壬申入明記』（湯谷稔 1983 所収）
『全辺略記』（湯谷稔 1983 所収）
『善隣国宝記』（田中健夫編 1995 所収）。瑞渓周鳳著、1470 成立。
『続善隣国宝記』（田中健夫編 1995 所収）。
『大乗院寺社雑事記』（湯谷稔 1983 所収）。興福寺大乗院門跡の尋尊が編集した僧侶の日記集成。
『太平記』（日本古典文学大系）
『庭訓往来』（平凡社東洋文庫）
『戊子入明記』（湯谷稔 1983 所収）
『満済准后日記』（湯谷稔 1983 所収）
『妙智院文書』（湯谷稔 1983 所収）
『名物六帖』（『天理図書館古典叢書』1979）。伊藤東涯著、1714 年成立。
『吉田家日次記』（湯谷稔 1983 所収）
『鹿苑日録』（湯谷稔 1983 所収）
『若狭国税所今富名領主代々次第』
〈中国〉
『駅程録』（湯谷稔 1983 所収）
『皇明経世文編』（湯谷稔 1983 所収）
『吾学編』（湯谷稔 1983 所収）
『至正四明続志』（『宋元方誌叢刊』7、中華書局、1990）。至正年間（1341-1367）成立。
『七修類稿』（東洋文庫蔵・明刊本）。郎瑛（1487-？）著。
『大明会典』（東南書報社（台北）、1963）1587 成立。
『籌海図編』（東洋文庫蔵・明刊本）。1624 成立。
『日本一鑑』（湯谷稔 1983 所収）
『明史』（中華書局）
『明実録』（台北中央研究院歴史語言研究所 1965-1967、湯谷稔 1983 所収）。
『両山墨談』（東洋文庫蔵・民国十一年呉興劉氏嘉叢堂刊本）。陳霆著、15 世紀末成立。
〈朝鮮〉
『海東諸国紀』（東洋文庫蔵・19 世紀朝鮮刊本）、1471 成立。
『朝鮮王朝実録』（日本史料集成編纂会 1975-2007）
『老松堂日本行録』（村井章介訳 2000、『老松堂日本行録——朝鮮使節のみた中世の日本』岩波書店）。日本への使節宋希璟の紀行。

『故一品記』（森克己・田中健夫 1975、203 頁参照）

『至正四明続志』（『宋元方誌叢刊』7、中華書局、1990）。至正年間（1341-1367）成立。

『七修類稿』（東洋文庫蔵・明刊本）。郎瑛（1487-？）著。

『斉東野語』。周密著、1291 年成立。

『善隣国宝記』（田中健夫編『善隣国宝記　新訂続善隣国宝記』集英社、1995）。瑞渓周鳳著、1470 成立。

『宣和奉使高麗図経』。宋、徐兢撰、1124 年成立。高麗へ使者として派遣された時の見聞録。

『長秋記』（増補史料大成）。源師時の日記。

『放翁家訓』。南宋・陸游著。

『名物六帖』（『天理図書館古典叢書』1979）。伊藤東涯著、1714 年成立。

〈文献〉

榎本渉「『板渡の墨蹟』と日宋貿易」2008、（四日市康博編『モノから見た海域アジア史』九州大学出版会）

木宮泰彦 1977、『日華文化交流史』（冨山房、初版 1955）

森浩一編 1987、『古代技術の復権』（小学館）。

Verschuer, Charlotte von. 2002, "Japan's Foreign Relations 1200-1392 A.D. A Translation from *Zenrin kokuhoki.*" *Monumenta Nipponica* 57 :4（Winter）: 413-445.

【第五章】

《史料集》
石原道博編訳 1986、『新訂旧唐書倭国日本伝・宋史日本伝・元史日本伝』（岩波文庫）
田中健夫編 1995、『善隣国宝記』（『善隣国宝記　新訂続善隣国宝記』集英社）。
日本史料集成編纂会 1975-1976、『中国・朝鮮の史籍における日本史料集成　正史の部』1 ～ 2（国書刊行会）。
日本史料集成編纂会 1975-2007、『中国・朝鮮の史籍における日本史料集成　李朝実録の部』1 ～ 12（国書刊行会）
湯谷稔 1983、『日明勘合貿易史料』（国書刊行会）。

《史料》
〈日本〉
『蔭涼軒日録』（湯谷稔 1983 所収）
『臥雲日件録』（湯谷稔 1983 所収）
『看聞御記』（湯谷稔 1983 所収）
『経覚私要鈔（安位寺展御自記）』（内閣蔵本写、史料編纂所）
『御物御絵目録』（『大日本史料』7 編 10）

『諸蕃志』（関西大学出版部、1991）。趙汝适著、1225年成立。
『宋史』（中華書局）。
『完訳　東方見聞録』全2巻（平凡社東洋文庫）。
『宝慶四明志』（『宋元方誌叢刊』6、中華書局、1990）
〈朝鮮〉
『高麗史』（日本史料集成編纂会編 1978）
『高麗史節要』（日本史料集成編纂会編 1978）

《文献》
金沢文庫 1977、『宋元文化と金沢文庫』
魏栄吉 1985、『元日関係史の研究』（教育出版センター）
小葉田淳 1958、『日本の貨幣』（至文堂）
田中健夫編者代表 1986、『海外視点日本の歴史6　鎌倉幕府と蒙古襲来』（ぎょうせい）
東京国立博物館 1983、『新安海底引き上げ文物』
豊田武 1979、「商品流通の展開」（上横手雅敬編『図説日本文化の歴史5　鎌倉』小学館）
中村栄孝 1965、『日鮮関係史の研究』上（吉川弘文館）
森克己 1975、『新訂日宋貿易の研究』（国書刊行会）
森克己 1975、『続日宋貿易の研究』（国書刊行会）
森克己 1975、『続々日宋貿易の研究』（国書刊行会）
Cordier, Henri, and Yule, Sir Henry, trans. 1993, *The Travels of Marco Polo: The Complete Yule-Cordier Edition*. New York: Dover Publications, Inc.
Hirth, Friedrich, and Rockhill, W. W., trans. 1967, *Chau Ju-kua: His Work on the Chinese and Arab Trade in the Twelfth and Thirteenth Centuries, Entitled Chu-fan-chi*. 1911. Reprint. Taibei: Ch'eng-wen Publishing Company.
Kuwabara Jitsuzo 1928, "On P'u Shou-keng." *Memoirs of the Research Department of the Toyo Bunko* 2.
Schurmann, Herbert Franz. 1967, *Economic Structure of the Yüan Dynasty: Translation of Chapters 93 and 94 of the Yüan shih*. Cambridge, Mass.: Harvard University Press.
〈追記〉
榎本渉 2007、『東アジア海域と日中交流』（吉川弘文館）
神奈川県立歴史博物館 2007、『宋元仏画』
平尾良光 2008、『経筒が語る中世の世界』（思文閣出版）

《コラム4》
〈史料〉
『開慶四明継志』（『宋元方誌叢刊』6、中華書局、1990）。1259成立。

佐藤進一・池内義資 1955、『中世法制史料集』1（岩波書店）
日本史料集成編纂会編 1978、『中國・朝鮮の史籍における日本史料集成　三国・高麗之部』（国書刊行会）。

《史料》

〈日本〉


『青方文書』（史料纂集）。

『吾妻鏡』（新訂増補国史大系）。

『異制庭訓往来』（群書類従消息部）。

『勘仲記』（増補史料大成）。藤原（勘解由小路）兼仲の日記。

『喫茶往来』（群書類従飲食部）。

『玉葉』（『訓読玉葉』高科書店 1989）。九条兼実の日記。

『元亨釈書』（新訂増補国史大系）。虎関師錬著。

『建治三年記』（増補続史料大成）。

『御成敗式目』（日本思想大系）。

『侍所沙汰篇』（群書類従武家部）。

『山槐記』（増補史料大成）。中山忠親の日記。

『島津家文書』（大日本古文書）。

『聖一国師年譜』（大日本仏教全書）。

『神皇正統記』（日本古典文学大系）。北畠親房著。

『泉涌寺不可棄法師伝』（大日本仏教全書）。信瑞著、俊芿の伝記。

『太平記』（日本古典文学大系）。

『中右記』（増補史料大成）。藤原宗忠の日記。

『追加法』（佐藤進一・池内義資 1955）。

『徒然草』（日本古典文学大系）。吉田兼好著。

『東福寺文書』（大日本古文書）。

『百錬鈔』（新訂増補国史大系）。

『仏光国師語録』（大正新修大蔵経）。

『仏日庵公物目録』（『鎌倉市史』資料編）。

『法曹至要抄』（群書類従律令部）。

『明月記』（国書刊行会）。藤原定家の日記。

『師守記』（史料纂集）。中原師守の日記。

『葉黄記』（史料纂集）。葉室定嗣の日記。


〈中国〉


『開慶四明継志』（『宋元方誌叢刊』6、中華書局、1990）。1259 成立。

『元史』（中華書局）。

『元典章』（中国書店、1990）。

『至正四明続志』（『宋元方誌叢刊』7、中華書局、1990）。至正年間（1341-1367）成立。

森克己 1975 c、『増補日宋文化交流の諸問題』（国書刊行会）
矢部良明『日本の美術 236　陶磁・中世編』（至文堂 1986）
Morris, Ivan I. 1978, *The World of the Shining Prince: Court Life in Ancient Japan.* 1964. Reprint. Rutland: Charles E. Tuttle Company.
Morris, Ivan, trans. 1967, *Pillow Book of Sei Shonagon.* 2 vols. New York: Columbia University Press,
Netolitsky, Almut, trans. 1977, *Das Ling-wai tai-ta von Chou Ch'ü-fei: eine Landeskunde Südchinas aus d. 12. Jh.* Wiesbaden: Steiner.
Omori, Annie Shepley, and Kochi Doi, trans. 1920, *Diaries of Court Ladies of Old Japan.* Boston: Houghton Mifflin Company.
Paul-David, Madeleine. 1980, "L'évolution de la céramique japonaise de l'époque des grandes sépultures à celle de Heian," in *Mélanges offerts à M. Charles Haguenauer:* Paris: Asiathèque.
Ragué, Beatrix von. 1967, *Geschichte der japanischen Lackkunst.* Berlin: W. de Gruyter.
Rossabi, Morris, ed. 1983, *China Among Equals: The Middle Kingdom and its Neighbors, 10th - 14th Centuries.* Berkeley: University of California Press.
Samurai. Exhibition catalog 1984, Brussels: Credit Communal de Belgique.
Seidensticker, Edward G., trans. 1987, *The Tale of Genji.* New York: Alfred A. Knopf.
Weapons and Armor of Ancient Japan. Exhibition catalog. 1979-1980, Paris: Cernuschi Museum.
〈追記〉
河内良弘 1971、「明代東北アジアの貂皮貿易」（『東洋史研究』30-1）
蓑島栄紀 2005、「平安貴族社会とサハリンのクロテン」（『北方島文化研究』3）
山内晋次 2009、『日宋貿易と「硫黄の道」』（山川出版社）

《コラム 3》
〈史料〉
『籌海図編』（東洋文庫蔵・明刊本）。1624 成立。
〈文献〉
河添房江 2008、『光源氏が愛した王朝ブランド品』（角川学芸出版）
関周一 2002、「唐物の流通と消費」（『国立歴史民俗博物館研究報告』92）
皆川雅樹 2006、「平安期の「唐物」研究と東アジア」（『歴史評論』680）

【第四章】
《史料集》
石原道博編訳 1986、『新訂旧唐書倭国日本伝・宋史日本伝・元史日本伝』（岩波書店）

『枕草子』（日本古典文学大系）。清少納言著。

『御堂関白記』（大日本古記録）。藤原道長の日記。

『民経記』（大日本古記録）。藤原経光の日記。

『紫式部日記』（日本古典文学大系）。紫式部の日記。

『明月記』（影印は冷泉家時雨亭叢書、活字は国書刊行会）。藤原定家の日記。

『類聚三代格』（新訂増補国史大系）。

『倭名類聚抄』（日本古典全集）。源順撰、承平年間（931-938）成立の古辞書。

〈中国〉

『欧陽文忠公全集』（東洋文庫蔵、清康熙刊本）。欧陽修（1007-1073）の文集。

『温国文正司馬公集』（東洋文庫蔵・清康熙版）。司馬光（1019-1086）の文集。

『癸辛雑識続集』（中華書局。石原道博編訳 1986 参照）。宋、周密の撰。

『皇朝類苑』（石原道博編訳 1986 参照）。江少虞撰、南宋紹興 15 年（1145）成立。

『冊府元亀』（台湾中華書局、1967）。王欽若撰。

『諸蕃志』（関西大学出版部、1991）。趙汝适著、1225 年成立。

『宣和奉使高麗図経』。宋、徐兢撰、1124 年成立。高麗へ使者として派遣された時の見聞録。

『宋史』（中華書局標点本）。

『続資治通鑑長編』（中華書局）。12 世紀成立。

『泊宅編』（全宋筆記所収、森克己 1975 参照）。宋、方勺撰。

『宝慶四明志』（『宋元方誌叢刊』5、中華書局、1990。石原道博編訳 1986 参照）。宝慶年間（1225-1227）成立。

〈朝鮮〉

『朝鮮王朝実録』（日本史料集成編纂会 1975-2007 所収）。

《文献》
石原道博 1960、「日本刀歌七種」（『茨城大学文理学部紀要』11）
亀井明徳 1986、『日本貿易陶磁史の研究』（同朋舎）
佐藤寒山編 1966、『日本の美術 6　刀剣』（至文堂）
サントリー美術館 1983、『和紙の美』
斯波義信 1968、『宋代商業史研究』（風間書房）
鈴木靖民 1985、『古代対外関係史の研究』（吉川弘文館）
土田直鎮・石井正敏編 1987、『海外視点日本の歴史 5　平安文化の開花』（ぎょうせい）
中沢富士雄 1983、「宋元の陶磁交易」（『古美術』68）
永田生慈 1985、「扇の変遷と近世の紙扇について」（『古美術』75）
奈良国立博物館 1981、『正倉院展目録』
森克己 1968、「日中文化の交流」（『月刊文化財』62）
森克己 1975 a、『新訂日宋貿易の研究』（国書刊行会）
森克己 1975 b、『続日宋貿易の研究』（国書刊行会）

波書店）
日本史料集成編纂会 1975-2007、『中国・朝鮮の史籍における日本史料集成 李朝実録の部』1—12（国書刊行会）

《史料》

〈日本〉


『異国牒状之事』（『大日本史料』7 篇 28）。

『宇槐記抄』（増補史料大成）。三条西公条の日記。

『宇治拾遺物語』（日本古典文学大系）

『宇津保物語』（日本古典文学大系）

『雲州消息』（群書類従消息部）。藤原明衡著。

『延喜式』（新訂増補国史大系）。

『源氏物語』（日本古典文学大系）

『源平盛衰記』（校注日本文学大系）

『古事談』（新日本古典文学大系）。

『後二条師通記』（大日本古記録）。藤原師通の日記。

『権記』（増補史料大成）。藤原行成の日記。

『今昔物語集』（日本古典文学大系）

『左経記』（増補史料大成）。源経頼の日記。

『参天台五臺山記』（大日本仏教全書）。成尋の渡宋中の日記。

『小右記』（大日本古記録）。藤原実資の日記。

『続日本後紀』（新訂増補国史大系）。

『新猿楽記』（平凡社東洋文庫）。伝藤原明衡著。

『水左記』（増補史料大成）。源俊房の日記。

『帥記』（増補史料大成）。源経信の日記。

『台記』（増補史料大成）。藤原頼長の日記。

『貞信公記』（大日本古記録）。藤原忠平の日記。

『日本紀略』（新訂増補国史大系）。

『日本後紀』（新訂増補国史大系）。

『日本国見在書目録』（小長谷恵吉『日本国見在書目録解説稿』小宮山書店、1956）。藤原佐世著。

『日本三代実録』（新訂増補国史大系）。

『日本文徳天皇実録』（新訂増補国史大系）。

『扶桑略記』（新訂増補国史大系）。

『平安遺文』（東京堂出版）

『兵範記』（増補史料大成）。平信範の日記。

『本朝世記』（新訂増補国史大系）。

『本朝続文粋』（新訂増補国史大系）。

『本朝文粋』（新訂増補国史大系）。

寿岳文章 1967、『日本の紙』（吉川弘文館）
豊田武・児玉幸多編 1969、『体系日本史叢書　流通史』1（山川出版社）
林良一編 1975、『シルクロードと正倉院』（平凡社）
林屋晴三編 1967、『日本の美術 14　茶碗』（至文堂）
村井康彦編者代表 1979、『図説日本文化の歴史 4　平安』（小学館）
森克己 1963、「春宮と宋商周良史」（『田山方南先生華甲記念論文集』田山方南先生華甲記念会）。
Balazs, Étienne. 1931, 1932, 1933 "Beiträge zur Wirtschaftsgeschichte der T'ang-Zeit (618-906)." *Mitteilungen des Seminars für Orientalische Sprachen* 34: 1-92; 35: 1-73; 36: 1-62.
Beaujard, André, trans. 1966, *Notes de Chevet*, Paris: Gallimard.
Earle, Joe, trans. 1983, *The Japanese Sword.* Tokyo and New York: Kodansha International.
Hérail, Francine. 1983, "La circulation des biens au Japon aux Xe et XIe siècles." Unpublished seminar paper. Paris: École Pratique des Hautes Études.
——, trans. 1987-1991, *Notes journalières de Fujiwara no Michinaga, ministre à la cour de Heian (995-1018): traduction du Mido kanpaku ki.* 3 vols. Geneva: Droz.
Hunter, Dard. 1978, *Papermaking: The History and Technique of an Ancient Craft.* 1943. Reprint. New York: Dover Publications.
Mende, Erling von.1982, *China und die Staaten auf der koreanischen Halbinsel bis zum 12 Jahrhundert: eine Untersuchung zur Entwicklung der Formen zwischenstaatlicher Beziehungen in Ostasien.* Wiesbaden: Steiner.
Reischauer, Edwin O. 1955, *Ennin's Travels in T'ang China.* New York: Ronald Press Company.（ライシャワー 1963、『世界史上の円仁』（実業之日本社）として邦訳あり）

《コラム 2》
〈史料〉
『延喜式』（新訂増補国史大系）
「日本刀歌」（欧陽脩『欧陽文忠公集』巻 54）
『嶺外代答』（台北芸文印書館）。周去非著、1178 年成立。
〈文献〉
ヴェアシュア，シャルロッテ・フォン 1999、「唐宋における日本蓬萊観と水銀輸入について」（『アジア遊学』3）

【第三章】
《史料集》
石原道博編訳 1986、『新訂旧唐書倭国日本伝・宋史日本伝・元史日本伝』（岩

『日本紀略』（新訂増補国史大系）
『日本後紀』（新訂増補国史大系）
『日本国見在書目録』（小長谷恵吉『日本国見在書目録解説稿』小宮山書店、1956）。藤原佐世著。
『日本三代実録』（新訂増補国史大系）
『日本文徳天皇実録』（新訂増補国史大系）
『百錬抄』（新訂増補国史大系）
『扶桑略記』（新訂増補国史大系）
『平安遺文』（東京堂出版）。平安時代の古文書集。
『兵範記』（増補史料大成）。平信範の日記。
『本朝世記』（新訂増補国史大系）
『本朝続文粋』（新訂増補国史大系）
『本朝文粋』（新訂増補国史大系）
『枕草子』（日本古典文学大系）。清少納言著。
『御堂関白記』（大日本古記録）。藤原道長の日記。
『紫式部日記』（日本古典文学大系）。紫式部の日記。
『類聚雑要抄』（群書類従）。
『類聚三代格』（新訂増補国史大系）
〈中国〉
『粤海関志』（東洋文庫蔵）。19 世紀成立。
『欧陽文忠公集』（東洋文庫蔵、清康熙刊本）。欧陽脩（1007-1073）の文集。
『温国文正司馬公集』（東洋文庫蔵・清康熙版）。司馬光（1019-1086）の文集。
『諸蕃志』（関西大学出版部、1991）。趙汝适著、1225 年成立。
『宋史』（中華書局標点本）
『続資治通鑑長編』（中華書局）。12 世紀成立。
『嶺外代答』（台北芸文印書館）。周去非著、1178 年成立。
〈朝鮮〉
『高麗史』（日本史料集成編纂会 1978 所収）
『三国史記』（日本史料集成編纂会 1978 所収）

《文献》
荒川浩和編 1969、『日本の美術 35　蒔絵』（至文堂）。
池田温 1981、「古代日本摂取中国典籍問題」（『中央研究院国際漢学会議論文集・歴史考古組』台北）。
梅原郁 1977、「宋王朝の新文化」（『図説中国の歴史』5、講談社）。
河田貞編 1983、『日本の美術 211　螺鈿』（至文堂）
河原由郎 1980、『宋代社会経済史研究』（勁草書房）
木宮之彦 1983、『入宋僧奝然の研究』（鹿島出版会）
小林行雄 1962、『古代の技術』（塙書房）

河内春人 1996、「大宝律令の成立と遣唐使派遣」（『続日本紀研究』305）

《コラム 1》
〈史料〉
『類聚三代格』（新訂増補国史大系）
〈文献〉
鈴木靖民 1997、「平城京の新羅文化と新羅人」（武田幸男編『朝鮮社会の史的展開と東アジア』山川出版社）
森公章 1998、『「白村江」以後』（講談社）

【第二章】

《史料集》
日本史料集成編纂会 1978、『中国・朝鮮の史籍における日本史料集成　三国・高麗の部』（国書刊行会）

《史料》
〈日本〉
『青方文書』（史料纂集）。肥前松浦の豪族青方氏の古文書集。
『異国牒状之事』（『大日本史料』7 篇 28）。
『宇槐記抄』（増補史料大成）。三条西公条の日記。
『宇治拾遺物語』（日本古典文学大系）
『宇津保物語』（日本古典文学大系）。
『雲州消息』（古典文庫）。伝藤原明衡著。
『延喜式』（新訂増補国史大系）
『古事談』（新訂増補国史大系）
『後二条師通記』（大日本古記録）。藤原師通の日記。
『権記』（増補史料大成）。藤原行成の日記。
『今昔物語集』（日本古典文学大系）
『左経記』（増補史料大成）。源経頼の日記。
『参天台五臺山記』（大日本仏教全書）。成尋の渡宋中の日記。
『小右記』（大日本古記録）。藤原実資の日記。
『続日本後紀』（新訂増補国史大系）
『新猿楽記』（平凡社東洋文庫）。伝藤原明衡著。
『水左記』（増補史料大成）。源俊房の日記。
『帥記』（増補史料大成）。源経信の日記。
『台記』（増補史料大成）。藤原頼長の日記。
『長秋記』（増補史料大成）。源師時の日記。
『朝野群載』（新訂増補国史大系）
『貞信公記』（大日本古記録）。藤原忠平の日記。

伝』（岩波書店）
石原道博編訳 1986、『新訂旧唐書倭国日本伝・宋史日本伝・元史日本伝』（岩波書店）
田中健夫・石井正敏他編 1987、『遣唐使研究と史料』（東海大学出版会）

《史料》
〈日本〉
『延喜式』（新訂増補国史大系）
『続日本紀』（新訂増補国史大系）
『新撰姓氏録』（佐伯有清『新撰姓氏録の研究　本文篇』吉川弘文館、1962）
『入唐求法巡礼行記』（小野勝年『入唐求法巡礼行記の研究』全四巻、鈴木学術財団、1964）。慈覚大師円仁の唐における巡礼日記。
『日本紀略』（新訂増補国史大系）
『日本国見在書目録』（小長谷恵吉『日本国見在書目録解説稿』小宮山書店、1956）。藤原佐世著。
『日本書紀』（新訂増補国史大系）
『律令』（日本思想大系）
『類聚国史』（新訂増補国史大系）
『類聚三代格』（新訂増補国史大系）
〈中国〉
『旧唐書』（中華書局標点本）
『後漢書』（中華書局標点本）
『冊府元亀』（中華書局）
『摭異記』（文献；森克己 1968 参照）。唐・李濬著、別名『松窗雑録』。
『新唐書』（中華書局標点本）
『隋書』（石原道博編訳 1985 所収及び中華書局標点本）
『唐会要』（上海古籍出版社）
〈朝鮮〉
『三国史記』（日本史料集成編纂会 1978 所収）

《文献》
土田直鎮・石井正敏他 1986、『海外視点日本の歴史 4　遣唐使と正倉院』（ぎょうせい）
黛弘道編者代表 1979、『図説日本文化の歴史 3　奈良』（小学館）
森克己 1955、『遣唐使』（至文堂）
森克己 1968、「日中文化の交流」（『月刊文化財』62）
関根真隆 1975、「大陸と日本との文物の交流はどのようであったか」（全般；森克己・田中健夫編 1975 所収）
〈追記〉

森克己・沼田次郎編 1978、『対外関係史』（山川出版社）
Bauer, Wolfgang, ed. 1980, *China und die Fremden: 3000 Jahre Auseinandersetzung in Krieg und Frieden.* Munich: Beck.
Fairbank, John King, ed. 1968, *The Chinese World Order: Traditional China's Foreign Relations.* Cambridge, Mass.: Harvard University Press.
Gernet, Jacques. 1972, *Le monde Chinois.* Paris: A. Colin.
Laufer, Berthold. 1919, Sino-Iranica: *Chinese contributions to the history of civilization in ancient Iran,* Field Museum of Natural History, Chicago.
Schafer, Edward H. 1985, *The golden peaches of Samarkand : a study of T'ang exotics,* University of California Press, 1963, Reprint.

【序章】

《文献》

シェーファー，エドワード・H 2007、『サマルカンドの金の桃――唐代の異国文物の研究』（吉田真弓訳、勉誠出版）
村井章介 1997、『国境を超えて――東アジア海域世界の中世』（校倉書房）
ラウファー，ベルトルト 2007、『古代イランの文明史への中国の貢献　とくに栽培植物と産物の由来について』（杉顕夫訳、新風舎）
Braudel, Fernand. 1977, *La Mediterranee, l'Espace et l'Historie,* Arts et Metiers Graphiques, Flammarion, Paris, first printed; *La Mediterranee, vol. 1: Espace et histoire,* 1966.
Verschuer, Charlotte von. 2000, "Looking from Within and Without: Ancient and Medieval External Relations." *Monumenta Nipponica* 55:4 (Winter): 537-566.

《コラム序》

ヴェアシュア，シャルロッテ・フォン 1999、「杭州、寧波、譜陀山を尋ねて」（『日本歴史』613）
羽田正 2007、『東インド会社とアジアの海』（講談社）
Gokhale, S. 1999, *Kanheri Inscriptions*, Deccan College, Pune.
Verschuer, Charlotte von. 2007, "Ashikaga Yoshimitsu's Foreign Policy 1398 to 1408 A.D. A Translation from *Zenrin Kokuhôki*, the Cambridge Manuscript", *Monumenta Nipponica* 62 (3), Autumn, p. 262-297.

【第一章】

《史料集》

日本史料集成編纂会 1978、『中国・朝鮮の史籍における日本史料集成　三国・高麗の部』（国書刊行会）
石原道博編訳 1985、『新訂魏志倭人伝・後漢書倭伝・宋書倭国伝・隋書倭国

参考文献一覧

〔凡例〕

本書のフランス語版（1988）と英語版（2006）では引用注を付したが、日本語版ではそれを省略した。かわりに引用史料と参考文献を「引用史料・文献」として章ごとに一括して提示する。本書の引用史料・文献は基本的にフランス語版の典拠を列挙しているが、『対外関係史総合年表』など新たに参照した文献をいくつか付け加えている。本書の引用文献史料リストは以下のように構成されている。

まず本書全体を通じて参照した【全般】、ついで序章から第五章まで個別に史料集、史料、文献を挙げた。各章のコラムに関する史料・文献も末尾に付した。各章の参考文献は基本的にはフランス語版に準拠しているが、その後の研究の進展に鑑み、データを更新した箇所もある。史料は、日本・中国・朝鮮の順に、五十音順に掲示した。また、分かりにくい史料の典拠は読者の便宜を考え、史料集から優先的に挙げたところもある。文献は、和文は著者の五十音、欧文はアルファベット順に掲げてある。

そして最後に「東アジア交流史文献」を掲げる。これは本書で具体的に引用することができなかった、あるいはフランス語版出版以降に公表された研究を紹介して読者の便宜に供するためである。

なお、中国・韓国の研究動向については桃木至朗他編『海域アジア史研究入門』（2008）の参考文献を参照されたい。

〈引用史料・文献〉

【全般】

秋山謙蔵 1935、『日支交渉史話』（内外書籍）

石井正敏・川越泰博 1996、『日中・日朝関係研究文献目録　増補改訂版』（国書刊行会）

木宮泰彦 1977、『日華文化交流史』（冨山房、初版 1955）

対外関係史総合年表編集会編 1999、『対外関係史総合年表』（吉川弘文館）

田島公 1993、「日本、中国・朝鮮対外交流史年表――大宝元年～文治元年」（奈良県立橿原考古学研究所附属博物館編『貿易陶磁――奈良・平安の中国陶磁』臨川書店）

辻善之助 1930、『増訂海外交通史話』（内外書籍）

土田直鎮他編 1986-87、『海外視点日本の歴史』全 15 巻（ぎょうせい）

西嶋定生 1962、「6-8 世紀の東アジア」（『岩波講座世界歴史　古代 2』岩波書店）

森克己・田中健夫 1975、『海外交渉史の視点』1（日本書籍）

グラフ

史料写真

地　図

表

口絵・図表一覧

凡　例

・本書の口絵及び図表の一覧である。
・口絵と史料写真は所蔵元を掲出した。
・図表は読者の便宜を考え、地図、図、表、グラフ、史料写真ごとにまとめた。
・図表の番号は、数字は章を指し、その中の番号をアルファベットで示した。ただし、巻末付録の図表については大文字のアルファベットで表した。

口　絵

解説　ミクロな分析とグローバルな見通し

鈴木靖民

本書は七世紀から一六世紀におよぶ約一千年、主に日本、中国、朝鮮の間で繰り広げられた東アジアの交易史である。

著者、シャルロッテ・フォン・ヴェアシュアはパリに在住する欧米屈指の日本史研究者であり、本書は一九八八年、コレージュ・ド・フランスの日本高等研究所より出版された日本の対外交易に関するフランス語の著書、*Le commerce extérieur du Japon des origins au XVIe siècle* のクリスティン・ハンターによる英語訳である、二〇〇六年、アメリカ・コーネル大学東アジアプログラム刊行の、*Across the Perilous Sea* をもととする日本語訳である。

この日本語版は英語版の本文に基づくが、訳者で日本古代史研究者の河内春人と著者の話し合いにより、適宜日本人向けに略したり、表現を改めたりしており、脚注も省かれ、代わりに参考文献などが載せられている。また新たにカラー口絵、各章にコラム、追記が加えられ、著者の最新の見解や情報が短文ながら要を得てふんだんに盛り込まれている。

私は著者、ヴェアシュアが一九七八〜八〇年、東京大学大学院留学中に私の研究室に訪ねて来た時以来の古い友人である。特に十年前の一一カ月間、私は著者の勤務するフランス高等研究院に属した時、著者のレッスンを聴講し、また多分野の学会に誘われて人文学者に接する機会を持つなどした。ヴェアシュアは日本の古代・中世の対外関係とともに物質文化を研究課題としており、平安時代の五穀文化の著書もあり、農業技術史にも通暁している。この間、私はパリのほか、日本や中国など各地の学会、シンポジウムで、あるいは研究室で著者と研究上の議論を何度となく重ねてきたことはいうまでもない。私が解説を書くのも、こうした関係に加えて、藤原書店にヴェアシュアとその業績を紹介したことによっている。

本書の特色は多様である。まず一人の研究者が単独で叙述した日本の古代・中世対外関係の通史または概説であることが挙げられる。これまでにこの分野の似通った書物はあるが、共同執筆であったり、日本と中国の交流史であったりするもので、朝鮮を含む東アジア国際交易史、東アジア交流史としては初めてである。従来、日本と唐宋元明などとの関係を通観した論著も余りなく、あっても中世などのある時代に限られ、中国一辺倒の視点からの考察が普通であったが、本書は新羅、高麗、朝鮮王朝にも目配りがなされ、東アジアの視線から全体を俯瞰している。

その先行研究の摂取と史書、資料による裏づけの結果、著者は時代ごとの傾向を、①八世紀までの知識、技術の導入、②一二世紀までの唐物の輸入、③一二世紀以降の中国銭の輸入、④一四世紀以降の輸出の増大、と大きく時代区分を行い、それが章立てにも反映している。特に一二世紀後半に日本の権力構造の大変化があり、物々交換から貨幣経済システムへの進展を促した。さらに一四、一五世紀にも日本の地方権力が商業の発達を担う社会経済的構造の変化が起こり、国内経済と対外交易が連鎖する。ただし、宋代中国のような自由経済システムが展開するのは江戸時代を待たねばならないと述べる。このように全時代を通して、交易が続き増大し得たのは、中国や朝鮮の国家による中華イデオロギーと一体的な貿易システムと違い、日本が相手に合わせた実用主義の対応を上手く行ったせいであると捉える。

本書は、著者の日本留学中、恩師森克己の薫陶のもとで培った日中朝の交易史像を出発点として、今日まで研究を牽引してきた田中健夫、田村洋幸、石井正敏、村井章介、藤田明良をはじめとして、関周一、山内晋次、河内春人、皆川雅樹、榎本渉、橋本雄など気鋭の研究者に至るまでの、対外関係史、海域史の夥しい実証研究を満遍なくフォローし、それを自家薬籠中のものとして掘り下げ、従来の類書を超える東アジア全体の交易史、交流史として整え直し、時代の流れに沿って史実を次々に提示している。しかも交易とそれぞれの国家、地域の経済動向との呼応によく留意して巨細に過不足なく叙述する。

次に、本書はモノに即した交易史が主流となっている。交易において輸入品、輸出品ともモノが対象となり、ある段階までは物々交換が行われるのは当然であるが、著者はその双方のモノの形状、法量、特に原料から始まり製作技術に至るまで、事細かに究めようとしており、微に入り細をうがつ感さえある。口絵の高級工芸品の解説からして、実に正確な観察に基づくことを思わせる。

これも、ヴェアシュアが例えば常日頃交易品に関連する目録、図録類に目を通し、毎年のように秋の奈良・正倉院展に出かけ実物を観察していることが想い合わせられ、納得がいくのである。交易の実態は史書のうわ面をなぞるのではなく、今日まで遺存する交易品つまりモノの熟覧、観察、計数的確認のうえに立って、その輸出、輸入元の日本国内の朝廷、幕府、大名、豪族の政治、政策、活動などの事情、ことにその歴史的特徴をいちいち的確に指摘する。また交易にまつわる歴史の情景描写もリアルである。例を挙げると、一四世紀頃、禅宗の僧侶、寺院が媒介者となった宗教、芸術、文学的文化、広くいえば中国文化の導入、日本化について、栄西の将来、僧侶間の喫茶の習慣にふれたあと、茶道のさきがけとなる茶会の普及までの様子を、餅類、麺類、点心、点茶、室内の飾り、仏画、花瓶、香炉、燭台、山水画、花鳥画、肖像画、屏風、茶碗、茶入れの名器などに及ぼして記す茶会のシーンの描写は詳細を極め、臨場感に満ちている。ここに著者ならではの洞察力に裏打ちされた文章が窺われ、本書のなかの圧巻と称して過言ではないであろう。

次に、古代・中世の日本の対外交流を中国、朝鮮半島との関係でみるだけでなく、相手国の対外関係や周辺国、地域の動向にも論及して、広い視野で日本の国際交易、交流の事実を説明していることである。下に述べる宋銭の分布が東南アジアからはるかアフリカにまで広がること、明は足利義満と「君臣」関係をとって交易を行ったが、中央アジアのサマルカンド朝との間でも類似の外交交渉がみられること、明の交易の相手はシャムなど東南アジアが先で約六〇カ国にも上るが、美術工芸品を大量輸出するのは日本だけであること、同じく明は日本、琉球、朝鮮との交易のほかに、北方の北元、女真、オイラートとの間の侵略と紙一重の辺境貿易にも腐心したことなどの記述は、あらためて中華世界、アジア世界のなかの日本の客観的なありようを思索させる著者の隠喩法のように思われる。

十数年前、中国・寧波の天一閣で、一二世紀、博多居住の宋商人が故郷明州の寺の参道を寄進して功徳を積む旨の石碑を見た著者は、即座にインド・ムンバイのカネーリ洞院の類例を挙げて話し出したことを、その場にいた私は鮮明に憶えている。著者はコラムで豊富な事例を並べ、このような異文化間のグローバルな比較が様々な外交や交流の新知見をもたらす可能性を強調する。

次に、すでに少しふれたように、本書は日本の対外関係を主題にすえるが、日本はもとより、中国、朝鮮の内部の経済、財政、そして政治との連動に意を払い、相互の関係性を追究する点も、全編を通した特色とすることができる。と同時にそこで生じる問題点、論点を提起している。なかでも中世日本が一二世紀半ば以降中国銭、ことに宋の銭貨を輸入し、国内で鋳造しなかったことの意味を問いかけるのは重要である。日本では宋銭を国内で流通させ国内経済の活発化を図ったことを示唆するが、一方で大仏鋳造や経筒原料にも利用されたとの平尾良光の研究を紹介する。また宋銭は日本だけでなく、シンガポール、ジャワ、西南インド、アフリカのソマリア、ザンジバルでも出土する事実をも挙げる。列島内でも、ヴェアシュアが注目するように北辺の函館志苔などでも大量の埋蔵銭が知られており、内外の交易史と併せて地域社会史の観点、それに意図的な埋納の特殊性など、これからの解明の方向を考えさせてくれる。

新羅、高麗との関係の部分は中国との関係に比べてやや弱いと見なされる。この理由は一九八〇年前後の森、田村などの研究が作用しているせいであろう。ヴェアシュアは高麗との交易や海賊問題、木綿を主とする朝鮮貿易の盛行にもふれ、さらに近年明らかにされつつある対馬以下の九州の大名、豪族による朝鮮王朝や商人との交易にもひと通り言及するが、中国に対する程の迫真性に乏しい。これは本書に限らず、現在の日本の研究の問題でもある。この分野に取り組む近藤剛によると、高麗は中国との交流が圧倒的に重大で、日本朝廷が相手にしなかったにせよ、高麗関係は未検討の史料が多く、研究者が高麗史に疎いことが研究の寥寥とした感を抱かせているという。最近は、海域や境界領域の動静が国家に波及した例や仏教経典の輸入などを手がかりにして、宋から高麗、遼にまで交易ネットワークを広げてみる研究の動きがあり、今後、本書の文章にも豊かな肉づけが可能になると思われる。

最後になったが、著者の歴史学へのスタンス、視座について述べなくてはならない。著者は本書の序章で「ヨーロッパから見た東アジア世界」と題し、そのコラムで「多国間比較研究への展望」と称する。ヴェアシュアは東アジア交易史の主要な舞台である東シナ海と地中海世界の共通性をいい、海域史における海の躍動性とダイナミックな交流が盛んに脈打っていることを主張する。そうした視点はヴェアシュア自身の研究者としての生い立ち、あるいは学問環境によって育まれたものである。というのも、ヴェアシュアは日本など東アジアの歴史を専門としフィールドとするが、研究、教育の場は生まれ育ったドイツではなく、一九七〇年代後半以来、フランスにほかならず、そこを拠点に風靡したアナール派の強い影響を受けたことを明言するのである。

本書では、フェルナン・ブローデルとジャック・ル゠ゴフの著作を挙げるに過ぎないが、それは社会史、生活史、身体史、環境史などのカテゴリーを重視し、一国だけにとどまらない地域圏を想定して、グローバル・ヒストリーを目ざす学際的な歴史認識であり、日本の歴史学にも大きな影響力を及ぼしている。地中海では外来の工芸品、文字、宗教（キリスト教）と農産物を含む資源の交換が行われ、東シナ海での中国から日本などへの工芸品、漢字、仏教の伝播と類似点があって、海域は文明のルートで、国家形成を促す。中世にもベネチアと共通する海域史の諸相がみられ、日本史という地域史を世界史の文脈で解明できるとして、比較研究の有効性を唱える。文字と宗教はある地域圏、世界においても普遍性を獲得し得るのであり、交易史を交流史にまで押し広げる分析概念になる。本書は、著者が外国人であること以上に、いわば外からみた日本と中国・朝鮮との交易史の積極的なアプローチである点が特筆に価するのである。

この見方は日本の歴史や文化を相対化して把握する道を示している。加えて、社会史的な手法は、前にふれた茶室での情景に知られるが、宋・高麗との交易のなかで織物を取り挙げ、女性の衣服の色彩に込められた重要性を説き、綾の織り方を詳しく述べ、文学作品を引用する。これにはフランスにおける恩師フランシーヌ・エライユの感化が感じられるが、私は先年、著者が平安期の王朝の女性の衣服は洗濯の際に糊づけされていたことを、室内を歩く時の衣擦れの音の記述から推論した一文を読み、驚嘆したことを思い出す。他人には真似のできない史料への精細な執着であり、鋭い着想の所産というべきであろう。

以上のほかにも、個人的関心では、一〇世紀以降、海上交易で得た珍物が地方から貴族への贈物、献上物とされたが、摂関は配下にその再分配を行い、気前の良さを示すとし、その後も、宋と比較すると日本では交易品は個人の所蔵との考えのため、流通経済が未発達で、贈答、再分配の段階であるとする記述に目をとめた。これらに私のテーマの一つである前近代日本の底流にある首長制的な人間関係、社会慣行が国際交易、国内経済流通の局面でもなお表れた徴証ではないかと、想像を駆り立てられたのである。もちろんこの点はヴェアシュアの見解とは無関係である。

本書は日本の古代・中世の一〇世紀にわたる中国、朝鮮半島との交易史であるが、上述してきた含蓄に富んだ内容というだけでは十分な解説でなく、著者の博引旁証は交易史の枠を超えて、さしずめ東アジア史の〝太平御覧《たいへいぎょらん》〟、現代風にいえば〝エンサイクロペディア〟の姿をなしているのである。

要するに、本格的な論文集でなく、通史としても大著に属するわけではない。だが、ミクロな分析とグローバルな見通しが見事に調和した歴史書である。日本古代・中世の交易史の成果を網羅的に摂取し、しかも論点が明晰に整理されて、テンポ良く論が展開している。そのうえ、外から見た交易を介した東アジア交流史にもなっており、世界史のなかに位置づけの可能な精度と質の高い通史、概説として評価することができる。

本書が歴史や文化、政治、社会、経済を学ぶ若者だけでなく、日本を知り世界に問いかけようとする研究者、市民の読書人にも広く迎えられることを願ってやまない。

訳者あとがき

本書は、シャルロッテ・フォン・ヴェアシュア（Charlotte von Verschuer）氏の著書 *Across the Perilous Sea*, East Asia Program Cornell University, New York, 2006（以下、英語版）の日本語訳である。本書は上記の英語版を底本として翻訳したが、序に記されているように、英語版は *Le commerce extérieur du Japon des origins au XVIᵉ siècle*, Institut des Hautes Études Japonaises du Collège de France, Paris, 1988（以下、フランス語版）を英訳したものである。最初の出版からすでに二十年以上を経ていることになる。

まず訳者が本書を翻訳することになった経緯について述べておく。訳者は以前よりシャルロッテ・フォン・ヴェアシュアさん（敬愛の念を込めてシャルロッテさんと呼ばせていただく）といろいろな研究会で懇意にさせてもらっていた。訳者は特に語学が堪能というわけではない。二〇〇六年に英語版が出版された時もシャルロッテさんから同書を賜り、英語の勉強をしなければなるまいと当初意を新たにしていたところであったが、シャルロッテさんは夏季に日本に滞在されるのが恒例であり、同年の夏に相談がある旨の連絡を受けた。東京大学のキャンパス内でコーヒーを飲みながら、シャルロッテさんがおもむろに話を切り出されたことが鮮明に記憶に残っている。

後に訳者が翻訳に携わっていることを知った、尊敬する知り合いのS先生に「君が英語をできるとは知らなかった」と笑われたが、その通り訳者は別に英語に長けているわけではない。しかし、シャルロッテさんからその話を承った時、躊躇なく引き受けさせていただいた。それは、常日頃親しく接していただいたことへの御恩返しとともに、翻訳というものに興味が惹かれたことと、日本史の内容であればそれほど難渋することはないだろうという目論見があったことは否めない。

実際に取りかかってみると、そんな安易な気持ちはすぐに雲散霧消した。大学院の入試以来英語から離れていた訳者にとって、そのような楽観は見事に打ち砕かれた。当初は英語に慣れることに難渋する日々であり、本当に全訳できるのか、気の遠くなることもしばしばあった。しかし、語学は慣れであるというのは的を射ており、徐々にではあるが、それなりに作業も進むようになってきたわけである。

本書の翻訳工程について若干説明しておく。まず訳者が英語版から日本語に翻訳した草稿を作成する。その際の指示として、原文への忠実性よりも日本語としてこなれていることを心掛けてほしいとのことであった。次にそれをシャルロッテさんがチェックして事実関係の解釈やご自身の見解に関する内容を正す。そして、シャルロッテさんの修正を訳者がさらに日本語として落ち着くように文章的に整える、という過程で翻訳作業は進められた。これによって訳者による翻訳ミスは概ね避けられたと思っている。もっとも、作業工程自体はこれほどスムーズに行くことはあまりなく、実際には数度の意見交換の往復や、翻訳が進む中で全体構成の調整に基づく変更が図られることもあり、そこに訳者の不慣れも加わって予定より難航した。

なお、日本語版において特に留意した点をいくつか挙げておく。

第一に、引用史料については英語版を再翻訳するよりは原史料に直接あたってそれを現代語訳するかたちをとった。それゆえ、その解釈に誤りがあるとすればそれは全面的に訳者の責任に帰するものである。

第二に、原著では日本史に詳しくない英語圏・フランス語圏の読者を対象にしたものであったため、日本史の懇切丁寧な概説が随所に織り込まれていた。しかし、日本語版では日本語圏の読者にとって自明と思われる事柄については極力省略する方針をとった。

第三に、一九八八年のフランス語版以降にシャルロッテさんが得た知見を追記として補足することにした。本書の基本的スタンスはすでに二十年以上前に提示されたことになるが、近年の研究動向も反映させることができた。

これらの作業によって、本書は単なる英語版の直截的な翻訳ではなく、シャルロッテさんの現在の学問的スタンスを含みこんだものであることがご理解いただけたものと思う。また、訳者の立場はそうしたことについても助言することを期待されていたと思われるが、その役割を果たし得たかと問われるといささか忸怩たる思いがあることを告白せざるを得ない。

本書の学問的意義については鈴木靖民氏の解説に簡にして要を得た論評があるので、詳細はそちらに譲りたい。ただ、いささかそれと重複するところもあるが、訳者の若干の所感をここで記しておきたい。

本書の最も大きな特色は二つある。ひとつは交易におけるモノに注目してその実体的な動向から歴史の変化を読み取ろうとする態度である。もうひとつは七世紀から一六世紀までのロングスパンで歴史を捉えようとする姿勢である。これらはいずれも日本における歴史学、特に日本史において前面に出てこなかったものであると思う。

日本の戦後歴史学は、戦前の歴史学の反省をふまえた上で、社会経済史における制度史が大きな潮流であった。近年でこそ多様な学問的関心のもとにテーマが設定されて研究が進められており、対外関係史研究においても「唐物」などモノに即した議論が活発になっている。しかし、フランス語版が出版された一九八八年はまだそのような状況ではなかったことは想像に難くない。対外関係史自体が日本史の一分野としての位置を確立していない中で、対外交易におけるモノというテーマに着手し、成果を早くに公にされたのである。現在、対外的な物品に関する研究は、十年以上遅れて活況を呈するようになってきた。すなわち、ようやく時代が本書に追いついてきたといえる。シャルロッテさんの先見性には敬服するほかない。そして、これまで日本人研究者があまり参照できなかったシャルロッテさんの研究と、現在の研究成果を接合することこそがさらに研究を進展させるための急務であるといえる。

また、近年における大きな問題点として、研究の個別細分化が挙げられる。研究の深化は、それに携わる人の学問的姿勢についても詳細で緻密であろうとすることを要求してきた。それはある意味ではやむを得ないことは否定できない。しかし、それは個々人の歴史に対するグランドデザインの構築を阻むという一面をもつ。日本古代史に限っても個人が独力でトータルに叙述するというのは困難であろう。その貴重な叙述としてすぐに思い浮かぶのは石母田正「古代史概説」であるが、もはや古典的な位置にあり、現代では個人でそれを成し遂げるのはやはり難しいと思わざるを得ない。ところが、本書は古代のみならず中世までをも通じたロングスパンの構想のもとに執筆されている。シャルロッテさんという個人による見通しのもとに著された本書において、読者は一貫した日本古代中世史に接することができるのである。

なお、この問題について訳者は強く共感するところがあった。訳者は高校時代に美術部に所属していた。部員数が少なく、友人から頼まれて入部したという経緯もあり、傍目にみてもあまり真面目な部員であったとはいい難かった。それなりに絵を描いたりはするものの、絵自体はそれほどモノにはならなかった。しかし、そのなかで印象的だったことがある。それは、特にデッサンにおいていわれたことであるが、全体の構図やパースを取りながら細部を少しずつ描いていかなければならない、ということであった。いきなり一部分だけを緻密に描いても、それは全体のバランスを崩すことになり、歪な構成になってしまう。実際、最初に人物画のデッサンを描いた時には、手の先から描き始めたら手だけがやたら大きく描かれることになり、途中で全体的に見返した時にあまりのバランスの悪さに驚いた記憶がある。

翻ってみるに、日本史の研究では狭く深くテーマに沈潜することを以て旨とする傾向があるように思える。事実を追究するという点においてそれは重要なスタンスであるが、その一方で歴史の全体像を希求する傾向は希薄になってきている。その点において本書の歴史を広く捉えようとする学問的態度は見習うべきであると考える。しかも、対外交易におけるモノというテーマで徹底的にその実体を追究しているところに本書の凄味があるのであり、「広く」と「深く」を両立させたことは驚嘆に値する。

翻訳者というかたちで本書に関わることができたことは真に僥倖であったと思う。翻訳者として私を選んでくれたシャルロッテさんには感謝の念のほかに何もない。本書においてもっとも得るところが多かったのは、実は訳者であるということは断言できる。

シャルロッテさんに訳者として推薦していただいたのは鈴木靖民さんであると仄聞している。鈴木さんの周りには他にも有為の人材が多くいらっしゃるが、そうした方々を措いてシャルロッテさんに推挙していただいたことには、貴重な機会を賜ったものとして御礼申し上げたい。

中世の部分については訳者の力量で事実関係や用語についてチェックすることは困難と判断し、畏友（と訳者が勝手に思っている）榎本渉氏にその旨お願いしたところ、間髪いれずご快諾いただき、貴重なご意見を伺うことができた。もとよりその後に訳者が調整を行なっているので、最終的な責任は訳者が負うものであることはいうまでもない。

なお、余禄というわけではないが、本書翻訳にあたって打合せのため（と称して）毎年フランスに行く機会に恵まれた。それまで中国や韓国に行き、自身の研究テーマとあわせて東アジアというフィールドを経験することが、乏しい訳者の海外経験の中でほとんどの比重を占めていた。二〇〇三年にイネケ・ヴァン・プット（Ineke van Put）さんの紹介で、European Association of Japanese Resource Specialists 14th Conference においてフランス・ヴァレンシェンで学会報告を行う幸運に恵まれたが、その時はこれが最初で最後のヨーロッパ経験であろうと思っていた。

当時、自分の人生においてこれほどフランスへ行くことになるとは露ほども思わなかったわけで、我ながら驚くばかりである。もちろん、異文化というものに身をもって接するという点では中国や韓国以上に異なるところがあり、他者の文化というものを学び、自己の文化をいかに相対化するかという点において得るところが大きかった。

ただし、フランスへ行くにあたって最大の問題が、我が家の愛猫の世話であった。一人暮らしにとって猫は代え難い心の支えであったが、連れて行くというわけにもいかず、フランスへ行くにあたって訳者の頭を大いに悩ませた。幸いなことに友人の河野保博君と鈴木桂さんのご高配を得ることができて、後顧の憂いなく出発することができた次第である。両氏にもこの場を借りて感謝の意を表することをお許しいただきたい。

本書を翻訳するにあたって、それは訳者一人で成し得たものでないことは右記の通りである。そのことを明記して、拙いあとがきを締め括りたい。

河内春人

ま 行

や 行

ら 行

わ 行

た 行

な 行

は 行

さ　行

事項索引

事項索引で拾った対象は次の通り。引用史料名、交易に直接関係する官司、交易、あるいはその物品に関する技術・形態などの用語。

あ 行

か 行

ま　行

や　行

ら　行

な 行

は 行

さ 行

た 行

地名索引

本文中に登場する主なものを拾った。唐宋元明、朝鮮三国、渤海、高麗、朝鮮王朝は全体にわたるので省略した。民族名も便宜的に地名に組み込んだ。日本の歴史的地名は読者の参考に供するため、後ろに旧国名を付した。

あ 行

か 行

ま 行

や 行

ら 行

な　行

は　行

た行

さ　行

人名索引

本文中に登場する主なものを拾った。氏名が明らかな者は、本文中名のみでも氏名を挙げた。中国・朝鮮の君主は便宜上、名の後ろに国名を付した。

ら　行

わ　行

ま行

や行

な　行

は　行

た　行

さ 行

か行

物品名索引

本文中に登場する主なものを拾った。関連する物品名は矢印で挙げた。適宜参照されたい。基本的に輸入品は音読み、輸出品は訓読みとしたが、その限りでない箇所も多々ある。

あ 行

著者紹介

シャルロッテ・フォン・ヴェアシュア
（Charlotte Von Verschuer）

1955年ドイツ生まれ、ボン大学卒業、フランス国立東洋言語文化学院大学文学博士（東アジア学）、フランス高等研究院文学博士（歴史学）、現在フランス高等研究院歴史学部教授。

専門は古代・中世日本の対外関係史および物質文化史。

著書に『8-9世紀の日中関係』（1985年）、『平安時代と五穀文化』（2003年）、編著に『史料の讃辞――古代から近世の日本を考える』（2004年）、『欧文日本古代史料解題辞典』（2006年、以上フランス語）、『農業技術用語集　仏・英・中・日（穀物）2009年暫定版』（http://labour.crcao.fr）等がある。1990年代から『参天台五台山記』のフランス語訳注と『善隣国宝記』の英語訳注等を続けている。

日本語では「9世紀日本の情報輸入体制」（『アジア遊学』26、2001年）、「水銀と虎の皮――日渤関係における特産品」（上田正昭監修『古代日本と渤海　能登からみた東アジア』大巧社、2005年）、「源氏物語――服装の糊付けをしたのか？」（『アジア遊学』98、2007年）、「日本古代五穀と年中行事」（『史学雑誌』118編1号、2009年）、「鑑真と香薬」（『水門』23、2011年）等がある。

訳者紹介

河内春人（こうち・はるひと）
1970年東京都生まれ。明治大学大学院文学研究科博士後期課程退学。明治大学文学部・立教大学文学部・桜美林大学兼任講師。専門は日本古代史（東アジアの国際関係史・文化交流史）。主要論文に「東アジアにおける文書外交の成立」（『歴史評論』680、2006年）、「『王年代紀』をめぐる覚書」（『歴史学研究』826、2007年）、「入唐僧と海外情報」（『専修大学東アジア世界史研究センター年報』3、2009年）、「倭の五王と中国外交」（『日本の対外関係 1　東アジア世界の成立』吉川弘文館、2010年）等。

モノが語《かた》る 日本対外交易史《にほんたいがいこうえきし》　七《しち》— 一六世紀《じゅうろくせいき》

2011年7月30日　初版第1刷発行 ©

訳　者　河　内　春　人
発行者　藤　原　良　雄
発行所　株式会社　藤　原　書　店

〒162-0041　東京都新宿区早稲田鶴巻町523
電　話　03（5272）0301
FAX　03（5272）0450
振　替　00160 - 4 - 17013
info@fujiwara-shoten.co.jp

印刷・製本　音羽印刷

落丁本・乱丁本はお取替えいたします
定価はカバーに表示してあります

Printed in Japan
ISBN978-4-89434-813-4

ブローデルの"三つの時間"とは?

ブローデル帝国

F・ドス編
浜名優美監訳

構造／変動局面／出来事というブローデル的「三つの時間」の問題性の核心に迫る本格作。**フェロー、ル＝ゴフ、アグリエッタ、ウォーラーステイン、リピエッツ**他、歴史、経済、地理学者がブローデル理論の全貌を明かす。

A5上製　二九六頁　**三八〇〇円**
（二〇〇〇年五月刊）
◇978-4-89434-176-0

BRAUDEL DANS TOUS SES ÉTATS
EspaceTemps 34/35

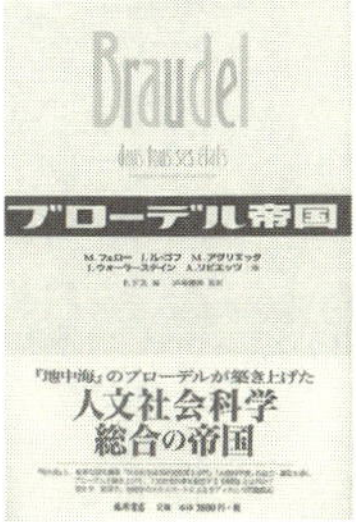

"歴史学の革新"とは何か

開かれた歴史学

（ブローデルを読む）

I・ウォーラーステインほか
浜田道夫・末広菜穂子・中村美幸訳

ブローデルによって開かれた諸科学の総合としての歴史学の時間・空間。「アナール」に触発された気鋭の論客たちが、歴史学、社会学、地理学を武器に"ブローデル以後"の思想の可能性を豊かに開く、刺激的な論考群。

A5上製　三二〇頁　**四二〇〇円**
（二〇〇六年四月刊）
◇978-4-89434-513-3

LIRE BRAUDEL
Immanuel WALLERSTEIN et al.

陸中心史観を覆す歴史観革命

海から見た歴史

（ブローデル『地中海』を読む）

川勝平太編

陸中心史観に基づく従来の世界史を根底的に塗り替え、国家をこえる海洋ネットワークが形成した世界史の真のダイナミズムに迫る、第一級の論客の熱論。**網野善彦／石井米雄／ウォーラーステイン／川勝平太／鈴木董／二宮宏之／浜下武志／家島彦一／山内昌之**

四六上製　二八〇頁　**二八〇〇円**
（一九九六年三月刊）
◇978-4-89434-033-6

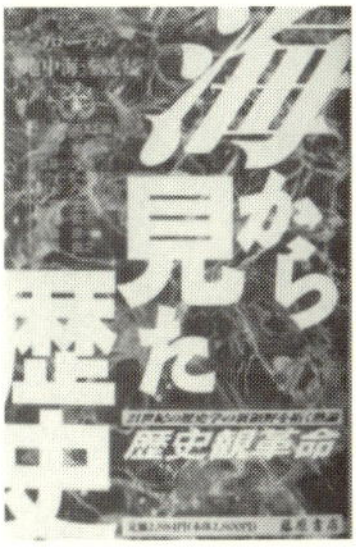

世界初の『地中海』案内

ブローデル『地中海』入門

浜名優美

現実を見ぬく確かな眼を与えてくれる最高の書『地中海』をやさしく解説。引用を随所に示し解説を加え、大著の読解を道案内。全巻完訳を果した訳者でこそ書きえた『地中海』入門書の決定版。〈付録〉『地中海』関連書誌、初版・第二版目次対照表ほか。

四六上製　三〇四頁　**二八〇〇円**
（二〇〇〇年一月刊）
◇978-4-89434-162-3